# 元和姓纂

（唐）林寶 撰
趙萬里 批校

國家圖書館出版社

圖書在版編目(CIP)數據

元和姓纂／(唐)林寶撰;趙萬里批校.—北京:國家圖書館出版社,2025.4
ISBN 978-7-5013-8075-6

Ⅰ.①元… Ⅱ.①林… ②趙… Ⅲ.①姓氏-研究-中國-唐代 Ⅳ.①K810.2

中國國家版本館 CIP 數據核字(2024)第 037974 號

| | |
|---|---|
| 書　　名 | 元和姓纂 |
| 著　　者 | (唐)林寶 撰　趙萬里 批校 |
| 責任編輯 | 潘雲俠 |
| 封面設計 | 翁　涌 |
| 出版發行 | 國家圖書館出版社(北京市西城區文津街 7 號　100034)<br>(原書目文獻出版社　北京圖書館出版社)<br>010-66114536　63802249　nlcpress@ nlc.cn(郵購) |
| 網　　址 | http://www.nlcpress.com |
| 印　　裝 | 河北三河弘翰印務有限公司 |
| 版次印次 | 2025 年 4 月第 1 版　2025 年 4 月第 1 次印刷 |
| 開　　本 | 787×1092　1/16 |
| 印　　張 | 40 |
| 書　　號 | ISBN 978-7-5013-8075-6 |
| 定　　價 | 800.00 圓 |

# 前言

《元和姓纂》是我國古代譜牒之學的一部專著，因成書於唐代元和七年（八一二），故名。作者林寶，唐代史學家，當時就以精通譜牒姓氏之學著稱，曾參與修撰《德宗實録》和《皇唐玉牒》。魏晋六朝至隋唐前期崇尚門第，譜牒之學大興。此書詳載族姓世系及人物，旁徵博引，所用書籍資料包括古姓氏書、古代史籍以及唐代私家譜牒等，其中很多資料今天已經佚失，僅賴此書以傳。所以《元和姓纂》是研究中古史不可或缺的古籍，當代歷史學家岑仲勉先生稱：『有能繼軌六朝，網羅百姓，書雖殘缺，大致猶具者，於今唯唐林寶之《元和姓纂》，巋然尚存，非氏族學者所亟宜攻治之書乎！』（《元和姓纂四校記》自序）又説：『未讀《元和姓纂》者，不能讀《新唐書》宰相世系表。』（《元和姓纂四校記》再序）這個評價是很準確的。

如此重要的一部典籍，原書却失傳已久，清代編纂《四庫全書》時，四庫館臣又從《永樂大典》中輯出，并用鄧名世《古今姓氏書辨證》補足部分内容，這就是現存的四庫本。但這個版本錯漏仍然很多，岑仲勉先生結合了孫星衍、洪瑩、羅振玉等人的校勘成果，編成《元和姓纂四校記》一書，是目前校勘《元和姓纂》最重要的學術成果。

現代著名學者余嘉錫先生也曾深入研究此書，他在《四庫提要辨證》卷十六『元和姓纂』條説：『余於庚申歲（按：似應爲壬申歲，下文有詳説），曾取《名賢氏族言行類稿》《古今姓氏遥華韵》《古今姓氏書辨證》《翰苑新書》以輯《姓纂》佚文，凡得四百五十餘條。近見今人岑仲勉所校《姓纂》，其所引書與余同，唯未引《遥華韵》耳……余所爲《元和姓纂校補》八卷，自謂用力頗勤，蠅頭細字，行間幾滿，既無力雇鈔胥，别繕清本，又不能覓刻工付之棗木，將來不知何人以之覆醬瓿，抑或以蠟以蔽車頂，則數年心血付諸流水矣。』據此可知，余嘉錫先生曾有一頗成規模的『校補』，但由於没有付印出版，學界一直未能見到這一研究成果，長期以來認爲余著校補或已失傳，草成此文後不久，得知徐行可舊藏有一部過録余嘉錫校補本《元和姓纂》，現存湖北省圖書館。此本來源明確，是『癸酉冬十有一月廿九日』余嘉錫『命小史録副』送給徐行可的，詳參趙昱《徐行可舊藏余嘉錫校補〈元和姓纂〉文獻價值考論》。

一個偶然的機會，我得好友之介，從某藏家處得到一部批校本《元和姓纂》，細審此書，前人通篇朱墨批校，洋洋灑灑，共有各類校語近四萬字，且有署名余嘉錫和李慈銘的多處題跋，乃是一部前所未聞的重要批本。此本爲清光緒六年（一八八〇）翻刻嘉慶洪氏本，綫裝四册，十卷全，半葉十二行，行二十四字，無印章。全書批校幾滿，密行細字，字迹極爲精細工整，這種書風我十分熟悉，一見即知其必爲趙萬里先生親筆。此書曾略加修整，第一册封面已新换，後三册則仍保留了舊裝，每册右上角有毛筆書寫的『二』『三』『四』序號字樣，此亦趙萬里藏書特點。我曾藏有任中敏贈送趙萬里的《散曲叢刊》一部二十八册，每册右上角也都有趙先生親筆序號，與此正同。後來仔細翻閲全書，果然在幾處批語中發現了『萬里案』的字樣，趙萬里本人批語都是引用《永樂大典》的有關内容，較易區分。

再細閱全部批跋，知全書除趙萬里先生本人批語外，還過録了余嘉錫和李慈銘二人批語，從數量上看，尤以余批爲多，約三萬字左右。相比湖北省圖書館藏本，此本增加了『癸酉冬十二月』余氏又利用《遥華韵》增補的數十條，以及陳垣所補的兩頁。其次爲李批，約數千字，且均加一『（李）』以區分。卷首有余嘉錫長跋四處，因較爲重要，故全文轉録於此，以備參考。

跋一：『戰於滬瀆之歲正月廿八日，假得文津閣四庫全書本宋章定《名賢氏族言行類稿》，并檢《古今姓氏書辨證》及《翰苑新書》以校《元和姓纂》。改正脱誤數千字，補輯佚文數百條，凡十四日而畢，漫志之於此。二月十一日狷翁。』（按：余嘉錫號狷庵，此處『狷翁』即自稱。）

跋二：『癸酉冬十二月，假得北京大學所藏巴陵方氏碧琳琅館鈔本《古今姓氏遥華韵》，其書分甲至癸十集凡九十六卷（《愛日精廬志》著録），題臨川布衣洪景修進可編（序題至大元年，蓋元人）。其序自言參用章定《類稿》「千一百八十九姓」，然其中所引《姓纂》頗有出於《類稿》之外者，即同引《姓纂》亦有异同出入，足以互相參訂，因復取以校《姓纂》，時有創獲，遂録於上下方并采輯佚文附諸補遺之末。惟其引書往往改易原文，不盡可據。如《姓纂》言某朝有某官某人，必改曰某人某官。又每氏之下或連録姓氏典故數條，每條空一格，而於首一條題曰《姓纂》，或於末一條注曰《姓纂》，諦審其文，有似全取《姓纂》者，有似取他書羼入者，疑不能明。今惟慎加采擇，必確知其出於《姓纂》者，始據以校改本書及采入佚文，其他則姑置之。蓋其書體例與章定書不同，故今所采不如章書之多也。狷翁識。《遥華韵》所引古佚書，如《風俗通》《姓苑》之類，與《姓纂》同者，雖不明引《姓纂》，亦間取以校勘，然必曰「《遥華韵》引某書作某」，庶與明著由《姓纂》轉引者有所區别云。又記。』

跋三：『《遥華韵》於康姓下言「匡姓避宋諱改匡」，又於彭姓下引《寰宇記》及朱文公語，均連綴於所引《姓纂》之下，不提行亦不空格，蓋其書本兔園册子，而又出於輾轉傳鈔，書手不通文義，往往聯數條爲一章，又或分一章爲數條。亦有采自《姓纂》而失注書名者，今於其羼入之文皆厘剔出之，其不明引《姓纂》者亦從割棄。取舍之間，誠不能保其無誤，然若因此遂疑所引《姓纂》非林寶書則非也。十二月五日夜漏下四鼓記。』

跋四：『乙亥九月吾友陳援庵垣從余假觀此本，以文津閣四庫全書本補洪刻卷六脱文兩半葉各八行，命鈔胥别紙録出見示，因粘入本卷之内。顔黄門曰：「借人典籍，先有缺壞，就爲補治，亦士大夫百行之一。」今援庵借人書乃并爲之校讎，其事真可風也。二十日夜嘉錫識。』

綜合以上四跋，余嘉錫從一九三二年三月四日（戰於滬瀆之歲正月廿八日）開始校補《元和姓纂》，『改正脱誤數千字，補輯佚文數百條，凡十四日而畢』，然後『癸酉冬十二月』又以北京大學藏《古今姓氏遥華韵》再次校補。陳垣則在一九三五年秋約九、十月間，向余嘉錫借閲了這個校本，并以文津閣四庫全書本補了兩個半葉。前文所引中華書局版《四庫提要辨證》中的『庚申歲』是一九二〇年，可能是『壬申歲』之筆誤。余嘉錫説『近見今人岑仲勉所校《姓纂》』，則應是一九四八年《元和姓纂四校記》出版以後所言，此時距余校補完成已經十多年，但一直未能出版，所以感慨數年心血將付流水。他閲讀岑書後，説『岑氏意在校讎，非爲輯佚耳』，也的確是實際情况。可以説岑校長於校讎，而余校更長於『補』，余嘉錫將書名擬爲《元和姓纂校補》，亦有此意。此過録本卷末有一條余批『凡補佚文四百三十一條』，《四庫提要辨證》則説四百五十餘條，看來此後又略有增補。

據《元和姓纂四校記》自序，岑仲勉先生開始校訂此書，是因爲『民二十五，見報載牟氏校《姓纂》十數條，念其中訛文極多，非數紙可盡，乃摘其涉姓源處之屬於文字錯誤及顯而易見者，摘校若干，藉便覽讀。……待圖書布置就緒，（時已二十八年初）始續取《全文》、《全詩》、晚近出土唐志及前未得見之典籍，陸續補入之』。但實際上在一九三五年，岑仲勉就已經有校勘《元和姓纂》的想法了。《陳垣往來書信集》（增訂本）收録了岑仲勉致陳垣書信四十一通，一九三五年七月十八日岑信中就説，『啓郵包，知慨以校庫本見假，如獲瑰寶。……唯庫、洪兩本异同仍未盡明，下舉數端，亟待明教』。庫即四庫本，洪即洪氏校勘本。顯然此時岑仲勉已開始用功於此書，但仍然是初讀階段，對基本版本源流還不夠熟悉。同年九月十九日岑信又説，『《姓纂》一書，實有詳注之必要，然兹事固不易言，是在合力』。同年十一月七日岑信言，『奉教暨《大典》《辨證》等，始恍然於「誤入」二字之解釋，緣初未悟《辨證》亦出《大典》也。……《辨證》一册，因順便校一過，如館中暫無需用，能賜觀全豹更佳』。則此時岑仲勉已開始利用鄧名世《古今姓氏書辨證》以校訂《元和姓纂》了。也大約正在此時，陳垣向余嘉錫借閲了余校本，陳垣在指導岑仲勉的信中是否提到余嘉錫的相關研究，因缺少陳垣去函，現已無法確知了，但有此可能。至少在版本源流和參考資料方面，岑仲勉很可能間接受到余嘉錫研究的影響，所以兩人引書大致相同。

再説趙萬里的批校。他所批數量不多，總共大概幾十條，都跟《永樂大典》有關。趙先生因爲工作關係，曾主持鈔寫《永樂大典》并輯佚（劉波《趙萬里先生年譜長編》中有多處相關記載），大概這也是附帶成果之一。四庫館臣從大典輯佚時，疏漏很多，趙校又據大典原本校訂，這些校語基本上都爲岑校所未及，比如卷六『輔氏』

條，趙萬里根據《永樂大典》卷一四九一二第四十二頁下輔字韵所引《元和姓纂》，增補數十字，就出於岑校記之外。又如趙批用《永樂大典》卷一九七八四第十二頁下伏字韵引文，增補『乞伏』一條共九十餘字，也是前所未及的成績。

最後再談談李慈銘批語。開始我猜其可能是從《越縵堂日記》中摘録的，對比後發現不是。又查《中國古籍善本書目》得知，國圖正好藏有李慈銘批《元和姓纂》，且已在『中華古籍資源庫』發布，對照書影可知，趙萬里先生正是從此本過録的，近水樓臺先得月，他人的確難有趙先生這種便利條件。李批似乎不太爲世人所知，研究者引用不多。然觀其校語亦有精當之處，不可忽視。因李批全本已經上網，查詢方便，兹不再述。

從劉波《趙萬里傳》可以看到，趙萬里和余嘉錫至少在二世紀三十年代初期就已經認識了，此後兩人交往亦不少。如一九三一年二月四日，兩人都參加了傅增湘組織的藏園雅集；一九三三年起，兩人又都在輔仁大學國文系任教，可能就在這段同事期間，趙萬里向余嘉錫借鈔了這個批校本，時間上限不早於一九三五年秋。但因爲没有留下兩位當事人本人的記録，具體情况已不可確知了。

從學術研究的角度講，此趙萬里彙校本很有出版的價值，可以跟岑仲勉先生的校勘成果以及近年新發現的各類歷史資料如墓志等結合起來，整理出一個更完善的《元和姓纂》新版本，以便學術界利用。此次國家圖書館出版社將其影印出版，功莫大焉！

王東輝

二〇二五年三月

# 目録

卷三



卷四

卷五

卷六



卷七

卷八



卷九

（四九三） 少召 邵皓 召伯 少室（四九四） 校孝 淖部（四九五） 暴 浩漕 嫪到好（四九六） 賀

賀拔（四九七） 賀蘭（四九八） 賀婁 賀遂（四九九） 賀悦 賀術 賀谷 播（五〇〇） 華 謝射（五〇一） 柘

聓舍 晋 舍利（五〇二） 謝邱 下軍 亞飯 向（五〇三） 暢 諒 上尹 上成（五〇四） 上梁 上官 尚方 匠麗 唱盆

伉（五〇五） 孟（五〇六） 敬（五〇七） 慶（五〇八） 竟 慶師 鄭（五〇九） 盛 聖（五一〇） 正令 甯

（五一一） 乘馬 鄧（五一二） 鄧陵 富 廖（五一四） 副 舊（五一五） 就 晝 右 授 富父 廐尹（五一六）

竇（五一七） 寇（五二二） 鬭 鏤 鄮（五二三） 鬭文 鬭門 鬭班 鬭者 豆盧（五二四） 禁（五二五） 闞

念 監 汜（五二六）

## 卷十

陸（五二九） 穆（五三四） 麴（五三五） 祝（五三六） 伏 宓 鞠（五三七） 鹿 叔（五三八） 木 肅 卜

（五三九） 宿 谷 沐（五四〇） 竹 服 禄（五四一） 竺 鬻 禿（五四二） 郁 玉 夙 潚 牧 郟（五四三）

屋盧 屋南 屋引 叔孫（五四四） 叔夜 叔帶 叔向 叔敖（五四五） 叔達 叔服 叔夙 叔魚 獨孤（五四六） 祝其

祝固 祝史 穀梁 濮陽（五四七） 斛律（五四八） 斛斯 禿髮（五四九） 夙沙 角里 陸終 福子 牧師 宿勤

（五五〇） 木蘭 宿六氏 獨孤渾 沃督（五五一） 僕 褥 鵠 續（五五二） 束 曲 粟（五五三） 蓐 頊 續祁

樂（五五四） 卓 角 學（五五五） 朔 朴 樂正 樂王 樂尹 樂利（五五六） 畢（五五九） 吉 乙（五六〇） 帥

郅（五六一） 栗 漆 實 帙（五六二） 漆雕 室中 室孫氏 乙弗（五六三） 乙千 疋婁 叱奴（五六四） 悉君

密革 叱伏列 半眷 乙速孤（五六五） 術 胐 屈（五六六） 茀 郙 鬱 尉遲（五六七） 屈突 屈侯 屈南（五六九）

不更 不蒙 不夷 佛圖 弗忌（五七〇） 勿忸于 乞扶 越 闕（五七一） 越椒 越勒 越質詰 兀 杌（五七二） 紇干

紇骨 紇單 紇奚（五七三） 没鹿回 骨咄禄 突黎人 紇豆陵 吐谷渾（五七四） 葛 達 葛伯 達奚（五七五） 達步

達勃 鶡冠 褐餘（五七六） 渴單 末 脱 拔略 末那樓（五七七） 滑 察 滑伯 齧（五七八） 節 鐵伐 鐵弗 薛

（五七九） 列 悦（五八〇） 説 舌 別 薛孤 揭陽（五八一） 列禦 列宗 啜剌 悦力（五八二） 渴燭渾 藥 約

若干（五八三） 矍相 鐸 郭（五八四） 霍 郝（五九〇） 駱（五九一） 閣 索 鄂（五九二） 薄 莫 幕 作

嘉慶七年刊版

# 元和姓纂

古歙洪氏校藏

金陵書局校刊
光緒六季工竣

# 元和姓纂原序

元和壬辰歲詔加邊將之封酬屯戍之績朔方之別帥天水閻者有司建苴茅之邑於太原列郡爲主者既行其制閻子上言曰特蒙渙汗恩沾爵土乃九族之榮也而封乖本郡恐非舊典翌日上謂相國趙公有司之誤不可再也宜召通儒碩士辯卿大夫之族姓者綜修姓纂署之省閣始使條其原系考其郡望子孫職位並宜總緝每加爵邑則令閱視庶無遺謬者矣寶末學淺識首膺相府之命因案據經籍窮究舊史諸家圖牒無不參詳凡二十旬纂成十卷自皇族之外各依四聲韻類集每韻之內則以大姓爲首焉朝議郎行太常博士林寶撰

元和中政平刑清聖作賢輔盡雍容揚搉之美成緝熙愷樂之化相國趙國公式是古訓毗于大君當八方之樞總萬物之會

嘗以聖明臨照思盡物宜每與羣公拱承顧問將謂經之於思慮不若著之以文辭著之以文辭不若驗之于圖牒昔漢祖所以知郡國豐耗山川險夷以蕭何得秦圖書可披而案之故也大凡邦國之會計可以備應對者著元和國計簿地形之遠近可以知要害者著元和郡邑圖洎百執事所涖之司士大夫所分之隸族無不窮究其本末申明其憲度今之姓纂卽其一也趙公嘗創立綱紀區分異同得之于心假之于手以授博聞强識之士濟南林寶寶該覽六藝通知百家東漢有紬書之能太常當典禮之職其爲述作也去華摭實亡纚得精條貫稟大賢之規網羅盡天下之族雖范宣子稱其世祿司馬遷序其先業若揭日月備于縑緗昭昭然蔑以加此矣以涯嘗學舊史繆官綸閣授簡爲序不敢固辭無能發揮承命而已矣元和七年壬

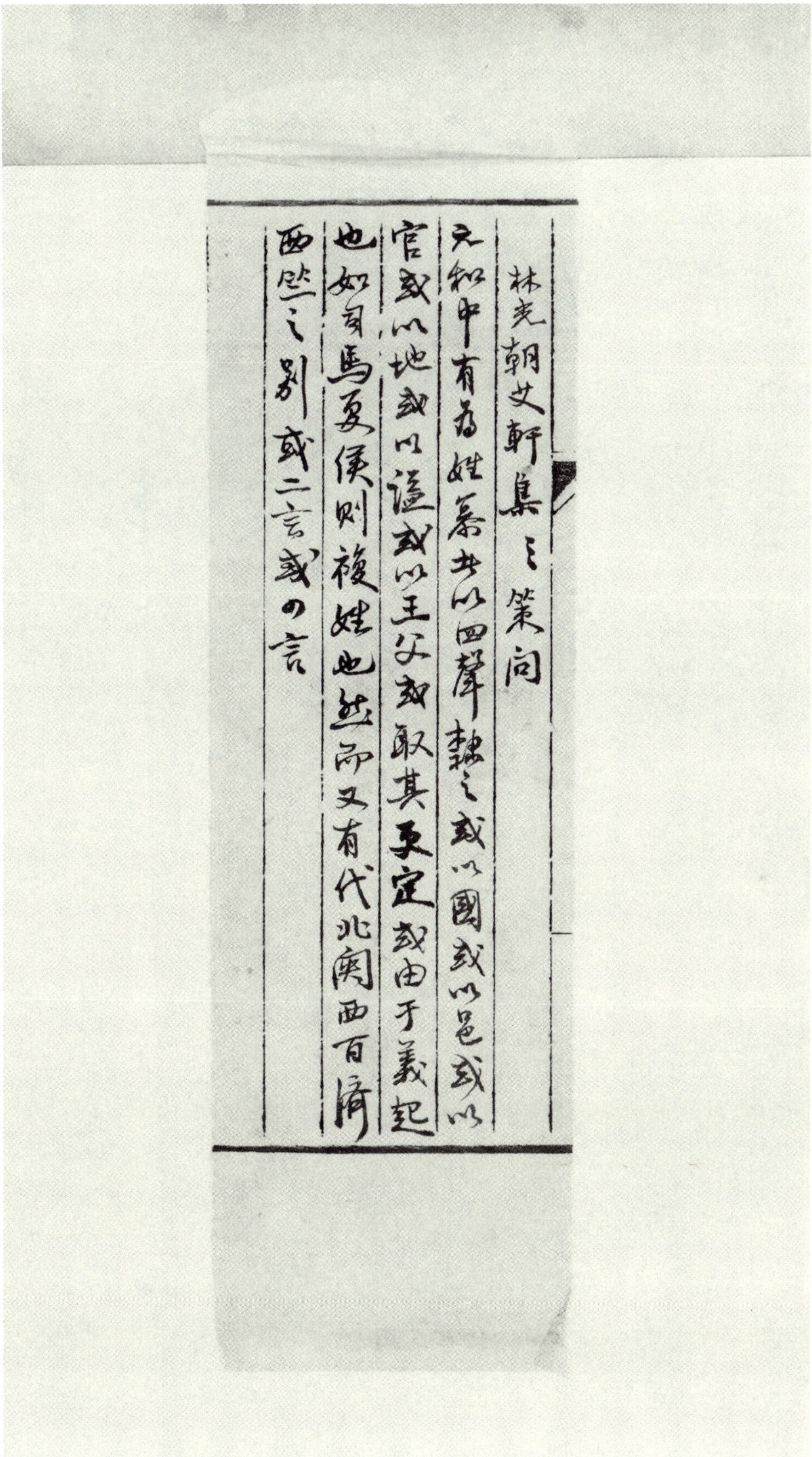

林光朝艾軒集之策問

元和中有爲姓纂者以四聲韻之或以國或以邑或以官或以地或以謚或以王父字或取其受定或由于義起也如司馬夏侯則複姓也然而又有代北関西百濟西戎之別或二言或四言

辰十月中大夫行兵部員外郎知制誥王涯述

校補元和姓纂輯本序

唐林寶撰姓纂其佚文存在永樂大典散附于家姓之下宋鄭樵作氏族略王應麟作姓氏急就章謝枋得作祕笈新書俱引其文又多爲永樂大典所遺今採輯諸書依林氏原書例先以當時皇族餘分四聲仍爲十卷其非永樂大典而見他書者注明出處唐時氏姓書尚多隋經籍志雖稱鄧氏官譜及族姓昭穆記晉亂已亡自餘亦多遺失而譜系篇所載尚有四十一部三百六十卷唐顯慶中詔呂才等撰姓氏錄開元中柳沖又改修其書天寶中李林甫亦撰天下郡望姓氏族譜林氏作書時當得見之其體例亦如元和郡縣志不載出典惟僻姓一二引姓苑風俗通及新說間引當時家狀耳其書宋時尚存據書錄解題云在莆田以數本參校後又得蜀本校之互有得失然粗

完整是陳振孫見其完書鄭樵謝枋得等亦用之不知亡於何時蓋在元明之間矣唐會要以姓纂爲王涯撰因書有王涯序錄言之涯序稱相國趙國公創立綱紀區分異同以授博聞强識之士濟南林寶案書錄解題以爲宰相李吉甫以命寶二十旬而成書則以吉甫本趙郡人唐書世系表趙郡李氏定著六房宰相十七人吉甫相憲宗又吉甫本傳元和二年杜黃裳罷相乃擢吉甫知平章事故亦得稱趙公也涯序又稱濟南林寶書錄解題以爲三原林寶寶傳不見於史亦未知何以異至郡齋讀書志作十一卷則古人每兼序錄爲卷數不足異也姓氏與郡望相屬乃知宗派所出樂史作太平寰宇記載人物著姓於郡縣之下亦有深意三代以上官有世祿各居其國都自漢時徙豪右入關而郡望非其土著晉室板蕩中原大族半皆南

渡譜牒亡失北朝以三字二字複姓改爲一字或與古姓相亂
僅賴魏收官氏志以别之及宋南遷士夫復多喪其譜牒至明
太祖不能舉曾高之名其後官無譜局私撰家牒者率皆未見
古書不能遠考漢唐世數數典而忘其祖非族而神不歆實搢
紳先生之所恥自有此書出而譜牒一家之學不至失守矣永
樂大典引此書證之鄧名世古今姓氏書詳略互見當由輯録
人有所去取且所遺諸姓其見於祕笈新書及世族略者甚多
脱誤亦不少如洪姓監察御史洪察闕察字及避孝敬諱訛爲
避元宗諱之屬皆據祕笈新書訂正齊人孟軻字子展祕笈新
書作子輿亦兩存之此外有宋謝維新合璧事類類姓門亦引
古今姓纂按其詞有引通鑑云云則不盡林氏原書其廣韻所
引氏姓亦有林氏之文但不云出於姓纂不敢濫補吾友尚書

郎歙人洪瑩篤愛此書欲刊布傳遠與予增校條舉件繫日得數十事二旬而畢猶有漏略當俟來者云

賜進士及第東方觀察使者署廉訪使舊史氏孫星衍撰

癸酉冬十二月假得北京大學所藏巴陵方氏碧琳琅館鈔本古今姓氏遥華韻其書分甲至癸十集凡九十六卷（愛日精廬志著録）題臨川布衣洪景修進可編（序題至大元年蓋元人）其序自言參用章定類稾「千一百八十九姓」然其中所引姓纂頗有出於類稾之外者即同引姓纂亦有異同出入足以互相參訂因復取以校姓纂時有創獲遂錄於上下方并采輯佚文附諸補遺之末惟其引書往往改易原文不盡可據如姓纂言某朝有某官某人必改曰某人某官又每氏之下或連錄姓氏典故數條每條空一格而於首一條題曰姓纂或於末一條注曰姓纂諦審其文有似全取姓纂者有似取他書羼入者疑不能明今惟慎加采擇必確知其出於姓纂者始據以校改本書及採入佚文其他則姑置之蓋其書體例與章定書不同故今所采不如章書之多也　狷翁識

遥華韻所引古佚書如風俗通姓苑之類與姓纂同者雖不明引姓纂亦間取以校勘然必曰遥華韻引某書作某庶與明著由姓纂轉引者有所區別云　又記

遥華韻於康姓下言匡姓避宋諱改匡又於彭姓下引寰宇記及朱文公語均連綴於所引姓纂之下不提行亦不空格蓋其書本兔園册子而又出於展轉傳鈔書手不通文義往往聯數條為一章又或分一章為數條亦有采自姓纂而失注書名者今於其羼入之文皆釐剔出之其不明引姓纂者亦從割棄取捨之閒誠不能保其無誤然若因此遂疑所引姓纂非林寶書則非也　十二月五日夜漏下四鼓記

乙亥九月吾友陳授庵垣從余假觀此本以文津閣四庫全書本補洪刻卷六脱文兩半葉各八行命鈔胥别紙録出見示因粘入本卷之内顔黄門曰借人典籍先有缺壞就為補治亦士大夫百行之一今授庵借人書乃并為之校讐其事真可風也　二十日夜嘉錫識

# 校補元和姓纂輯本後序

右唐林寶元和姓纂十卷永樂大典作十八卷今仍釐爲十卷從其朔也唐書無寶傳其名見於藝文志唐會要訛作王涯撰鄭樵通志作李林甫撰則以傳寫李吉甫林寶二名之誤樵譏寶不知林氏所自出然樵作氏族略實祖之他如鄧名世之姓氏辨證王應麟之姓氏急就章亦多引其文寶以二十旬而成書速於蕆事先容齋嘗議其書多妄然陷而入于博亦賢者之過也案班固古今人表有太師疵少師疆爲殷末之樂官顔師古云卽論語太師摯諸人今按本書亞飯一姓云亞飯干殷末賢人與漢書合又淮南王元覽改爲兀氏說文元从一兀聲徐鍇以爲兀非聲不知元之可讀兀而髡之从兀卽近於元也今元改爲兀元兀聲相近與說文合又其中引世本族姓記三輔

決錄以及百家譜英賢傳姓苑諸書多有不傳於今者賴其徵引尚可攷見至其載列唐人世系元元本本尤爲詳核唐藝文志譜牒類十七家三十九部一千六百一十七卷今均散佚漢晉以來譜系一家之學繫而不墜實賴此書之存黄伯思陳振孫雖稱無善本然全書未泯又散附千家姓之下錯見祕笈新書之中者甚夥昆陵淵如夫子以所藏鈔本見示因校而刊之蓋夫子以力學復古爲己任卽以此志勉瑩也刊既成而述其略於簡末歙洪瑩識

（李子）此書誤字甚多蓋永樂大典文多脫謬洪氏不能諟正又多不注出何書非善本也數年前得此書未及審訂今春多暇略校坿一二不能徧也

光緒壬午三月二十日李㤅伯記於京師保安寺街旌柳簃

戟於涒灘之歲正月廿八日假得文津閣四庫全書本宋章定名賢氏族言行類稿并檢古今姓氏書辯證及翰院新書以校元和姓纂改正脫誤數千字補輯佚文數百條凡十四日而畢漫志之於此

二月十二日狷翁

羅叔藴大振玉有姓纂校勘記二卷佚文一卷以後省稱羅校羅輯此條補佚文云吴王恪生琨琨嗣吴王琨生禕信安郡王禕生峴金石録李峴遺愛碑跋引

又云晟生愿愻恕憲愬聽惎慇金石録李晟碑跋引

名賢氏姓言行類稿以後省稱類稿卷一引支孫作子孫　馮下有城字　翰院新書後集以後省稱新書

# 元和姓纂卷一

武陵余嘉錫季豫父校補

唐林寶撰　陽湖孫星衍　歙洪瑩同校

李　據序稱皇族之外各依四聲韻類集今仍以李置卷首如林氏舊例

帝顓頊高陽之裔顓頊生大業大業生女莘女莘生咎繇爲堯理官子孫因姓理氏云云裔孫理徵得罪于紂其子利貞逃難伊侯之墟食木子得全因變姓李氏利貞十一代孫老君名耳字伯陽居苦縣賴鄉曲仁里曾孫曇生二子崇璣崇子孫居隴西璣子孫居趙郡崇五代孫仲翔生伯考伯考生尙尙生李廣也廣以後生唐高祖李淵祕笈新書

羅校云女莘新唐書宗室世系表作女華

羅云世系表作耳裔孫洪，曾孫曇，曇生四子，崇璣昭璣與此不合

## 一東

馮

周文王第十五子畢公高之後畢萬封魏支孫食采於馮遂

遂氏族略引作因

六引作食采於馮城因而氏焉出杜陵及長安
姬類稿作歸誤以後明知其誤者不出 書下有云字

氏焉世本又云姬姓鄭大夫馮簡子後漢書秦末馮亭爲上黨守入趙其宗族或留潞或在趙秦丞相馮去疾御史大夫馮劫漢博成侯馮毋擇並亭之後也至馮唐徙安陵爲楚相弟鸞自上黨徙杜陵孫奉世大將軍生譚逡案馮奉世爲左將軍此作大將軍誤又譚逡下脫立參二字野王野王左馮翊立上郡太守參宜都侯漢功臣又有關氏侯馮解散穀陽侯馮谿傳封六代後漢司空馮勤魏郡人馮衍杜陵人生豹尚書司空魴南陽人廷尉馮緄巴郡人案關氏侯馮解散漢功臣表作關氏節侯

潁川　後漢征西大將軍夏陽侯馮異羅校云辯證引出潁川者漢左將軍奉世之後與今本不合

上黨　漢左將軍馮奉世本世居上黨也

長樂信郡羅云信郡當作信都　漢宜都侯參後晉有馮和孫跋僭號都龍城稱北燕弟弘爲後魏所滅弘生朗生姬姬女弟魏文成皇后燕

熙孫子琮北齊左僕射昌黎公案北史馮熙文明太后之兄父朗追贈燕宣王熙生誕誕生穆穆生問襲爵昌黎王又北齊書馮子琮馮跋之後父靈紹子慈正此文內姬字疑係熙字之誤熙孫子琮曰字亦誤疑燕字下有脫文生慈明慈信慈讓慈明生惇怦怦兵部郎中生鶱汾州刺史慈明孫慶雅州刺史慈讓生摠擲捷摠監察御史生元常右丞兵部侍郎元常生光嗣齊州刺史孫令問侍御史思雍刑部郎中捷生淑祠部郎中

羅云案原校是也魏書馮熙傳文明皇后兄也祖文通父朗

京兆　狀稱弘後隋有兵部尚書馮業生長命唐尚書左丞長命生義弘禮本義弘膳部郎中禮本司農少卿本足子昭泰刑部刺史安昌公案張說集括州刺史工部尚書馮昭泰碑曾祖兵部尚書世基此避唐諱作業又曰考仁高亮無祿故昭泰幼襲安昌公此作本足子當有訛又考昭泰嘗官邢州刺史此作刑部亦誤生紹正紹烈紹正少府監紹烈兵部郎中鴻臚卿又銀靑光祿大夫直昭文館紹烈生敦直從祖弟師訓右領軍將軍師訓生嘉

勳蓬州刺史少師唐駙馬鴻臚卿青州刺史陝東行臺右僕射生文瓚古今姓氏書辯證卷一引云出弘農者西魏寧州刺史寧之後見羅輯

河間　監察御史馮師古孫著魯著左補闕魯兼監察御史

魏郡　國子祭酒伉生芫藥

新平　御史中丞馮嘉賓

諸郡馮氏　鴻臚少卿馮宗中書舍人馮大和並長安人萬年縣令馮用之洛陽人庫部員外馮凝河東人虞部員外郎馮宿長樂人後徙東陽弟定審寬寬中書舍人大和中並舉進士

高州　高州都督耿公馮盎代爲酋領

岡州　竇州刺史合浦公馮士翽代爲酋領兄煜進士

洪

類稿卷二新書六正作洪察

興類稿又新書均作興

類稿二弓氏下與此條全同雖不著出處實姓纂之文曾孫逸下作唐陳倉令生義之逵之義之德州刺史可正今本之誤　類稿不明引姓纂而實姓纂之文者甚多大抵與今本相同而字句偶異其不見今本者別輯於後

共工氏之後本姓共氏因避仇改洪氏 類稿一新書六均作改爲洪　古今姓氏遥華甲集一引作共工氏兗官與下空一格以官氏

宣城　吳有廬江太守洪矩

舒城　唐淸河丞洪孝昌代居舒州狀稱矩後生厚監察御史

毗陵　監察御史洪察 原缺察字或疑上文名厚者據祕笈新書作察 常州八本姓弘氏避孝敬諱改姓洪氏生子興起居舍人生經綸諫議大夫 據祕笈新書改 類稿新書均同

弓

魯大夫叔弓之後以王父字爲氏漢有光祿勳弓祉

太原　弓祉 案弓祉之祉一作阯 之後後魏有博陵太守弓翊曾孫逸之逵之義德州刺史 案弓翊曾孫逸唐陳倉令生義之逵之義之德州刺史此作義又作逸之疑訛

離石公生志和志弘志元彭祖志弘陳州刺史生嗣宗祠部

陽國類稿作陽曲

員外嗣業洛州司馬志元右金吾將軍相州刺史陽國公彭祖揚府長史蒲州刺史晉陽公生嗣初嗣說嗣初雍州司功

## 熊

古今姓氏遥華韻甲集二引云黄帝有熊氏朱虎熊羆舜臣鬻熊周文師著書二卷周成王封其曾孫子荆入春秋稱楚

楚鬻熊之後以王父字爲氏熊克家譜曰鬻熊爲文王師著書一卷號鬻熊子至成王時舉文武勤勞之後以子男之田封熊曾孫繹於楚是爲楚子熊繹也三國時有徵士熊僧循尚書熊睦又江陵志曰黄帝有熊氏之後自熊克家譜至此據祕笈新書增

南昌　晉侍中太常卿熊遠開元臨清尉熊曜又戶部郎中熊執易並洪州人

## 童

鴈門　顓頊生老童子孫以王父字爲氏

東莞姑幕　後漢循吏童恢晉有童景宋有童厚民

熊克宋人宋史文苑傳有傳林寶唐人乃先引宋人之書甯不大奇　遥華韻甲集云熊克字子復自述家譜知此譜確爲宋人所作必當删去。

類稿二實作中京



僮

老童之後或爲僮氏

山陽　後漢有吳郡太守僮和

中古今姓氏遥華韻甲集四引作何氏姓苑中京漢少府卿

何承天纂要云漢少傳中云△案應劭風俗通漢少府中京通志引何承天纂要同此作少傳中云誤戰國策秦有中期呂氏春秋中尙魏公子年之後魏得中山以邑與之遂以邑爲氏史記有中旗

崇

夏殷時侯國也崇侯虎爲文王所滅

嵩

史記有嵩極元子

茙

見姓苑春秋有茙律案左傳晉靈公車右戎津此作茙律與通志同誤

河南　後魏官氏志莪脊氏改爲莪氏案後魏官氏志乃茂眷氏改爲茂氏此作莪疑有誤　類稾二亦引莪

躬

何承天纂要云人姓纂要類稿二作姓苑　未明引姓纂

宮

虞大夫之奇之後殿中御史志惲類稿二引之奇上有宮字下句作唐殿中侍御史宮志惲　選華韻甲集四引作宮志惲河東人唐侍御史

河東　今河東有宮氏大曆中侍御史宮項或云恆州人也

雄

舜七友雄陶之後

廣陵　今揚州有雄姓

彤

尚書彤伯周同姓爲氏成王宗伯案周書彤伯非彤也通志彤氏本彤氏避仇改爲彤

氏疑爲羅校云古今姓氏書辯證（以後省稱辯證）引彤本彤氏周卿士彤伯之後裔孫避亂改焉與今本不合近之遙華韻甲集三引作彤伯顧命注彤畢衛毛皆國名入爲周宗伯

公

左傳魯昭公子公衍公爲之後漢主爵都尉公儉

酆

文王第十七子酆侯之後類稿二下多以國爲姓左傳酆舒有三雋才十二字

蒙

風俗通東蒙主以蒙山爲氏

紅

出自劉氏漢楚元王子紅侯富之後富上類稿有劉字

鴻

大鴻之後左傳衛有鴻聊魋

翁

比部郎中翁義恪 類稿二云漢有翁伯販脂而傾縣邑無此句 遥華韻甲集一引云周昭王庶子食采翁山因氏焉

通

巴大夫食采通川因氏焉

鬷

古鬷夷氏之後左傳鄭有鬷蔑魯有鬷戾 案齊有鬷聲姬

种

本姓仲氏仲山甫之後後因避難改爲种氏後漢有种暠

洛陽 後漢司徒种暠生拂拂生卲大鴻臚卿

東里

鄭大夫子產居東里因氏焉曹瞞有南陽太守東里昆何氏

姓苑云東萊人太始先賢狀有東里冕魏志有東里袞

羅云廣韻東注曹瞞傳有南陽太守東里昆此奪傳字

東方 古今姓氏遥華韻甲集一引子孫氏焉句下有漢複姓十三東方氏東樓氏云云 所引者只十一氏

一東補遺

終

陸終之後以王父字爲氏 類稿二引

豐

左傳鄭穆公子豐之後以王父字爲氏有豐施豐卷魯有豐點宋有豐衍 同上引 遥華韻二引作春秋鄭七穆子豐之裔餘畧同

東

舜七友東不訾之後 類稿二 遥華韻一引作東不訾虞帝七友之一

亦有無姓纂之字者蓋傳鈔之失

類稿之體每一姓之後引姓纂一條低一格寫然後引諸史中之名賢言行若干條每條第一行頂格寫其帝姓無名賢可紀者則姓後第一行即頂格寫略叙姓氏源流或引古姓氏書如姓苑之類或引古傳記如神仙傳之類乍觀之似出自作者之手及驗其體制考其時代證之於今本姓纂及諸書所引始知實皆姓纂之文今輒取其不見於今本者抄出之以補遺凡明引姓纂者注類稿某卷引不出書名者則只注類稿卷數不加引字以資識別焉聊叢其凡於此　凡未明引姓纂者加一圈為別

。桐
神仙傳桐君為廬著藥錄白日升天同上

。融
代本云祝融之後同上　世本作代本尚仍林寶原文未改足驗其出於姓纂

。戎
齊人戎夷之後蓋戎子駒支之肖漢功臣有柳丘侯戎賜宣帝戎婕妤生中山哀王竟
扶風　乾州刺史戎昱岐州人同上

。蟲
漢功臣曲成侯蟲達同上

。充
急就章漢有充申仙人充尚之後見

風俗通云伏羲氏之後帝出于震以主東方子孫因氏焉類稿五十七引因下有以為
平原厭次　漢大中大夫東方朔字曼倩唐禮部員外郎東方虬云朔之後生顥左拾遺
安德　北齊南兖州刺史東方老

東樓
夏禹後有杞東樓公支孫氏焉其後杞大夫有東樓羽有杞據華簡甲一引作封杞

東郭
齊公族桓公之後也齊大夫偃東郭書見左傳又大陸子方號東郭賈齊人莊子有東郭子魏文侯時東郭子惠見說苑
齊郡　漢有東郭先生拜都尉
山陽　神仙傳有東郭延

東陽

元和姓纂卷一　六

○功
洞仙傳 同上 按新唐志有見素子洞仙傳十卷 遥華韻二引作充虞見素子神仙傳充尚之充申
風俗通云晉大司馬功景子之後 同上
○風
伏羲氏風姓之後風后黄帝輔臣 同上
○凬
古風字纂要文云人姓 同上
○公羊
魯有公羊高子夏弟子著春秋 類稿五十六
同官
出姓苑 辯證一引 見羅輯
公子
春秋列國公子之後 同上引 見羅輯
東門
東門襄仲 遥華韻一引
東闞
東闞壁五
東鄉
東鄉為
東陵
東陵聖母 并同上引

祖氏家傳祖崇之娶東陽元旋女又宋員外郎東陽元疑撰
齊諧記十卷 元乃无之誤辯證一引正作无 羅校云元當作无 古今姓氏遥華韻以後省稱遥華韻甲集一引作東陽無疑
東邱
郯縣 晉龍驤將軍東邱進
東宮
東宮虔疾隱嵩山年三百歲 辯證一引有齊大夫東宮得臣一句 遥華韻甲集一亦引東宮得臣四字
公石
魯僖公生共叔堅堅生惠叔子叔爲公石氏
公士
古爵也子孫氏焉
公山
魯公山不狃一作不擾

公沙

見姓苑

公孫

黃帝姓公孫子孫因以氏焉

河南　隋沙州刺史無終公公孫微孫彥藻唐通州刺史昌平公安生欽洋商等州刺史

遼東　後漢有公孫延生度爲遼東太守子康生文懿三代處遼東後自立爲燕王魏明帝遣司馬宣王平之三代五十年而滅後魏廣州刺史因安子公孫表稱度後孫叡尙書燕郡公曾孫邃靑州刺史生長儒北齊涇州刺史孫正唐揚州司法羅云因安子當從魏書公孫表傳改固安子

櫟陽　唐右衛大將軍征陽公公孫武孫達生雅靖安西都

護

菑川薛縣　漢有丞相平津侯公孫弘子度爲山陽太守隋菑川刺史公孫景茂代居信都狀云弘子度後生善政政生虞唐庫部郎中偘職方郎中

北地義渠　漢有西平太守公孫渾邪著書十五篇子賀丞相葛繹侯生敬聲太僕犯事父子俱死獄中

遼西　後漢前將軍易侯公孫瓚又春秋時諸侯亦爲公孫氏

上谷　晉有隱者公孫風△上昌黎九城山羅云風當作鳳晉書有傳字子鸞

公伯

魯有公伯寮仲尼弟子

公父

魯季悼子紇生穆伯穆伯生文伯歜文伯歜生成伯成伯生頃頃爲公父氏見世本

公成

衛公成之後以謚爲氏

東郡白馬縣 晉有散騎常侍公成綏案晉書本傳乃成公綏非公成氏此有誤字子安有傳後魏有公成興學道仙去

公齊

孔子弟子有公齊定

公析

衛穆公生公析黑臀其孫成子朱鉏以王父字爲氏

公索

魯有公索氏將祭而亡其牲見家語

公祖

見纂要魯郡仲尼弟子公祖句茲

公休

姓苑趙平陵太守公休勝

公孟

衛襄公生公孟縶縶生丹爲公孟氏

公明

衛大夫公明賈

公賓

王莽校尉公賓就斬莽首傳于宛就北海人

公正

古官也其後氏焉建安中朝邑令公正範吳人

公之

季悼子生思伯軼軼生懿伯柎爲公之氏

公乘

古爵也子孫氏焉公乘不害傳封四代案此條疑有脫誤

中行遥華韻甲集四引云何氏姓苑中壘氏中野氏中行氏中行偃晉大夫中行彪漢諫議大夫　此條說字蓋彪字之誤

世本晉荀游敖生桓子林父將中行爲中行氏漢有諫議大夫中行說

中英

古帝少昊氏有六英之樂掌中英者以官爲氏

中野

潛夫論微子之後楚文王御史中野彪

中壘

風俗通劉向爲漢中壘校尉支孫以官爲氏

中黃

尸子中黃伯

桐里

漢御史中謁者桐里斤生儒爲議郎斤辯證一引作斥　見羅校

桐門

宋人氏

銅鞮

晉羊舌氏之後

戎子

戎子駒支之後爲氏

終利

按言行類稿二云形本姓形形當々氏形伯之後因避仇改姓形今道士形案此條雖不明引姓纂實當是姓纂之文足訂今本之誤又一條云尚書形伯周同姓為成王宗伯

嬴姓與秦同祖

下邳　漢有雍門侯終利恭後漢散騎都尉終利英

終古

風俗通桀內史終古後氏焉

熊率

楚熊率且比後爲氏

熊相

楚左史熊相之後威王時有熊相季文爲士官

二冬

形

本姓形氏避仇改姓形今道士形也案形伯周同姓國爲成王宗伯者是也又形氏本形氏避仇改爲形姓纂前既以形爲形此又誤以形改形道士句亦有脫文

類稿一新書六引後字上均有子字

冬　前燕錄慕容晃左司馬冬壽　類稿二

佟　遼西　北燕有佟萬以文章知名　同上

宗

周大夫宗伯之後以官命氏齊有宗樓

南陽安衆　河內太守宗均（案豆盧詵嶺南節度判官宗義仲碑昔宋襄公之母弟仕于晉至伯宗爲三郤所害州犂奔楚其子家于南陽以王父字爲氏此較宗伯之說似爲有據又曰遠祖均東漢爲九江太守累遷司徒此作河內太守亦異）族會孫宗俱司空均元孫慈慈十代孫躬躬孫瓊唐蘇州刺史

冬日

晉趙衰冬日之日後因氏焉

宗正

狀稱本劉氏楚元王交之孫劉德爲宗正支孫氏焉裔孫宗正稱

濟陰　唐朝殿中少監宗正辯

類稿二新書六引或下有單字

羅云據唐書宰相世系表作接　嘉錫案

樓下文作接類稿新書亦均作接當據改

三鍾

鍾

宋微子之後桓公曾孫伯宗仕晉生州犁仕楚食采鍾離因氏焉子孫或姓鍾氏楚有鍾儀鍾建又鍾子期與伯牙爲友項羽將鍾離眛眛中子樓亦單姓鍾氏

潁川　接始居潁川長社魏太尉鍾繇生毓侍中廷尉繇少子會司徒繇弟演演元孫雅過江爲晉侍中五代孫蹈蹈生嶸嶸岏嶼嶸撰華林編略梁山陰令嶸撰詩評三卷岏撰良吏傳十卷生寵梁臨海令侯景時避地南康

南康　唐洛邑府統軍鍾山操狀稱寵孫也代居虔州贛縣弟子威安福令生法遵不仕生紹京中書令戶部尚書越國公縣蜀彭州刺史生嘉羣諤羣嘉中書令晉州刺史諤典膳

羅云案唐書世系表作紹京子嘉壁生嘉諤嘉偁

羅云諂梁書鍾嶸傳及唐書世系表作嶸

又云華林編曰乃天監十五年勑學臣撰嶸乃學臣之一非嶸一人作又編略梁書作徧略

又云良吏傳梁書嶸傳作良吏傳南史作良吏傳又唐書世系表嶸注寵州作岏生寵不知孰是

監也

封

姜姓炎帝之後封鉅爲黃帝師胙土命氏夏封父侯國君也今封邱是也後有侍中封岌

渤海蓨縣　封岌始居蓨五代孫仁仁孫釋晉侍中釋生悛悛生奕燕太尉奕生蘄孫鑒後魏滄水太守案唐世系表鑒三子琳囘滑此守字下疑脫去三子二字琳囘囘尚書僕射生隆之右僕射案隆之下疑脫輿之一人隆之生子繪子繡孝琬案孝琬字當衍子繪北齊祠部尚書孫智贍子繡隋通州刺史生德潤德輿德如德彝德潤隋青城令生行賓行高梁客行賓生廣成雍州司法廣成生希彥中書舍人吏部侍郎行高禮部侍郎案唐世系表廣成作廣城希彥作希顏行高禮部侍郎作禮部郎中梁客中案梁客中書舍人此中字下脫三字德彝改名倫右僕射中書令

密明公生言道駙馬司門郎中汝汴二州刺史生思敏思敏生守靜渠州刺史守靜生利建利建生夏時兼殿中侍御史興之生孝琬孝琰孝璋孝琰北齊散騎常侍孝璋生君誕君夷君誕孫叔廉光州刺史生悌偕君夷生道弘右司郎中號州刺史道弘生踐一踐福踐一生無待刑部郎中無待生希頲希頲生亮司封員外杭州刺史亮生敖案唐世系表敖生望卿此脫踐福黃州刺史生無遺琳孫孝綽勸七代孫彥明生崇正崇眞崇正刑部郎中生若愚若水崇眞生若虛若沖悛生放案唐世系表悛生放奕奕燕太尉奕二子靳勸與此不合燕吏部尚書令昂君明懿弟孚攸燕太尉攸羅云案北齊書劉逖傳字君義逖弟詢此以詢爲逖子未知孰是孫軌後魏廷尉卿生君義詢君義聘梁副使五兵尚書生淑詢北齊左丞生道嗣孫子都生全福全禎全福生謀全禎刑部侍郎生賢纂五代孫道瑜道瑜生綽孫思業戶部

羅云各校甚誤考舊史敖傳敖爲元和十年進士此書成於元和七年望卿史後於敖姓纂本不得有其名非脫漏也

元和姓纂卷一 三

類稿二無首九字有風俗通云四字　雍伯以下作雍伯之後以國爲姓今或音雍州之雍鄭大夫有雍糾楚有雍子齊有雍廩宋有雍鉏漢有什邡侯雍齒沛人也

郎中綽弟士泰生松年孫廷弼京兆尹士曹生綱案唐世系表廷弼京兆府士曹參軍生洄與此不合

京兆　安西節度攝御史大夫封常淸

河南　官氏志賁氏改爲封氏案魏書作是賁氏此脫是字

## 龍

遙華韻甲集二引云龍述字伯高漢山都長當在此條之末

尙書舜臣龍爲納言子孫以王父字爲氏又董父已姓賜氏豢龍爲龍氏龍且楚人爲項羽將急就章龍未央亦楚人也

## 雍

本於龍反今俗呼去聲文王十二子雍伯受封於雍在河內山陽子孫以國爲姓又宋有雍氏本子姓也鄭有雍糾齊有雍廩楚有雍子漢有雍齒沛人封什邡侯案今本漢書作汁防唐主客郎中雍惟良信都棗强人檢校郎中兼朝邑令雍寗河陽三

城使懷州刺史兼御史大夫雍希顒

容

帝王世紀黃帝臣容成造曆帝舜舉八凱有仲容或云其後以王父字爲氏類稿二文同末多何承天姓苑云禮記容居吳人也十三字

松

見姓苑

庸遥華韻甲集一引作庸蜀羌髳殷諸侯佐武王伐蜀漢膠東庸生　此條庸蜀下當據補羌髳二字蓋庸蜀自是兩國不當於庸姓下單言蜀也

庸蜀殷時侯國周武王時來助伐紂子孫以國爲氏漢有庸光又有膠東庸生永樂大典五四一庸字韻引作庸蜀殷時侯國周武王氏時來助伐紂子孫以國爲氏英賢傳楚鮭渠生無庸田氏又無庸先生學仙道

重

風俗通重黎之後少昊時南正重司天以官爲氏

恭

殷末侯國周文王侵阮徂恭見毛詩類稿二見下有之字

龔

左傳晉大夫龔堅後漢蠻氏首有龔氏漢有光祿大夫龔勝案龔勝應在前後漢蠻氏應在後又巴中渠帥七姓羅朴督鄂度夕龔以龔爲蠻氏首亦非也

從

東苑從氏漢有將軍從成公東苑誤辨證三引作東莞類稿二亦同

共

共工氏之後或云鄭共叔段後今河内共城是其地也類稿二此下有左傳鄭有共仲曹有共劉十字

鍾離

世本云與秦同祖嬴姓也戰國策齊賢人鍾離子漢有鍾離昧楚人鍾離岫撰會稽後賢傳後漢尚書僕射鍾離意會稽山陰人鍾離意曾孫緒樓船都尉生駰

逢孫
英賢傳秦大夫逢孫之後有隴西北部都尉逢孫依

逢門
漢古今人表有逢門子豹藝文志有逢門子著兵法

封貝
徐偃王子食邑封貝因氏焉今臨川有此姓

封父
夏殷國名也鄭有封父彌眞爲大夫

封人
古封畿之職爲氏

大典三〇〇七人字韻引
古封畿之次其後為氏左傳晉有蕭封人漢司空掾封人嬰

龍邱
風俗通吳郡漢時博士龍邱長

雍人

周禮雍人以官爲氏魯有雍人高檀見左傳 雍人據大典三〇〇七人字韵引增

共叔

鄭武公子共叔段之後

四江

江

嬴姓顓頊元孫伯益之後爵封於江後爲楚所滅以國爲氏

濟陽考城　後漢有太常贛陽德其先居陳留國縣漢分陳留爲濟陽因居考城爲著姓德十代孫虨晉譙郡太守亢父男生湛侍中吏部尚書湛生恁恁生斆齊都尚書斆生蒨蒨梁光祿大夫生經案陳書江總傳總父紑此作經誤經生總陳尚書令總生溢溥灌溢陳太子中庶子唐廬州合江令溥陳太子舍人

羅云案據宋書江夷江湛傳湛乃江夷子非虨子也虨子祚孫統曾孫虨[illegible]爲虨子敳孫惇見晉書江統傳此奪誤之甚

唐弘農丞漼唐隋州司馬胄梁吏部侍郎孫伯琳西城令齊左僕射伯琳生祏弟案江祏濟陽考城人祖遵寧朔參軍父德麟司徒右長史祏弟祀晉安王鎮北長史祀弟禧祏子厥皆見南史與此不合弟字下疑有脫文　齊侍中戶部尚書謚梁吏部尚書左僕射衛將軍臨沮伯江淹度支尚書江革子孫並無聞案江淹父康之南沙令江革祖齊之宋都水使者尚書金部郎父柔之齊尚書倉部郎革子德藻陳祕書監德藻子椿尚書右丞德藻弟從簡司徒從事中郎從簡子兼以孝行聞皆濟陽考城人

趙國邯鄲　漢有水衡都尉江充

齊郡臨淄　後漢諫議大夫江革

鄠縣　唐起居郎江融撰九州設險圖

汝陰　唐萬州刺史子建世居潁川

## 龐

周文王子畢公高之後封於龐鄉因氏焉魏有龐涓趙有龐

煥

南安今潁州　後魏有將軍龐樹戰死夏侯道遷傳狀稱又居鄴郡生景亮以父功封襄邑男六代孫茂隋王記室生仲惲唐左武侯大將軍濮國肅公生同善同福同本同善右金吾大將軍生敬嗣都水使者同福饒州刺史生承宗承訓承宗右金吾大將軍宗正卿南安侯生景昭景喬景劉景艮景高景高生磐範磐湖州刺史景劉口州刺史生說今蓬州刺史同本洛州刺史左千牛衞將軍景昭生嚴中書舍人

京兆　狀云本望南安漢太尉龐參後今居京兆後魏直閣將軍龐伯元孫玉唐左武侯將軍越州都督生廓職方郎中玉弟琳隴州刺史

代郡　狀云本南安人後魏定州刺史（羅校云案隋書龐晃傳父虬此作風誤）比陽公龐雅生風風

生晃隋原州總管比陽公生相壽（羅云晃傳子長壽不作相壽）右監門將軍安宜公孫貞素易州刺史右屯田將軍

河東 狀云龐涓之後漢龐儉掘井得錢者

北海 燕慕容以北海龐美爲股肱

## 涳

出何承天纂要若江女江二反

## 雙

顓頊之後封於蒙城案通志作雙蒙城因以命氏

天水 狀云後魏有梁州刺史疊水公雙上洛因家天水生彌周河州刺史平梁公彌周生陽唐右武衛大將軍定相二州總管杭州刺史陽生萬弘萬壽（類稿三上洛作士洛 平梁作平涼 生陽作生揚 在士洛 無唐字 刺州刺史下有巴國公三字無陽字）

東郡白馬縣 唐瀛莒二州刺史雙子符

逢

夏殷諸侯有逢公伯陵封齊土其後子孫氏焉左傳齊大夫有逢丑父

北海　漢有大僕射逢信後趙秦州刺史碧唐中書舍人逢弘敏狀云其後也

○邦 見姓苑 類稿二

元和姓纂卷一

# 元和姓纂卷二

唐林寶撰　陽湖孫星衍　歙洪瑩同校

## 五支

### 支

姓苑云人姓

瑯琊　姓苑云今瑯琊有支氏

西城　石趙司空支雄傳云其先月支人也晉有高僧支遁字道林天竺人

### 隨

周同姓國也又杜伯曾孫晉大夫食采于隨邑亦曰隨會漢有博士隨何又有扶風隨蕃（扶風上類稿四有右字）

### 枝

諶類稿三新書六均引作湛



楚大夫枝如子躬之後或姓枝如氏案通志謂晉欒枝或秦公孫枝之後以名爲氏者若枝如子躬其後自爲枝如氏

趙郡邯鄲　爲郡著姓漢有符節令弘字孟十一代孫固邁生逸燕易州刺史昌黎公生鎮後魏七兵尚書曾孫燮生仲讓北齊國子祭酒仲讓生彥通滑州別駕

義安　後魏有枝雅

濮陽　唐考功郎中支逸文

馬邑　後魏有枝夸

皮

皮氏二字誤　遥華翰甲集六引風俗通作樊仲皮周卿士其後以王父字爲氏當據改　又下邳下有徙天水三字

風俗通周卿士樊仲皮之後皮氏漢有諫議大夫皮究

下邳　後漢上計掾秦扉集敍皮仲固撰晉有尚書郎皮諶

宋武康令皮延年並下邳人王僧儒百家譜云苟昭娶下邳

皮仁之女後魏有皮豹子隋書旭州刺史皮子信今大理司直退叔南昌人

## 嬀

遥華韻甲集八引作虞舜居嬀汭其後因氏焉說文云周封胡公嬀滿於陳嬀皓漢桓帝時尚書郎

世本帝舜之後舜生嬀汭子孫氏焉漢有嬀皓後改爲姚氏

文士傳有嬀覽 類稿四漢上有後字 嬀皓作嬀皜

## 奇

見姓苑云伯奇之後以王父字爲氏一曰魯昭公子奇之後

漢書南郡太守奇琨

河南　後魏官氏志奇斤氏改爲奇

## 羲

羲和堯掌天地之官子孫氏焉 遥華韻甲集七引云羲叔堯四岳 疑在子孫氏焉之上

## 戲

伏羲之後子孫氏焉

儀

衛大夫儀封人見論語大夫儀楚類稿大夫上有徐字

西河　漢有儀長孺

驪

左傳驪戎國之後在昭應縣案昭應舊本作應昭古新豐縣唐改名昭應宋大中祥符中改臨潼縣東有驪戎故城類稿四亦作昭應

卑

類稿四鮮作先　北平上有右字　整屢作盤姓氏急就篇引風俗通作議郎卑整

卑耳國人之後或云鮮卑衆類漢有北平太守卑躬河間人

雁門　後漢太尉掾卑整又魏志公孫度將有卑衍

呰

風俗通帝嚳妃呰娵氏女姓苑云今齊人漢書漢功臣表有

樓虛侯訾順

斯

姓苑云吳人吳志郯縣吏斯從也吏類稿四作史

東陽　南齊書東陽郡有斯氏

彌

史記衛公孫彌子瑕以王父字爲氏三輔決錄云王莽時彌强類稿四彌字下多牟彌牟孫四字無三輔決錄云云

新豐　漢末新豐人中叔見決錄類稿作新豐三輔決錄漢彌氏新豐人　逸華韻甲集六同惟漢彌氏作彌牟此中叔二字蓋彌牟之誤

猗音伊

史記猗頓魯國富人

河東猗氏　猗頓自魯居之類稿三引此下多一行云又史記猗頓用鹽起與王者埒富

馳

五支

訾

風俗通帝嚳妃訾陬氏女姓苑云今齊人

漢功臣表有樓虛侯訾順 類稿四

宜

隋西南地有宜繒宜林 辨證三引姓苑姓纂皆曰云云 類稿四

地作東有作其

禆

鄭大夫禆諶禆竈宣城姓苑云今宣州

有禆氏 類稿三引

元和姓纂卷二　三

見姓苑馳湛馳竈 類稿四只見姓苑三字 以下皆禆字下注誤禆作池遂入於此

宣城　姓苑云今宣城有馳氏

池 類稿四文同後多義安　今義安有池氏八字

以所居爲姓漢有中牟令池瑗魏有城門候池仲魚

眭 類稿三引眭均誤作睦因以爲氏下多趙郡邯鄲爲郡著作漢有符節令眭弘字孟十七字　遥華韻乙集七引食采眭邑下作世爲趙郡邯鄲著姓可訂類稿作字之誤

趙大夫食采眭邑因以爲氏 案眭弘見漢書眭固見魏志眭夸見北史

蕃 音皮

其先出自魯大夫食采於蕃因以爲氏後漢黨錮傳有蕃嚮

案廣韻蕃無皮音惟集韻音皮考左傳疏引魯國地理志曰

蕃讀如藩屏之藩言魯國南藩也汝南陳子旃爲魯相子旃

者藩之子也國人避諱遂改皮音

又白襄魯國記同今附入支韻

彌且

後秦冠軍大將軍彌且婆獨遼東侯彌且高地立節將軍彌

施 魯惠公子施父尾生施伯伯孫佾叔生孝叔惠公五代孫也因氏焉新書作之誤 漢有博士新書此下有施字讎 類稿三新書六引

○岐 風俗傳岐伯黃帝師 唐萬福府統軍岐才慶州人類稿四安化 岐靈岳唐德宗朝段秀實以爲孔目官 遥華韻甲集七引

○離 風俗通云離婁孟子門人漢有中庶子離常之 後漢有離班同上

○危 見姓苑同上

為 魯昭公子公爲之後 後漢河南太守爲昆同上

○皃 吴郡有語皃生而能語子孫氏焉 河南 官氏志賀皃氏改爲皃氏同上

移 漢有弘農太守移良 蘄如同上 遥華韻甲集七引作移良漢弘農太守

喜字誤衍類稿四引無

右類稿作在蓋左之誤

且戍後魏末都督彌且元進夏州酋望也唐右領軍將軍延州刺史

戲陽

英賢傳曰秦穆公時有戲陽伯樂善相馬漢有侍御史戲陽放

差師

世本魏公族有差師氏

六脂

伊

帝堯伊祁氏之允裔孫伊尹名摯相湯生陟奮風俗通漢有議郎伊推又伊喜嘉爲雁門都尉石顯黨也

山陽 蜀志伊籍山陽人今右僕射安廣節度伊慎廣州人

類稿三引作蘇忿忽誤生支子遥華韻甲集八引同

類稿三作午生盈盈生勝

類稿後下有代字



河南 官氏志伊婁氏改爲伊氏後魏有伊婁敽代人 羅云伊敽魏書有傳不作伊婁敽 嘉錫案魏書從其改姓也

郗

出自己姓青陽氏之後蘇忿生支孫封郗邑因氏焉趙有郗疵

高平金鄉 秦末郗氏自晉陽徙高平蜀有郗正偃師八漢魏之際司徒郗慮慮元孫晉太宰南昌公鑒生超超生愔鑒五代孫暱女爲梁武皇后唐庶子昂蓋其後也生士美澤潞節度也 姓氏急就篇引此條文多删節末有唐郗純士美郗昂

祁

遥華韻甲集七引作祁同 誤此字 黄帝二十五子伊祁氏之後 案廣韻六脂亦云又姓出太原黄帝二十五子之一也

帝堯伊祁氏之後左傳晉大夫祁奚生午午生盈生勝姓苑云今扶風有此姓唐刑部員外郎祁順

師

樂陵 祁順之後居滄州

類稿四门者下有之字　下音字下亦有有字

風俗通師樂人瞽者稱晉有師曠魯有師乙晉師悝師觸師鐲類稿末有也字并多又師服晉大夫也一句

瑯琊東武　漢丞相高樂侯師丹後漢師宜官案師宜官別爲師宜氏工書晉石勒爲師歡奴案晉書載記師歡茌平人歡作懽

資

黃帝之後食采益州資中因以爲氏

陳留　風俗通資成陳留人

飢

左傳殷人七族有飢氏案左傳飢氏作饑

尸

漢書尸佼晉人爲商君師著尸子風俗通云其先封于尸鄉故爲尸氏齊相有尸臣案廣韻注晉人作秦人　漢書下類稿四有云字仍作晉人

嫘

出自西陵氏女嫘祖爲黄帝妃後世以嫘爲氏

刕

蜀有刁達之後避難改焉 案廣韻注作刁逵非刁達

麋

楚大夫受封南郡麋亭因以爲姓

東海朐山 漢有麋敬蜀志有麋竺生芳 案蜀志作竺弟芳 宋有麋勗之又麋信撰說要注穀梁 案麋姓之麋一作糜字

邳

左傳晉大夫邳鄭邳豹 案左傳邳鄭邳豹俱不从邑 此丕字之注誤入邳字下

信都 風俗通云奚仲爲夏車正自薛封邳其後爲氏後漢二十八將有衛尉信都邳彤

## 六脂

脂　見姓苑

京兆　魏志中散大夫脂習哭孔融

者　類稿四

夔　芊姓楚君熊摯之後爲夔子孫以國爲氏石趙有太保夔安本天竺人

遼安　夔安寓居遼東玄孫逸姚秦夔司後燕有遼東夔騰同上

遺　魯賈字南遺之後急就章有遺人同上

耆　伊祁氏之後亦作祁

夷　齊大夫夷仲年之後論語逸民夷逸同上

遲

丕　此條乃丕字之注誤入丕字下類稿四丕姓下云左傳晉大夫丕鄭丕豹當取以改此條

左傳魯桓公丕之後以王父名爲姓其後有丕無遺案魯桓公名允此作丕誤且亦不得爲丕氏所自出通志及急就篇俱作晉大夫丕鄭父子豹之後丕亦作丕又徐廣曰桓公名軌

伊婁

後魏獻帝興鄰第六弟爲伊婁氏爲十姓因官氏焉

河南　後魏徐州刺史濟南公伊婁信生伊婁公公生彥恭隋武侯大將軍濟陽公生明傑唐鄆州長史九真男生大辯

雅云案隋書伊婁謙傳字彥恭祖信父靈周書伊婁穆傳亦作父靈此誤

大昌

祁夜

鄭公子且食采開封因氏焉鄭大夫祁夜狐

師子

世本鄭有師子濮漢有北平太守師子將

殷賢人遲任　尚書盤庚上遲任有言曰人惟求舊器非求舊維新

晉有遲超 同上

○茨

後漢有桂陽太守茨元 同上　通華謂甲集八引云茨充東漢桂陽太守　按廣韻云後漢有茨充則元充二字皆誤

○纍

風俗通纍祖之後左傳晉七輿大夫纍彪 同上

○蓺

姓苑云淮南人 同上



師祈

左傳楚有師祈犂漢有郎中師祈光

師宜

後漢有南陽人師宜官

夷鼓

英賢傳黄帝子夷鼓之後見國語秦大夫有夷鼓德宜

夷門

史記魏隱士侯嬴爲夷門監者因氏焉 辯證三引監者作抱關卒　末多夷門大梁城門也七字

尸逐

姓氏英賢傳云南匈奴尸逐鞮裔孫尸逐降漢以國爲氏

葵仲

蔡叔子葵仲胡之後趙時有葵仲其

馬類稿三作怡

時

七之

齊有賢人時子著書見孟子新論有時農遥華韻甲集八引孟子下有公孫丑篇四字

鉅鹿　魏有壽春令時苗後趙有謁者僕射時軌姓苑云並

鉅鹿人也遥華韻引云姓苑鉅鹿人時苗字德冑爲壽春令初篤牛車牛生犢及去留犢於邑曰爾土所生亦有三國　魏三字乃小注誤入正文

陳留　唐登州刺史時德叡世居汴州尉氏曾孫元佐潁州

刺史

怡

本姓默台孤竹君之後因避事改爲後魏有怡寬遼西人生羅云案周書怡峯傳高祖寬曾祖之此誤

峰後周樂陵公生昂鄀公光清河公羅云鄀周書靜帝紀作鄀怡峯傳作鄭清河公峯傳作龍河公

旗此條乃期字之誤類稿四辨證四期氏注均同旗氏乃齊欒施字子旗之後別見補遺

風俗通楚大夫居旗思城因以爲氏

蘄

漢有弘農太守蘄良姓苑云蘄春侯之後

貍

左傳八元季貍之後辯證四引此下有以王父字為氏六字　羅校云今本奪當據補

菑音緇

見姓苑北海孔融集菑壯青州人北海應提行類稿四北字上空一格可證

治

出何氏纂要文音遲類稿四作人姓見纂要　辯證四同今本惟纂要文作纂文要

蚩

蚩尤之後以國為姓姓辯證四引作氏　類稿四蚩尤下有氏字

慈

高陽氏才子之後美其宣慈惠和因以為姓類稿四引急就章有慈仁一句

七之

綦

河南有綦氏 辯證四引　見羅輯

箕

箕子殷畿内同姓諸侯也左傳晉大夫箕鄭箕遺漢有西華令箕堪 類稿三引

姬

帝嚳生姬水因以爲氏裔孫周文王三十餘代至赧王子孫號姬氏漢有周子南君姬嘉唐水部郎中慶遜代居長安開元初以玄宗嫌名改姓周氏 類稿四

旗

風俗通齊卿公孫竈惠公孫也生欒施字子旗子孫以王父字爲氏後漢有旗況甘 同上

其

漢功臣表楊柯侯其石傳封六代 同上

姓苑其地名以地爲氏 遂華韻甲集七引

䆿

後秦錄有䆿鹽 同上

耐

左傳宋有耏班　漢功臣表芒侯耐跖跖子昭昭子甲尚景帝女南宮公主 同上 遂華韻甲集八引昭同耐作耏宮作陽

僖

姓苑云魯僖公之後今彭城人 同上

之

## 司馬

重黎之後唐虞夏商代掌天地周宣王時裔孫程伯休父爲司馬克平徐方錫以官族在趙者曰凱以傳劍知名蒯聵其後也在秦者司馬錯孫蘄孫昌生無懌無懌生喜喜生談太史公生遷漢中書令 據祕笈新書改

河内溫縣　蒯聵元孫卬爲趙將封武信君 案司馬卬爲趙武臣將武臣封武信君此作卬封武信君誤 項羽封卬爲殷王漢以其地爲河内郡子孫家焉孫楷漢武都太守 羅云宋魏書司馬楚之傳作楢八代孫 孫鈞後漢征西將軍曾孫防京兆尹生朗懿孚馗七代孫楚之後魏封瑯琊王馗六代孫叔璠後魏冠軍將軍汝南王亮五代孫景之後魏蒼梧公瑯琊冠軍蒼梧號三祖司馬氏瑯琊王楚之卽彭城王懽六代孫也楚 羅云案懽晉書本傳作權 之曾孫裔裔曾孫元祚唐庫部郎中生希奭希象希奭明堂

姓苑有之氏同上

○台音夷

見姓苑亦墨台之後或云駘氏之後同上

○夷

齊大夫夷仲年之後論語逸民夷逸同上

○司

左傳鄭有司臣司齊同上司城子罕宋大夫司國吉漢朝議郎道華韵甲集八引

○茲

左傳魯桓公孫茲之後以王父名為姓其後有茲無還同上

○雝

左傳晉七輿大夫雝歂鄧有雝甥同上

司空

禹為堯司空支孫氏焉帝堯後有隰叔孫士蔿為晉司空亦因氏類稿五十六引文有脫誤

尉生鍠銓鐵鍠吏部黃門中書三侍郎京兆尹生蒼鍾益鍾魏郡太守銓庫部郎中生望希象生爵郎中元祚再從子承禎字子益天白道士有高行元祚四從子仁節大理評事生皓曜曜曹州刺史蒼梧公景之七代孫思溫唐左衞長史冠軍房子孫無聞亮生南頓王宋過江令號江南司馬氏宗八代孫宅相太子洗馬生遜晉譙剛王七代孫鈞賢鈞梁尚書左丞賢孫待徵唐撫州刺史兄子利賓

雲中　北齊司空司馬子如稱晉南陽王模七代孫也兄子瑞吏部尚書幼之大理卿瑞生同游侍中又刑部侍郎司馬逸容稱瑯琊王馗後魏都官員外郎喬鄉鄠縣人也

羅云北齊書司馬子如傳作弟子瑞

司徒

帝王世紀曰舜爲堯司徒支孫氏焉衞文公生公子其許之

後案衛有司徒瞞成此公子其許未詳爲司徒氏宋邊卬爲其司徒後氏焉陳成公子亦司徒氏漢有安平相司徒肅中謁者司徒發禹爲堯司徒支孫氏焉帝堯後有隰叔案凡下疑有脫誤孫司徒發仕爲晉司徒因氏焉晉大夫號司徒季子

京兆 上元潤州刺史司徒襲成云河內人署虞部郎中孫

圖

司城

世本云宋戴公生東鄉克孫樂喜爲司城氏陳哀公子邾勝之後亦爲司城氏

司寇

世本云衛靈公子郢子孫爲司寇亥之後風俗通蘇忿生爲司寇其後氏焉禮記惠子魯大夫

司功

世本晉大夫司功景子其先士匄也因官氏焉周有太史司功騎

司揭

古今人表有司揭拘又司揭扶楚靈王大夫見韓非子

司工

周宣王時司工錡因官氏焉

綦毋

左傳晉大夫綦毋張風俗通漢有廷尉綦毋參戰國策綦毋子與公孫龍爭辯

會稽　後漢綦毋俊爲會稽主簿因居焉後漢交趾刺史綦毋閎與荀爽事陳太邱魏有綦毋廣明與管甯爲友晉有綦

毋倪江左有綦毋遂爲邵陽太守前趙有綦毋達爲特進呂都公綦毋珍之爲中書舍人

南康　開元右拾遺綦毋潛虔州人又北齊有信州刺史綦毋懷文入藝術傳

綦連

代北人號綦連部因氏焉辨證四引作因以爲姓

期引

西秦錄記乞伏氏與期引氏自漢北出陰山案晉載記乞伏之先與如弗斯出連叱盧三部自漢北出陰山無期引氏又國仁以斯引烏堡爲佐輔將軍當以斯引爲正此期引誤也

熙氏

英賢傳帝佶使元冥爲水正熙氏佐之爲氏焉

鼇子

類稿四 新書百六引作出自顓帝大彭之後夏封於豕韋苗裔以國爲氏新書作姓家彭城

偃姓之後僖公二年徐滅蘁子子孫氏焉

茲毋

左傳齊大夫茲毋還漢有侍御史茲毋恆

八微

韋

顓頊氏之後大彭爲夏諸侯彭子受封豕韋周赧王滅之以國爲氏因家彭城至孟又遷魯

京兆杜陵　孟元孫賢漢丞相扶陽侯徙京兆杜陵生元成七代孫胄魏安城侯生二子潛號西眷穆號東眷西眷潛八代孫周平齊公瑱生師師孫弘敏太府卿平章事從父仁爽鳳州刺史素立主爵員外案唐世系表弘敏仁爽素立皆兄弟與此不合爽兄子容成邛州刺史素立兄孫瑤果州刺史弘敏從祖兄懷質光

祿卿懷敬右領將軍生知藝儀州刺史案唐世系表儀州作襄州懷質孫

顒陰平太守曾孫漸陵州刺史生宗禮審規懷質堂弟匡素

和州刺史孫洽考功郎中洽生收瑤再從姪岠宋州刺史瑱

三從兄法保周安國公孫繪虘倉部員外保兄子武威邵州

刺史東眷穆八代孫旭長子逍遙公敻生康洸恭案恭字下脫頤仁基（羅云案康富作世康避唐太宗諱省世字）

二人又恭唐世系表作瓘（又云案唐表瓘字世恭表書其名此書其字非有異也）藝沖約康隋吏部尙書生福嗣福獎嗣生悰憬

悰御史中丞憬吏部郎中元孫啟肇班啟左補闕生彭肇吏

部侍郎生綬貫之纏綬左常侍致仕貫之中書舍人案唐書貫之相

穆宗纏吏部員外衢州刺史生泗肇三從弟乾度豪州刺史福

獎生寡尤洋州刺史寡尤生璋珍璋湖州刺史案唐世系表瑋生纂瓛金瓛

金生黃裳孫黃裳昇州刺史兼中丞採訪使洸隋廣州總管襄陽

公生協協生仲鋭金部郎中鋭孫艮嗣案唐世系表仲鋭弟叔鋭生艮嗣艮嗣生

文彥與此不合給事中生禎給事中京兆少尹知府事恭隋安州總管生萬頃仁基萬頃生元整曹州刺史頤孫晤元戶部郎中仁基龍州刺史生元祚哲元祚司門郎中會孫霸吏部郎中汝州牧祚元孫儹案唐世系表祚元孫儹作五世孫鸞部郎中哲元孫輔元生厚叔案唐世系表輔元作輔厚叔作原叔藝周齊州刺史魏興懷公生彤羅云或唐書世系表作彧或晏宣敏彤生彥師彥方師撫州牧生承徽忠州刺史彥方生徽同徽生衡衎衢衡原州都督生寂左司郎太府少卿寂生峴嶼案嶼唐世系表作嶼岵嵫衎孫萬案唐世系表衎孫作衎子兼監察御史萬生處厚拾遺案唐書處厚相文宗衎少子京富平令衢殿中監閑廄使同密州刺史生衎右驍衛將軍衎生少華太府卿或生元方禮部郎中晏孫希仲刑部郎中宗正太常卿扶陽公希仲生杲先欸先會先案唐世系表曾先作胄先彖先杲先湖州刺史欸先拾遺

挺

曾先殿中侍御史彖先生珣將作少監通事舍人宣敏生嶠

秋官侍郎嶠生友直友諒友淸友直司門郎中友淸生鄉坊

州刺史沖隋戶部尚書義豐公聘陳生挺德運挺御史大夫

羅云案義豐公隋書韋世康傳作義豐侯又聘陳下奪使字當補　嘉錫案下挺當爲鋌說見後

生待價履冰興宗萬石待價左僕射扶陽公生令儀案唐世系表訛

困學紀聞十四云沈作喆爲應物傳敘其家世云曾是之孫待價相隋爲左僕射扶義公蓋據林寶

下尙有烈一人司門郎中梁州都督令儀生鑒鑑錡鎔鎰鑒生應物

齊姓纂唐書韋待價乃挺之子武后時拜文昌右相豈二人同名歟當攷　嘉錫案今本姓纂系待價於挺下

蘇州刺史應物生慶復鎔生緊岳州刺史鎰監察御史生武

挺之子烈曾孫前不言其仕隋與唐書挺本傳及世系表均合而與沈作喆補傳不同伯厚不詳作喆本

兵部侍郎生京京兆尹案唐世系表武爲京兆尹後無人烈此作生京或因京兆字誤未詳

姓纂以嵩本與合不同與伯厚失攷疑不能明也

曾孫弘景司門員外郎翰林學士興宗生令望令悌令裕令

望生叔卿丹州刺史叔卿生瀚滌瀚昭應令滌饒州刺史令

悌孫汎江州刺史令裕屯田員外萬石吏部郎中太常少卿

知吏部選德運生山甫吉甫山甫屯田郎中吉甫司門郎中

生案生字疑衍約羅云案約當作世約此避諱省世字隋儀同觀城公生克己後己克己生遂光萬年

令後已曾孫誠奢殿中御史誠奢生晊兵部郎中晊生公輔公素公度公璵公肅旭次子鄖國公裕羅云裕周書本傳作叔裕此奪叔字字孝寬周大司徒尚書令生總壽霽津靜羅云隋周書韋孝寬傳亦作長子諶案鄖襄國公六子唐世系表尚有諶一人此脫總生匡伯圓照匡伯生思言思齊思仁思言生逞光祿卿思齊司稼卿生案唐世系表思齊生紀此脫衛尉卿懷寶公思仁尚衣奉御生巨源液巨源侍中生明敭華州刺史液孫寡悔圓照孫觀生潤案唐世系表圓照生觀觀生爽爽生潤與此不合鴻潤生昭信滄州長史中丞鴻案唐世系表鴻作湜生昭訓太僕昭訓生光宰太僕少卿光裔少府監光弼大理少羅云鷹唐書世系表作鴈卿光弼生鷹庠庇元光胄太常少卿生慶光輔大理少卿壽隋恆州刺史滑國公生寍巒義節寍巒右衛副率孫知達羅云寍巒唐表及隋書韋世康傳作保寍案唐世系表知達作知遠監察御史義節刑部侍郎襄城公孫慎行慎名慎惑慎行生潛渙潛澧州刺史渙嘉州刺史慎名彭州刺史慎

彧右驍騎將軍壽隋岐州刺史左常侍致仕津隋隴州刺史黃門侍郎吏部尚書唐諫議大夫太僕少卿壽光男生金璧（案唐世系表金璧作全璧）琬琨璲瑜金璧生悅忻季重儋悅給事中生勉幹勉復州刺史忻兵部郎中生希先貿（案唐世系表貿作奐）希一詧希先比部郎中貿虞部郎中杭州刺史季重生烈都官員外烈生邁迪儋生千里持盈千里生昂昂生弘琬職方員外成州刺史生令則叔夏季良才絢安石季弼叔夏禮部侍郎生縉太常卿太子少師縉生弘協義才絢溫王府司馬生求回由韶嬰最睦由鴻臚少卿生士炎揮址墀韶明州刺史生大罔嬰生士南萬州刺史士文祕書少監安石中書令郇文貞公生陟斌陟吏部尚書生士瞻允允吏部員外潁州刺史四代入省允生同元同訓斌中書舍人汝州刺史生衮曼渢襄專

（羅云據唐世系表千里名昂以字行此書昂疑字昂之誤）

凜況袞駕部郎中四代入省生同懿同休同憲渢洛陽令朗州刺史況諫議大夫季彌生康考功員外康生肅端端生續紓琨戶部侍郎太子詹事生暢展初平（案唐世系表初平作幼平）調翼暢生抗揖拯抗刑部尚書生翹同州刺史拯戶部郎中生演展孫澣閬州刺史初平生抱貞梓州刺史抱貞生綆政政生丹（羅云綮綆唐表作鯁）丹生由調孫崟隴州刺史（羅云粲魏書本傳作儁）翼太府卿璲倉部郎中瑜歙州刺史穆五代孫闞（案唐世系表闞作闓）後魏殿中尚書生範範生法儁顥（羅云法儁魏書作儁）祖歡法儁生子粲榮亮道諧子粲生孝謇集州刺史榮亮生綱綱生文宗文傑文宗生德敏德基德敏考功司郎中太府少卿生璆琪玢璆宗正卿生元誠元濟元貫元會元誠生彤澧州刺史元會吏部郎中琪光祿卿生元方元志玢尚書右丞生元甫元懌元甫尚書右丞楊府長史生悅長安令元懌

生愃巴州刺史德基金部郎中生延安球延安鄂州刺史球生之晉之晉湖南觀察使生祐文傑孫玠榮州刺史玠生瑴金部員外道入山東類例顯孫謩晉安公謩生士讓雍州別駕祖歡曾孫世師唐博州刺史生太眞戶部侍郎太眞生瓊之修業瓊之考功郎中修業水部員外世師少子崇操生月將晶忠晶眉州刺史忠普州刺史逍遙公從父義弟遠周雍州刺史弟暉業繼爲雍州號大雍州房小雍州房大雍州房義遠生祖寅祖壽壽生儹傑倫傑生思敬思正思安思敬孫利器諫議大夫利賓戶部郎中生向工部員外向生彭壽右司員外明州刺史三代入省利涉主爵郎中思正生璉深州刺史思安駙馬嵐州刺史曾孫騰同州刺史倫生惲度支郎中小雍州房暉業曾孫敦禮監察御史穆九代孫南皮公瓚

隋尚書右丞生叔諧季武叔謙叔諧庫部郎中生元福元獎元福判兵部員外生湊河南尹湊生見素左相左僕射豳忠貞公見素生倜諤益哲案唐世系表哲作晢倜給事中御史中丞生頎庫部郎中諤給事中益工部員外六代入省哲光祿少卿元獎生光乘朔方節度光乘生儇倫案唐世系表倫作儉俛儇江西觀察生良放倫太常少卿太子少保生敦徵俛衞尉少卿生正己季武主爵員外叔謙考功郎中生知入庫部員外知入生維縝縱紹維戶部郎中庶子生虛心虛舟虛心工部尚書生有方左司員外五代入省虛舟刑部侍郎縱生虛受昭理虛受通州刺史昭理常州刺史縝生幼成幼卿幼章幼奇幼成武部郎中漢中太守山南採訪使幼章楚州刺史幼卿生雄雄生翊紹改名綱比部員外生傳詔再從孫濤左金吾將軍生

正牧楚牧瓚堂孫元泰度支郎中陝州刺史生光堅光資州刺史堅生佶（案唐世系表佶作信）舒州刺史瓚從祖弟子述述曾孫鑑（案唐世系表鑑作鏗）考功郎中生少游少華少游吏部郎中少華中書舍人少游生復建州刺史瓚四代孫弘獻刑部郎中郿城公穆八代孫郿城公元禮隋司農少卿生孝恪侍御史孝恪生弘措弘機弘挺弘楷出爲饒州刺史弘機司農卿生餘慶餘慶生岳子景駿景林岳子峽州刺史生晉恆漸賁損益豐恆兵部郎中華州刺史賁藍田尉生聿彙皋肇聿比部郎中右庶子彙屯田員外皋太尉中書令劒南節度南康王生行立工部員外肇兼御史大夫損職方郎中潤州刺史生彝异弇景駿房州刺史生述迪起迡巡冰述工部侍郎撰國史集賢學士禮儀使生州平都賓州平水部郎中都賓太常博士迪

戶部員外生宅相夏有啟強嬰齊柏尼夏有考功郎中嬰齊
衞尉卿冰一名達生渠牟太常卿景林生咸工部郎中咸生
覃楚州刺史覃生閬𡵉閬次子秦寶生邕邕彭城公房生澄
淹案唐世系表東晉韋氏穆曾孫楷晉長樂淸河二郡守生達慕容垂大長秋卿生閬避地薊城後魏太武召爲咸陽太守子孫因自別爲閬公房二子範道珍道珍字秦寶後魏威遠將軍扶風馮翊二郡太守生邕著作郎諫議大夫生鴻冑二子澄淹因號彭城公房此作覃生閬邕生澄俱誤澄國子祭酒彭城公生慶嗣慶羅云正紀唐表作正己
植慶基慶競慶祚慶暕慶嗣生正紀正履正矩正紀工部員
外正履曾孫彪永州刺史彤太常博士正矩駙馬都尉慶植
倉部郎中生璠羅云璠唐表作瑶珣珽項璠駕部員外生鈞鉉鉉虞部郎中生
堂司門郎中珣生銑給事中楊府長史曾孫胥案唐世系表曾孫作五代孫
台州刺史珽閬州刺史生鎬鳳州刺史項宗正卿生鉞太
僕卿駙馬都尉生友信友剛友順友信婺州刺史生績綬綬

羅云案唐表楷生達京校誤書達作逵

又鴻冑二子澄淹生雲起封彭城公因號彭城公房原校亦未詳

屯田郎中友剛漳州刺史慶基兵部郎中生錫台州刺史競庫部郎中生巨山巨山生元旦元瞻元晨元旦中書舍人元瞻司勳員外元晨殿中御史生涵登涵生顥洋州刺史登生萬順倪顓萬忠州刺史慶祚生行詳行誠行佺案唐世系表慶祚生顥顓生行詳等此作慶祚生行詳中缺一代行詳孫幹太子詹事行誠曾孫公右昭應令公右生及三原令行佺尚書右丞生㫒宰利見利見廣府節度生明扆案唐世系表明扆作明宸劒州刺史慶暕戶部員外生昇澤州刺史澄弟淹不仕生雲起雲表雲平雲起益州行臺兵部尚書司農卿生師寶（羅云師寶唐書表作師賓）虞部郎中師寶生方質方直方質地官尚書平章事孫岷蓬州刺史方直兵部郎中雲表工部郎中雲平度支郎中生師貞師貞生元晟元珪元晟縣州刺史生汪岷州刺史元珪宗正卿生堅蘭芝堅刑部尚書生誕果

州刺史蘭將作少監芝兵部員外穆八代孫延賓生璋福議
璋孫岌生元郁案唐世系表郁作都元諤元誕郁生瓘職方郎中諤生
嬰顗嬰左金吾將軍顗太子僕元誕生瑗瑅瑗司勳郎中瑅
宗正少卿福孫昌左騎衛大將軍晉安公議生弘慶弘度弘
表弘素弘慶生元希元瑾元希生灌濯案唐世系表灌作淮灌光祿少
卿曹國公濯駙馬太僕生會贊善大夫會生鷫鵰鸎元瑾生
涉太僕少卿弘度孫淑衛尉少卿淑生藏鋒弘表生元儼元
貞元儼工部郎中生灌溫滑灌生搆播搆太僕少卿魯公播
吏部郎中宋公溫禮部尚書平章事太子少保曹公滑太僕
卿生捷祕書少監駙馬都尉元貞蔡州刺史女爲中宗皇后
廢爲庶人生洵浩洞泚弘素生元昭元昭生濬衛尉少卿
襄陽　東眷穆元孫華隨宋武過江居襄陽縣祖歸生纂闡

羅云唐表作議生仁仁生弘慶弘度弘表弘素

叡叡生放政放生粲政生鼎載前史並有傳纂曾孫引瑗生德倫知止德倫任邸令生仁愼仁約納言博昌男生承慶案唐世系表德倫生思謙思謙生承慶嗣立淑承慶鳳閣侍郎平章事扶陽子生晉長裕晉常州刺史長裕祠部員外嗣立中書令逍遙孝公生子恆濟孚孚右司員外羅云右唐表作左恆給事中陳留採訪使濟戶部侍郎生逢士模羅云唐表作士模與此正同原校誤案唐世系表士模作士樸士勛奧函逢虞部員外生貞伯成季貞伯給事中成季兵部郎中士模彭州刺史士勛河南少尹函邵州刺史淑安州都督仁愼駕部郎中生奉先金部郎中奉先生濬梓州刺史知止庫部郎中孫嗣業生希損希生明案唐世系表明作朗損生常

京兆諸房韋氏　主客郎中韋彌稱東眷龍門公房彌生伯陽季莊叔將伯陽倉部郎中生建迢造建太子詹事致仕迢

韶州刺史生夏卿周卿正卿正卿生珩瓘季莊扶風太守孫宗卿出繼堂伯建戶部員外叔將蔡州刺史弼兄會生仲昌叔昴伯詳度支郎中京兆尹生漸苺案唐世系表仲昌京兆尹生漸苺此度支郎上脫仲昌二字苺巴州刺史生執中執誼執中泉州刺史執誼尚書左丞平章事叔昴右司郎中羅云右唐表作左。嘉錫案郎官石柱題名左司郎中韋叔昴生汎汎生萬伯詳考功郎中蓬州刺史韋志檢稱閬後兄子趙賓秦州都督監察御史韋務靖稱東眷令占韋城五代祖或高祖珍後魏附傳靖兄子光業光州刺史生南金兖州都督金孫說賀州刺史職方員外韋密占積泉唐南鹽州都督韋仁肅稱西眷照平齊公同承策壽堂兄案此下有脫文曾孫光朝萬年令生曾舒州刺史職方員外弘仁稱東眷鄖城公同承頤弘仁兄弘道五代孫昌著作郎生競京兆府法曹著作郎韋安仁祖鬷陳書有傳稱東眷

居襄州代仕今江左今無延陵 元咸九代孫昭吴侍中裔孫齊中書侍郎遵唐蘭陵令生元靜其延陵諸韋並云承侍中昭

斐 音非

左傳有斐豹漢有斐禹 案姓纂引左傳斐豹正與廣韻注同知今本作斐字誤也

非

風俗通云秦非子之後

肥

戰國時趙賢人肥義之後風俗通云漢有肥布將肥銖又仁恕掾肥親

賁

漢功臣表賁赫擊黥布及平封其思侯 案賁赫漢表作期思康侯

八微

微

報丁 報乙 報丙 主壬 主癸 帝乙 紂

周武王封微子啟於宋祀成湯選華韻甲集九引

飛

飛廉一子惡來八世秦仲為秦祖季勝三世造父為趙祖同上引



幾

風俗通宋大夫仲幾之後以王父字爲氏

饑

後魏官氏志俟幾氏改爲饑氏

歸

左傳胡子國歸姓爲楚所滅子孫姓歸氏其後世居吳郡

吳郡　唐工部尚書歸崇敬生登工部侍郎生融刑部尚書

微生

論語微生畝魯武城人也又微生高或云尾生也

飛廉

風俗通飛廉國秦所滅因氏焉漢書光祿大夫飛廉安國

圍龜

後字類稿六新書六引均作子

楚大夫鬬圍龜之後

九魚

魚

風俗通宋桓公子目夷字子魚子孫以王父字爲氏漢有長安人魚翁叔也

馮翊下邽　苻秦有魚遵元孫經後魏吏部尚書生徽後代略後生備隋高唐公生俱羅隋安州刺史高唐公生懷節讓儼世略後魏雍州刺史梁泉公生叔攢唐將作丞生瞫瞌度支郎中司農少卿也

徐

顓頊之後嬴姓伯益之後△夏時受封於徐至偃王爲楚所滅以國爲氏漢有河南太守徐守徐明又有徐儉

東海郯州 自明居五代孫寔過江東生祚之生欽之美之案唐世系表美之作羨之羅云作羨之是宋書本傳亦作羨之美之宋司徒欽之生逵之又云宋書徐湛之傳作逵之宋沛郡太守尚武帝女會稽公主生湛之司徒生聿之案唐世系表湛之二子恒之聿之恒之生孝嗣此聿之下脫去恒之恒之生五字孝嗣齊尚書令太尉生倨案唐世系表倨作緄羅云案宋書徐湛之傳湛之三子聿之謙之恒之聿之之生孝嗣與唐表亦不合梁侍中生君游君舊君敷君游生澄案唐世系表澄作澈羅云唐表作澈一名澄澄生文遠唐國子博士生士安生有功有忠有功右司郎中大理少卿生倫邠王案唐世系表邠王作岐慶二王司馬生蛟光祿少卿安定太守生濤檢校員羅云又案蛟唐世系表作敳濤唐表作壽外郎有忠濮陽令生渾吏部員外襄陳留太守採訪使君敷曾孫鈞唐禮部侍郎右常侍生晈昭昕晈生詡謐詡許州牧生儀向儀祠部郎生雅粲粲檢校戶部郎中兼御史中丞向司勳員外陳宋荆州刺史謐孫摯昭虞部郎中生孟嘗越相二州刺史致仕昕萬年令生琇冀州刺史生縝兵部郎中諫

議大夫生縝弘毅縝朗州刺史弘毅侍御史儉孫充充次子機生韜韜生逸監逸元孫超之生摛梁左衛將軍生陵孝克陵陳尚書僕射生儉份儉右軍將軍生德言陳太子舍人隋蒲州司功份陳中書舍人生令言唐中書舍人生茂弘孝克陳都官尚書隋國子博士監元孫融南昌令（羅云元孫二字疑衍文案則元孫二字上有奪字又南昌令梁書徐勉傳作南昌相）生勉梁尚書僕射居相位二十年生彝倫式序生山松悱矩（羅云案梁書徐勉傳長子崧次子悱此作山松疑誤）（案矩下疑脫權字）悱晉安內使矩度支尚書權後梁右僕射孫瑜生元度唐弋陽令

東陽　偃王之後漢徐衡徙高平孫饒又徙東陽七代至融融五代孫之才之範並北齊有傳繼封西陽王之才官至尚書令孫師順唐勝州總管高平公之範孫仲宗衛尉大卿任城公生慶祚慶右司郎中祚度支郎中

東莞姑幕　漢費封東莞侯因家焉晉有邈廣子孫無間

高平　山陽縣令隸兗州後漢徐範生仲長避難山陽居焉北齊徐遠仲長之後官至西兗州刺史新陽王生榮孫太元唐倉部郎中

長城　與有功同承寍寍曾孫廣之晉吳興太守因居長城八代孫孝德唐水部郎中生齊聃西臺舍人生堅中書舍人刑禮黃門三侍郎左右常侍東海文公生峻嶠峻金部郎中生旻駕部員外嶠中書舍人河南少尹生曇暈自孝德至旻五代入省自齊聃至嶠三代中書舍人

瑯琊　晉僕射宣之後宋有徐爰

濮陽　偃王之後今無聞

於潛　偃王之後為杭州望族

新豐　本出高平徐範之後西魏度支尚書金鄉男徐招有

傳云父徵自高平從魏孝武入關始居新豐招生會寔雲孫仁軌襲州刺史會生正則眉州刺史寔生莊銀州刺史生元揮都官郎中

瑕邱 北齊徐州治中㐲稱本高平八世居瑕邱曾孫仁會高郵令生彥伯給事中工部侍郎右常侍太子賓客生鐈鍔鍔洛陽令司封郎中

諸郡徐氏 戶部侍郎徐知世居柳城生抗揩抗醴泉令揩檢校員外生放屯田員外台州刺史范陽節度徐歸道居范陽生濟洛州刺史生復倰復祠部郎中倰比部郎中諫議大夫徐元之居南昌又生中嶺南節度兼御史大夫元弼中書侍郎徐安貞居衢州龍邱諫議大夫徐瑩刑部員外徐履道生審洛州刺史徐嶠之居會稽生浩浚漪浩吏部郎東海郡

公有傳生璹現致現泌州刺史浚生珽頊瑒珽都官郎中頊

渭南領軍瑒閬州刺史

閭

齊大夫閭邱嬰之後或單姓閭氏

頓邱　鄴中記有閭澄王儈孫百家譜瑯琊王緒娶頓邱閭

澄女河內荀元安娶頓邱閭法興女唐朝左補闕閭知微

三原　唐蜀州司馬閭邱珣上元中准制改姓閭氏生雲曇

倉部郎中

代郡　後魏征西將軍閭毗本蠕蠕來降

舒

風俗通云舒子之後以國爲姓遥華韻乙集一引作風俗通云春秋舒子之國何氏姓苑廬江有舒氏望京兆

居

陝字誤類稿六新書六均引作由余之後代居歙州

晉大夫先且居之後以王父字爲氏漢來城侯居般

渠

周大夫渠伯之後衛有渠孔漢渠參封贊侯漢下類稿八有有字

蘧音渠

衛大夫蘧瑗字伯玉之後漢大行令蘧止

余

逞華韻乙集三引云秦由余之裔余齊人居晉陵有孝行爲邑書吏宋大明二年父病終于家齊人曰吾肉痛心煩如割必有異故家問至父病四百里一日夕至則父死問遺言母曰恨臨終不見汝齊人號叫而絕詔改其里曰孝義里嘉錫案自余齊人以下不知爲是姓纂原文或本引他書而與姓纂誤合爲一姑附

見姓苑錄之於此　又案宋書孝義傳作宋齊民南史改作齊人

新安　風俗通云由余子之後以國爲姓代居陝州據祕笈新書增

淳熙新安志一余氏風俗通曰戎人由余之後世居歙州新安及下邳

餘

晉有餘頎著複姓錄本出傅氏案世本韓宣子之後有韓餘氏又英賢傳云傅說子孫留傅巖者爲傅餘氏然則餘之所出傅與韓未可定也前燕有餘元餘和並鮮卑種類案北史百濟王姓餘氏頎類稿八作顏　本出上有自云二字　餘和下餘巖餘崇四字

輿

自云周大夫伯輿之後以王父字爲氏（類稿八無自云二字蓋上條脱字誤入於此）

河南　官氏志莫輿氏改爲輿氏後魏有輿珍見賀拔勝傳

胥

晉大夫胥臣之後有胥克胥梁胥帶胥午胥童（有字下類稿八有胥甲父三字）

瑯琊　姓苑云瑯琊有胥氏

疏

東海　漢太子太傅疏廣廣兄子受世爲太傅（大典二〇〇八疏字韻無此二句疑館臣援入）

樗

史記秦國相樗里子之後（類稿八有名疾二字）

儲

後漢儲太伯又富人儲姥王莽亂以五百人據大庾嶺開元

九魚

諸

越大夫諸稽郢之後。漢洛陽令諸於(類稿八)

盧

左傳盧子戰黎之後(同上)

茹

見姓苑

河南 氏官志普陋茹氏改為茹氏，又蠕蠕入中國亦為茹氏(同上)

於

出姓苑。大唐初宇文化及將於士澄以魏州降(同上)(案大唐字明是林寶之語。速華韻甲集十明引姓纂云於士澄宇文化及之降唐授以魏州降，文有竄改，反不如此條之得其真)

苴

平陵 漢書貨殖傳平陵苴氏(同上)

鉏

左傳晋有鉏麑(同上)

鉏邱 複姓不勝其謬(辨證序論三云元和姓纂鉏邱茅夷指為複姓，不勝其謬云云。是姓纂有鉏邱一條矣。今本辨證殘闕九魚內亦無鉏邱一姓，不知其說云何)

氾水尉儲光羲，潤州人，生石，石生燕客，燕客生嗣宗，校書郎；一生隱，檢校郎中。

如

桓譚新論有通人如子禮，漢書長安富人如氏也。

馮翊 魏陳郡如淳注漢書(類稿八魏上有晋中経簿四字，郡下有丞字)

河南 官氏志如羅氏改爲如(類稿改爲如氏)。大曆有右羽林將軍如元擢

沮(音菹)

黄帝史官沮誦之後

廣平 魏志袁尚謀臣沮授，前燕中常侍沮皓(尚類稿八作紹)

魚孫

風俗通宋大夫魚石奔楚，在國者因氏焉。

北海 漢有魚孫登，仕北海相，孫靜，瑯琊相，生欽，有孝行，曾

孫晦北海太守後漢弘農太守魚孫和生瑜魏雍州刺史瑜生瑋晉濟南太守下邳太守生平原太守生翹清河太守生邈之居京兆口東莞太守案此條有脫文

## 諸葛

類稿五十六引首諸字作本　先有下無詹字　子孫作其孫

諸葛△氏夏殷侯國葛伯之後英賢傳云舊居琅琊諸縣後徙陽都先有詹△葛時人謂之諸葛氏因氏焉風俗通云葛嬰爲陳涉將軍有功非罪而誅漢文追封子△孫爲諸縣侯因以爲氏世本云有熊氏之後爲詹葛氏齊人語訛以詹葛爲諸葛氏案孔平仲雜記諸葛氏以諸縣之葛氏徙陽都因加諸字以別於陽都葛氏琅琊陽都縣漢司隸校尉諸葛豐裔孫圭後漢太山郡丞生瑾亮瑾吳大將軍左都護宛陵侯生恪喬恪中書令揚州牧喬生攀翊武將軍生顒徙河東亮蜀丞相武鄉侯生瞻蜀尚書僕射瞻生京晉江

州刺史與顥並徙河東亮族弟誕魏司空兖州刺史生靚奔吳爲大司馬靚生（羅云案隋書頴傳祖銓父規此脫規一代）恢東晉左僕射尚書令生虪梁有零陵太守諸葛銓居丹陽生頴北齊太子舍人隋著作郎頴生會唐（羅云案隋書頴傳作子嘉會）有諸葛茂道

## 諸梁

楚文子食邑諸梁因氏焉

## 閭邱

世本齊閭邱產生嬰嬰生歐歐生莖莖生施

齊郡　左傳嬰明及閭邱息並齊宣王時閭邱邛閭邱光漢有廷尉閭邱勳漢太常閭邱遵有閭邱決著書十二篇晉有太常閭邱沖南陽太守閭邱羨土又家漢州

## 沮渠

本臨松盧水人先爲匈奴官號沮渠因氏焉吳有沮渠萬爲張掖王晉末沮渠蒙遜僭稱西河王號涼都張掖二主三十九年爲後魏所滅 類稿五十八水下有胡字 先上有其字

渠邱

風俗通莒有渠邱公因氏焉

彭城 英賢傳云彭城有渠邱氏焉

渠複

漢武時屬國酋帥渠複累封昆侯傳子絕

於陵

風俗通云陳仲子齊世家也辭爵灌園於於陵子孫氏焉

於邱

其先家於邱因氏焉漢有宛句人於邱略

舒鮑　世本云偃姓國也晉悼公子舒鮑無終

舒堅　潛夫論楚公族有舒堅文叔爲大夫

舒鳩　左傳少昊氏官名國於濟北以國氏焉案舒鳩楚屬國左傳少皞五鳩氏無舒鳩誤

余邱　齊公族食采余邱因氏焉漢有侍御史余邱炳又隱士余邱靈居曲河

茹茹　其生蠕茹茹種類爲突厥所破歸中國後魏蔚州刺史高平

公茹茹敦思周盜州刺史洋公生師賓海賓師賓隋口騎大將軍安次公生盛壽海賓唐右屯衛大將軍

檽里

濟南　晉有檽里璠著春秋土地記三卷見英賢傳 類稿五十七引秦丞相檽里子因氏焉

徐吾

左傳鄭大夫徐吾犯之後

徐盧

漢景帝時匈奴徐盧庸來降

如稽

改爲緩氏 案魏官氏志作綾氏此誤

十虞

商均下類稿六新書六引均有封虞二字

# 虞

遥華韻乙集二引云虞舜子商均封虞周武封虞仲于河東春秋襄二十五年左傳鄭子產曰昔虞閼父為周陶正

虞有天下號曰虞子商均因以爲氏又武王封虞仲於河東亦爲虞氏會稽餘姚人趙相虞卿秦有虞香香十四代孫意自東郡徙餘姚五代孫歆歆生翻翻曾孫驤驤七代孫荔荔子世南唐秦府學士祕書監永興公生昶工部侍郎生茂世孫遜郎中歷沔州刺史云荔之後

嘉錫案虞卿非餘姚人其後始徙餘姚耳人字衍會稽餘姚四字應提行另

起下空一格與濟陽條同唐韻云虞姓會稽濟陽二望是其明證

濟陽　狀云逸人虞仲之後

靈武迴樂　狀云本自會稽徙焉後周有泌源公虞詳生慶則隋右僕射魯公孫操唐長江令

周武王第二子邘叔子孫以國爲氏後去邑爲于案淳于氏唐避憲宗諱亦爲于氏案此條及下條是于姓應別入于字韻下原本誤附虞字今仍之而據祕笈新書增于姓于後

東海　漢有于公生丞相西平公定國生永御史大夫魏有

將軍于禁唐中書舍人于季子今居齊郡歷城姪儒卿

河南　洛陽後魏書官氏志勿紉案紉當作紐字于字改姓于魏書

新安公于栗磾生洛拔尚書令生烈勁天恩烈勁殿中尚書羅云案周書

中書令案北魏書洛拔六子烈敦果勁洎天恩烈殿中尚書勁定州刺史此以烈勁爲一人誤天恩生于謹傳曾祖婆祖安定提與此合

會尚書生提案北魏書天恩生仁仁生子安子安生子提子提生謹與此不合京兆提生謹

從西魏孝武帝入關周文帝下令應從入關幷爲京兆長安

人太師柱國燕文公生寔翼義智紹彌簡案唐世系表燕文公九子寔翼義智

紹彌簡禮廣此闕二人寔周司空固安公案唐世系表固安公當作燕安公號爲蘭陵院生顗

仲文惲象賢顗隋黔州總管生虔案唐世系表虔作世虔哲虔生儉左

屯衛將軍哲亳州刺史仲文隋左翊案翊下脫衛字大將軍延壽公

生禮部侍郎敏直案唐世系表仵文生欽明欽明生敏同敏直敏同生經野敏直生光運此脫相

州刺史生光運滁州刺史惲孫嶅之復州刺史象賢隋黔昌

羅云案宋智于謹傳作智初簡傳作簡廣傳作曠

又云案隋書于仲文傳父寔燕國公

又云于仲文傳亦作世虔此避諱省世字

又云案仲文傳亦作子九人欽明最知名

公生德基德威案唐世系表德威作德成德行德方德基生素倉部郎中
德威生元範敬同案唐世系表敬同乃仲文之孫欽明之子元範安州司功生汪
汪生公胄庭順庭誨庭謂亹可封公胄生頵頎庭誨生顒天
興令顒生昣庭謂生頎穎案穎下疑脫頲字頎工部尚書太子少保
生申廣翬申屯田員外頲生富平令案唐世系表頲生當吉州刺史瓊案瓊當係
德基德威輩孫今姓纂脫其所自生頙頔頊戶部郎中案唐世系表作戶部侍郎頔左僕
射司空平章事燕公生正方敏季友季友駙馬殿中少監可
封國子司業敬同生安仁江州刺史德行恆州刺史生元徹
思言元徹滄州刺史思言兵部郎中太府卿德方越州刺史
會昌男翼周常山公隋太尉生璽案唐世系表璽下脫銓一人鈞璽江陵
總管黎陽公孫元嗣右金吾將軍銓案銓吏部下大夫常山公原誤作詮今從世系
表曾孫瑾駕部郎中鈞太僕卿元孫抱誠成州刺史生邵郢

邵禮部侍郎太子賓客生案唐世系表尚有汝錫訢誠三人此脫允躬皋謩人間案唐世系表允躬作尹躬人間作人文允躬中書舍人洋州刺史皋謩戶部侍郎人間生德孫晦案唐世系表德晦乃郢之孫察師之子郢衞尉少卿生察師雍來義隋潼州總管建平公生宣道案唐世系表作宣道宣敏無亮字宣敏生亮宣道志寧又案唐書志寧傳父宣道隋內史舍人世系表誤以志寧爲宣敏子今從本傳改宣此作宜亦異生永寧志寧保寧永寧商州刺史生遂古隰州刺史志寧左僕射太子太師燕公生立政慎言立政吏部郎中太僕少卿生游藝辯機光遠大猷游藝生伯獻涼州都督辯機揚州長史左庶子常絳二州刺史光遠職方郎中大猷隨州刺史慎言生安貞矣興令安貞生仙鼎默成仙鼎泌州刺史默成沛令默成生嘉祥休徵休烈休烈太常卿工部尚書東海公生益肅益諫議大夫肅給事中肅生敖監察御史敖生球珪環案唐

羅云案隋書于義傳作子宣道宣敏宣道子志寧出繼叔父宣敏存校未詳

世系表環下尚有琄此脫琮保寍生丞範丞慶丞範平州刺史曾孫結諫議大夫生亮亮生貴寍案貴寍與六世祖同名寍似有誤主客員外郎平昌公生禮周趙州刺史安平公禮周生武乾倉部郎中禮少子案此處脫名周華陽公孫德秀彭州刺史提次子彪澧川公生寬隋右武將軍清河公孫仁表兵部員外

江陵　狀稱定國之後自東海徙焉唐延州刺史子俊生惟謙兵部侍郎平章事生光宰光弼光嗣光宰都官郎中姪光偉光業光進

齊郡歷城　唐屯田郎中于利貞狀云本出東海

長安　唐右武侯大將軍于伯億狀云于禁之後居京兆長安知機太僕少卿懷德公

須

風俗通太昊風姓須之後有須句國又殷有密須國為氏魏有須賈平陸侯須無紹封傳四代類稿八姓下無須字、為氏上有並以國三字紹封四代無傳字

## 愚

愚公之後今無聞

## 禺

禺強之後出姓苑

## 芻

牛衰食芻案牛哀見淮南子此作衰恐誤改姓芻氏見姓苑類稿八同哀正作哀

## 毋

音無

毋邱氏或為毋氏開元右補闕毋煚洛陽人一云吳人案急就章毋煚作毋景煚類稿六作照

## 巫

風俗通云氏於事巫乙匠陶也殷有巫咸巫賢漢有冀州刺史巫捷又有巫都著養性經

于

周武王第二子邘叔子孫以國爲氏其後去邑單爲于氏

東海　漢有于公生丞相西平公定國生永御史大夫秘笈及新書

瞿音渠

晉東海王越參軍瞿莊博陵人類稿八末多又王僧孺譜云河東裴桃兒娶蒼梧瞿寶女十七字

殳

共字誤類稿八作二十　嘉興上多一有字

尙書殳斯舜臣名咎繇所讓其六人南朝嘉興殳季眞

符

魯頃公孫公雅爲秦符璽令因爲氏類稿七引氏下有焉字　遥華韻乙集三引公孫下有曰字無秦字末句作因氏焉

瑯琊　漢有陳留相符季眞元孫表後漢齊郡太守又光祿

以字誤類稿七引作本姓　酋上有氏字
乃氏字之誤
改苻爲當從類稿作改爲苻　武都二字
當提行另起

（注）案廣韻云苻洪武都氏人洪子
健以晉穆帝永和七年僭號長
安此疑當作武都氏人洪子健僭
號長安健生堅堅生丕堅族孫
登自洪至登五代爲姚興所滅
傳寫脫落顛倒

大夫符融

苻

前秦主苻健本以有扈氏之後爲敔所滅奔西戎代爲酋本姓蒲蒲洪以孫堅背上有草付文改苻爲武都案蒲洪略陽臨渭氏人子苻健晉永和七年僭位都長安武都二字有脫文苻堅生丕堅孫登僭號長安自健至登五代爲姚興所滅後周襄州刺史龍居公苻猛臨渭人元孫遷敵唐金州刺史苻子珪弟太子舍人璋

臾音俞

顓臾風姓之後晉大夫臾駢

俞

又吐淄反前趙劉聰中常侍俞容天后時俞文俊江陵人案列子有俞氏以醫著

類稿四新書六爲上均有朱字
漢下有有字 鄖均作隱
眕均作軫下東一軫字

扶
漢有廷尉扶嘉
河南 官氏志云乞扶氏改爲扶 類稿六引作改爲扶氏

俱
南涼有鎮北將軍俱延開元國學士俱匡辟 類稿八十上有博字

朱
顓頊之後周封曹挾于邾爲楚所滅子孫去邑以爲氏一云 遥華韻乙集三引作顓頊裔曹挾邾 有脱 春秋邾子國楚滅邾
舜臣朱虎之後齊有朱毛漢中邑侯朱進鄖陵侯朱濞 按舜臣不聞有朱虎遥華作朱虎熊羆舜之臣
吳郡 漢功臣有都昌侯朱眕至買臣會稽太守吳有將軍
朱桓生異唐諫議大夫朱子奢云異之後
錢塘 漢槐里侯朱雲之後八代孫至賓後漢光祿勳始居
錢塘爲著姓十代孫遜之齊吳平令生梁領軍朱异异曾孫

庸云案梁書朱异傳父巽吳平令與此不同

十虞

孟　晉大夫食采孟邑因氏焉晉有孟丙衛有孟壓（類稿八首字　見華嚴乙集二引）

邘　周武王子邘侯之後後漢有上谷太守邘候（同上）

衢　江陵人見姓苑（同上）

句　須句風姓之後見左傳（同上）

蔞　官氏志云一那蔞氏其後改為蔞氏（同上）

延慶唐倉部郎中也

沛國相縣　今有朱氏自云丹朱之後以王父名其後

永城譙郡　唐正議大夫平章事朱敬則工部侍郎

義陽　漢有朱穆晉有朱序序孫循之也（羅云循之宋書本傳作脩之）

丹陽　後漢司空朱浮晉有朱齡石中書舍人朱巨川生宿

右拾遺宿生賀

大康　後漢朱岑唐駕部郎中前疑其後也

河南　官氏志渴燭渾可朱渾氏並改為朱氏

虞邱

晉大夫虞邱書楚莊相虞邱子薦孫叔敖自代

趙郡　說苑云漢光祿大夫虞邱壽王漢書作吾邱

巫馬

史記巫馬施字子期魯人也仲尼弟子

巫咸

姬姓皋陶之後其國今舒州人案其國今舒州人六字當有脫誤

巫臣

晉大夫欒巫臣之後案申公巫臣奔晉巫臣楚屈蕩之子屈申也晉無欒巫臣

無婁

莒大夫無婁務胡之後又無婁先生著書

瑯琊　今瑯琊有此姓

無圉

公羊楚大夫無圉之後

無鉤

潛夫論楚鬭冒生薳章爲王子無鉤氏

無弋

秦厲公時羌人無弋爰劒之後今隴西人

毋將

見姓苑

東海蘭陵　漢南郡太守毋將隆本京兆尹執金吾又毋將衣明易爲豫章太守

毋終

左傳毋終子嘉父翟國君也因氏焉案左傳作無終

須遂

左傳遂國在齊北有須遂氏

須朐

須朐楚賢人著書

須卜

改爲卜氏

廚人

大典三〇〇七人字韻引作周禮廚人因官爲氏宋有廚人濮見釋例与辨證引合

周禮廚人因官爲氏案周禮無此官廚人濮見左傳羅校云辯證引此句下有宋有廚人濮見釋例八字今本奪當據補

邾婁

公羊邾婁子曹姓也子孫以國爲氏羅校云辯證引作曹姓國邾婁子之後以國爲氏　按見錢熙祚校勘記所刻殘宋本

夫餘

風俗通吳公子夫槩王奔楚餘子在吳者因以爲氏焉百濟國王夫餘寬生璋號帶方郡王生義慈大唐拜帶方郡王金紫光祿大夫貞觀入朝生隆熊州都督隆生文宣司膳卿左衛大將軍樂浪郡公

夫蒙

今同蒲二州多此姓或改姓爲憑氏族略

元和姓纂卷二

類稿四新書六引姜姓並作姜氏　食采於盧下有今盧縣是也（新書無也字）一句　綰上有盧字

# 元和姓纂卷三

唐林寶撰　陽湖孫星衍　歙洪瑩同校

## 十一模

**盧**（遥華韻乙集六引云帝嚳姜嫄裔　齊高傒食采盧濟北盧縣按以類稿新書所引相參證當作今濟北盧縣是也又云曰盧崔邑曰崔此六字不可解又云河南官氏志崔盧王著姓考後魏官氏志亦無此文皆傳寫之誤不可據）

姜姓齊太公之後至文公子高高孫傒食采于盧因姓盧氏秦有博士盧敖漢有燕王綰沛人

范陽涿縣　後漢尚書慎（案漢有中郎盧植范陽人此慎字疑即植字之誤）敖之後珽晉侍中生志中書監生諶司空從事中郎四世有傳生諶二子勗偃（案後漢盧植之子毓魏司空毓子欽晉衛將軍欽弟珽衛尉卿珽子志軍諮祭酒志子諶依劉偃爲從事中郎姓纂云謀諶字誤也又諶之外有謀諶之子勗偃晉書皆未見）勗號南祖偃號北祖勗曾孫元生遷（子遷此作遷疑避唐諱　按唐世系表元生度世字）生四子陽烏敏祖尚之又號四房偃中子昭昭元孫辯景裕景先兄弟三

人爲魏周齊三國帝師

濮陽　狀云祕書監盧浮後魏許昌太守盧會自陳晉徙濮陽又從孝武入關會生怡周譙州刺史生士謐士獻士良晉絳二州刺史生師直司僕少卿士弘度支郎中趙州刺史

龍門　唐左常侍盧虔狀云偃子闡後又徙晉州子從史

弋陽光山縣　唐瀛州刺史祖倚自云本范陽人本姓雷氏後周初以雷盧聲相近改姓盧氏

三原　倉部郎中盧雲本姓閭氏珣蜀州司馬上元中准制改姓盧氏

胡

帝舜之後胡公封陳子孫以謚爲姓

安定　漢有胡建始居焉後漢有太尉胡廣魏胡質荊州刺

史生威清州刺史平春侯（羅云清州晉書威傳作青州）又居淮南文（案文疑晉字之誤晉胡奮安定臨涇人官至左僕射）左僕射胡奮石季龍入關與梁皇甫韋杜牛辛皆以華冑不在戍役之限奮裔孫國珍後魏司空女爲宣武帝皇后生孝文帝珍兄眞曾孫延（羅云延北齊書胡長仁傳作延之）北齊太宰安平王女爲武成帝皇后生後主緯長安（羅云長安當作長仁）隴東王長懷長穆長洪長咸長興並封王洪子文同武帝皇后生孝文帝珍兄眞（案武帝至兄眞十一字衍）唐縣州萬安令

新蔡　胡奮之後今無聞（已上舊望）

弋陽定城　唐刑部郎中胡元禮

義陽中州　唐鳳閣侍郎胡元範

洛陽　祕書少監胡皓稱洛陽人

鄠縣　刑部侍郎胡演

樂陵　兵部員外胡曼倩今大理口少卿胡垧

恆山　代州總管定襄郡王胡大恩賜姓李氏

河東　開元中胡瑜弟瑱玘並舉進士瑜生諤瑱生諒大理評事諤右司郎中生澂洵湘潘潘生裳吉

河南　官氏志獻帝與鄰以兄紇骨氏改爲胡氏

吳　遥華韻乙集五引云周太王三子泰伯仲雍季子歷季子歷生聖子昌太伯仲雍奔吳太伯能讓國孔子以至德稱之太伯無後仲雍繼立至周武王封周章爲吳子傳十八世至壽夢國始大子越入吳

周太王子太伯仲雍封吳後爲越所滅子孫以國爲氏季札之允居魯齊閒　新書六引此下有吳季子名札吳子壽夢之少子出聘請觀周樂見子產如舊相識二十五字

濮陽鄄城　漢有長沙吳王芮後漢有廣平侯吳漢南陽宛人也桓帝時吳遵遵孫質質六代孫隱之晉廣州刺史其先祖自濮陽過江居丹陽歷仕江左七代孫景達唐尚藥奉御曾孫令珪贈太尉女卽章敬皇太后也珪子澈澄湊潋左金

類稿七新書六並引作蘇忿生爲周司寇居河南地（類稿作也） 扶風武功 漢蘇建自河内徙扶風平陵

吾大將軍太子詹事生士則士明士鄰士矩士則伊闕令士矩京兆司錄澄駙馬殿中監生士彥駙馬衞尉卿士彥生同正湊京兆尹右金吾大將軍檢校刑部尚書生及大理評事果州刺史吳敬仲亦云隱之後孫訴侍御史訴孫損震諫議大夫和蕃使

渤海 芮後齊道州別駕安誕居鄴縣五世孫道師唐吏部侍郎孫納安州刺史又考功員外郎安慶亦稱渤海人

陳留 狀稱後漢河間相吳祐後隋有吳響生子臧見劉氏行年記臧曾孫兢左庶子恒王傅

## 蘇

遥華韻乙集一引作顓頊裔吳回爲重黎官生陸終終生樊封昆吾其子封蘇城地在鄴西蘇忿生周司寇世河内徙武陵杜陵蘇建代郡守徙扶風平陵封平陵侯生三子嘉武蘇章儒文其後也 羅云案唐書世系表顓頊之裔孫吳回爲重黎生陸終生樊封於昆吾昆吾之子封於蘇與此不同

顓頊祝融之後陸終生昆吾封蘇鄴西蘇城是也蘇忿生後至建生武嘉十二代孫則則次子遹八代孫綽周度支尚書

邳公生威隋左僕射房公生夔季案唐世系表季作季子夔隋鴻臚少
卿生勗亶勗駙馬吏部侍郎秦府學士生均幹均虔州刺史
生儁幹工部尚書生獻篤部郎中勗生昱濟州刺史亶台州
刺史生瓌琛瓌侍中左僕射許文貞公生頲冰詵又穎顏頲蘇瓌傳 嘉錫案文當作又見唐書
中書侍郎平章事許文憲公生善善生易相易黃州刺史生
繫滁州刺史繫生贇贇生虔冰虔部郎中國子司業案唐世系表冰
無所生震乃虔之子此句疑衍生震吏部侍郎河南尹震生敦發敎徹皦政
儼詵給事中徐州刺史又京兆尹生復妙妙泉州刺史穎生
盈炎盈嘉王傅顏淮安太守左武衞將軍生寬琛廣州刺史
生烱躂躂瑯瑯太守又驍騎將軍季生澄沁州刺史澄生綰
紘綰工部郎中荆南府司馬則長子愉愉七代孫彤生雅振
振生世長唐秦府學士諫議大夫生艮嗣右僕射溫公生踐

言踐竣踐義踐節踐言生務寂務昇竣生彥伯駙馬案脫都尉二字
下駙馬亦脫都尉二字兄子震駙馬義孫廉節曾孫憻太府卿長從弟
宣司農少卿
襄陽 則曾孫佐晉末自扶風徙焉十二代孫權唐左驍衛
將軍
藍田 稱自武功徙焉刑部尚書蘇洵生晉瞻瞻駕部郎中
生端平盈昶端比部郎中四代入省生乩
趙郡 狀稱蘇章之後因官趙州唐鳳閣侍郎味道生佃份
羅云佃唐書世系表作佃
倜俛佃膳部員外俛職方郎中味道弟味元膳部員外生偡
羅云又按唐書蘇瓌傳作乂 嘉錫案羅校非也瓌傳云雍州武功人本
偡生沔湯郴州刺史又工部侍郎蘇弁狀云與良嗣同房弁
書已列表世系於前而本條則趙郡也郡望不同無緣忽將蘇氏敘入此條也又字本不誤蓋蘇弁與味道十
兄衮冕冕生持滌持生循楨滌兵部尚書襄州節度生粹沖
房雖同籍趙郡而其實不同故加又字以別之耳
冕撰會要三十卷

類稿七引苻均作符

其先居池上類稿作其先家居池中

武昌冀州　前燕有期彤侯青後魏鎮軍將軍五代孫克忠越州長史又武衞大將軍荆國公宣方生慶節

洛陽　蘇秦之後今無聞

河南　羅云武安隋書蘇孝慈傳作武周並誤孝慈墓志作武袁州傳作袁州　後魏官氏志拔略氏改爲蘇氏後魏恆州刺史蘇强孫武羅云卭州孝慈傳作邛州安袁州刺史生順孝慈順周眉州刺史朝彤公生沙羅隋昂州刺史沙羅生康唐右武衞將軍襄城男康生守忠守儉守忠駕部郎中孝慈隋兵部尚書平公生會昌比部郎中

羅云平公孝慈傳及墓志並作安平公當據補

蒲

遥華韻乙集三引云有扈氏子孫奔西戎所居此字下原空一格生蒲五節長如竹遂以蒲爲氏案今晉書載記云其先蓋有扈氏之苗裔世爲西戎酋長始其家池中生蒲長五丈五節如竹形謂之蒲家因以爲氏今本姓纂及遥華韻所引蓋互有省畧

風俗通有詹事蒲昌又有蒲遵晉書苻洪傳云其先居池上生蒲皆長三丈因號蒲家遂以爲氏後改爲苻也

烏

齊有烏餘烏枝鳴莒有烏存秦有烏獲

杜蒯類稿六引作杜普

鄱陽 姓苑云今鄱陽有此姓

河南 代北人烏石蘭改姓烏兼御史大夫烏洽案韓愈集及唐書俱作承洽此脫承字洽從父弟玭案唐書烏承玭官檢校殿中監此亦脫去玭生重允今爲河陽節度案韓愈集烏氏家廟碑承洽與重允與此不合

二三の七第一頁下烏字㪅引元和姓纂作玭生重胤今爲河南節度

## 狐

周同姓居於戎太伯生突突生毛及偃毛生溱偃生射姑世爲晉卿蜀有狐篤

太伯類稿六作大狐伯 遥華韻乙集四引與今本略同惟中有狐突狄偃狄射姑三人事蹟疑皆羼入雜本文

## 屠

遥華韻乙集三引云本自申屠屠擊晉作三行屠擊將右僖二十八年 鄭大旱使屠擊有事於桑山昭十六年屠蒯晉大夫以忠諫進昭九年十七年傳 此自屠擊以下亦疑非姓纂本文惟本自申屠四字可據以補今本

左傳晉大夫屠蒯禮記作杜蒯又屠羊說楚人晉有屠岸賈

風俗通漢末有屠景先河東人

## 盧

河南 後魏官氏志莫盧氏改爲盧或亦爲盧氏

十一模

〇塗　禹娶塗山氏生啟　袁濤塗陳大夫 選華韻乙集三引
風俗通漢有諫議大夫塗禪　又塗子
真治尚書 類稿八

〇滁　洪州人因水為姓 同上

〇都　吳興人姓苑云有臨淄侯都稽臨淄人也 同上

〇呼　列仙傳有呼子先 同上

〇雩　姓苑云沛人 同上

8

壺
衛有壺黯漢諫議大夫壺遂列仙傳有壺公

吾
夏諸侯昆吾之後漢有廣陵令吾扈晉交州刺史吾彥吳人

辜
今泉州晉安有此姓不詳所出 氏族略

軒
纂要云人姓

芋
姓苑云沛人

胡母
齊宣王母弟封母鄉遠本胡公因曰胡母氏漢有太史胡母

敬

泰山　漢景時博士胡毋子都居齊治公羊春秋後漢執金

（羅云案晉書胡毋輔之傳高祖班漢執金吾父原此脫原一代　嘉錫案）

吾胡毋班晉河南令生輔之字彥國陳留太守湘州刺史揚

（今本胡毋班之下晉河南令之上有脫字也）

武將軍生謙之也

胡非

陳胡公後有公子非後子孫爲胡非氏戰國有胡非子著書

胡掖

禿髮思復鞬娶胡掖氏生烏孤

呼延

匈奴四族有呼衍氏入中國改爲呼延氏

河南　前趙大司空雁門公呼延冀女爲劉元海后七代孫

叔歸上谷太守孫族潞州刺史曾孫呼延黃河內令生昉昭

曦皓

呼毋

漢武帝時匈奴王呼毋盧降封容城傳封三代

呼衍

後漢書匈奴四族有呼衍氏見匈奴傳

蘇農

西蕃突騎施酋也神龍右驍衛大將軍金滿州都督張掖公

蘇農金山開元左羽衛大將軍永壽郡王蘇農輔國左金吾大將軍酒泉公蘇農盡忠案此皆沙陀氏之人此俱改爲蘇農氏考貞觀中有蘇農泥孰左屯衛大將軍穀州刺史亦北番歸化者

蒲盧

姜姓有蒲盧胥齊人善弋射

蒲姑
左傳蒲姑殷諸侯居齊也
蒲圃
魯大夫以地爲姓
屠羊
韓詩内傳楚大夫屠羊説
屠住
英賢傳芊姓楚公子屠食采於住鄉因氏焉
盧蒲
左傳齊有盧蒲就又有盧蒲癸盧蒲嫳
吾邱
吕氏春秋中山有力者吾邱象

趙郡　漢書吾邱壽王見上

壺邱

列子師壺邱子林鄭人漢書壺邱子著書五篇

下邳　今下邳有壺邱氏

徒人

左傳齊有徒人費又國語齊有徒人同

見大典三〇〇七人字韵引

孤邱

晉大夫孤邱林之後見世本英賢傳出自孤邱封人之後

姑布

趙簡子時姑布子卿善相見史記相襄子者

烏蘭

改爲烏氏

令狐

周文王子畢公高之後有畢萬仕晉孫魏絳武子生顆別封令狐因氏焉類稿五十五引

孤竹

遼西竹氏出自孤竹君本姜姓成湯封之遼西今支縣竹城是也裔孫伯夷叔齊辭國餓死首陽山子孫以國爲孤竹氏亦單稱竹氏 辯證四引

類稿八引子牙上有姜字 封上有受字

烏石蘭

改爲石氏

烏那羅

北齊有烏那羅受九代 案此下當有脫文

烏洛蘭

改爲闌氏

十二齊

齊

炎帝姜姓之後太公望子牙封營邱爲齊國因氏焉又衛大夫齊惡齊豹亦爲齊氏戰國時齊明周人也漢有光祿大夫晉功臣表平敬侯齊受傳封四代晉有齊恭注漢書又有齊萬年前涼有後將軍齊肅（羅云前奏當作前秦）前奏左僕射齊難

高陽　狀稱齊受之後世居高陽晉有武邑侯齊琰次子健健裔孫處中唐中書舍人生珣

中山深澤縣　稱琰少子粹居中山元孫虔唐兗州刺史生知元知元生令令生澣羅云唐書世系表知玄長山令生澣此誤澣吏部侍郎左龍武兵曹生抗中書侍郎平章事抗生餗戶部郎中生摠衢州刺史案唐世系表澣生翃及珝翃左龍武倉曹參軍生抗抗生餗珝官吏部郎中生摠衢州刺史此本左龍武兵曹上脫生翃二字戶部郎中上脫珝一字權德輿集有抗碑亦同

成都　狀云齊受之後唐黃門侍郎璿生景曹左丞刑部侍郎

河間　狀稱琰中子澄自高陽居河間六代孫肅暕唐虞部郎中生說檢校員外郎說生倚暢給事中平章事江西觀察使齊映狀云代居瀛州兄昭晈弟暭照煦昭兼殿中侍御史

類稿八引首有黎侯殷三字

右類稿作左　洛陽尉上有九真二字當提行另起　京兆尹上有壽春二字亦另起　類稿作生姚燧炬熠焆焆生植右散騎常侍

生孝若大理正晈澤州刺史暉京兆司錄照倉部郎中池州刺史

清河　唐冀州總管齊若行狀云齊受之後

# 黎

遙華韻乙集七引云重黎高辛火正　風俗通九黎之國海内有黎母山黎氏居之　黎國上黨壺關縣按末七字當在殷周時侯國句下

周時侯國風俗通云九黎之後尚書西伯戡黎亦見毛詩左傳齊大夫黎彌且字亦作犂

宋城　唐右拾遺犂昕洛陽尉黎迥愛州人京兆尹黎幹生姚炬常燧熠熉熠生植右常侍也

# 稽

河南　官氏志業黎氏改爲黎氏

業黎類稿作素嵇　案北魏志實生素黎氏

# 嵇

黃帝臣太山稽之後風俗通云稽黃泰賢人

類稿八新書六引譙郡下即接後魏官氏志無銍縣以下諸語 紇奚均作統稽誤

夏少康封少子季杼於會稽遂爲會稽氏據祕笈新書增漢初徙譙嵇山改爲嵇氏遂華韻乙集七引漢初二字在遂爲上非是譙下有郡字

譙郡銍縣 後漢太子舍人嵇蕃子茂齊生含廣州刺史武昌生康魏中散大夫生紹晉侍中案晉書嵇康本傳其先姓奚會稽上虞人以避怨徙譙有嵇山家於其側因而命氏又嵇含傳祖喜徐州刺史父蕃太子舍人又文選註嵇紹集曰從兄太子舍人蕃字茂齊然則蕃於康乃其羣從非祖孫也又嵇康詩母兄鞠育有慈無威則康乃少孤爲其兄公穆所育文選註引嵇氏譜亦不詳康公武昌生康疑有脫誤亦不知何據

河南 後魏官氏志紇奚氏改爲嵇氏

奚

夏車正奚仲之後漢功臣表魯侯奚涓

北海 奚涓之後吳有臨海太守奚熙

廣陵 奚涓之後唐滁州刺史奚淩澤生千柏柏生陟吏部

侍郎

**餛**

風俗通云晉銅鞮伯華之後氏焉

字 類稿八首多姓苑二字疑姓苑上尚脫一見字或出

**遆** 音蹄

今同州澄城縣多此姓自云銅鞮氏避仇改焉亦單姓蹄案廣韻無此字惟字典音提註云姓也今附入齊韻

錢熙祚刻殘宋本姓氏辯證目錄本在十二齊　同州類稿八作洞州

仇作事

**皃**

郳皃郳犂來之後亦爲皃氏皃良六國時人見呂氏春秋

千乘　漢有御史大夫皃寬

**倪**

郳武公封次子於郳是爲小郳後失國子孫爲郳氏避仇改爲倪子案世本云郳顏居郳肥徙郳宋仲子注云郳顏別封小子肥於郳爲小郳子則顏是郳君肥始封郳杜譜云小

為郳氏類稿八新書六均引作郳

郳城上類稿引空一格蓋應提行

十二齊

。泥　見姓苑代本云宋大夫卑泥之後　類稿八

。郳　左傳郳黎來朝魯小邾君也子孫以國爲氏

郳郳俠之後也夷父顏有功於周其子友别封爲附庸居郳曾孫犂來始見春秋附從齊桓以尊周室命爲小邾子穆公之孫惠公以下春秋後六世而楚滅之世本言肥杜譜言友當是一人姓纂前以郳犂來爲兒氏之祖而以邾武公之卿爲郳氏之祖同一卿也强爲分别武公之號於傳無徵疑郳公羊傳所稱顏公者

郳城在東海　據祕笈新書增

漢有揚州刺史倪彥

中山　唐刑部侍郎倪若水中山藁城人也

西

姓苑云西門豹之後改爲西氏

犀

史記秦有犀首

鮭

中山　後漢有鮭陽鴻爲少府傳孟氏易　辯證四引鮭陽上有博士二字　類稿八無

南陽淯陽　後漢大鴻臚鮭丹

蜀下圭反

見纂要類稿八下有云人姓梁有蜀闖七字

毒下圭反

見纂要類稿八有人姓二字

嵐下圭反

見纂要云人姓案集韻生姓也一曰蜀闖梁四公子名或作嵐毒

齊季

齊襄公子季奔楚因氏焉魯有大夫齊季窺見世本

西方

見姓苑云少昊金天氏位主西方今因氏焉

北平　前燕慕容廆以西方武爲股肱又西方周以文章知名

西門

鄭大夫居西門因氏焉列子有西門子魏文侯時西門豹爲鄴令漢王莽時有道士西門思洞仙傳有西門惠案漢書王莽傳道士西門君惠無名思者此又分思惠爲兩人唐宦官有西門思恭

西乞

秦將軍百里術字西乞其孫以王父字爲氏

西鉏

左傳宋大夫西鉏吾漢有御史西鉏吾見英賢傳

西申

瑞應圖周成王時西申國獻鳳畱中因氏焉

西陵

世本春秋時有大夫西陵羔

補 十三佳

柴

姜姓齊文公子高後高孫奚以王父字為氏十代孫高柴仲尼弟子孫舉又以王父名為柴氏漢有棘蒲侯柴武裔孫文遥華韻乙集八引作其孫舉以王父字為氏

平陽 柴文晋宋為晋陽太守因家焉類稿九引

十四皆補遺

懐

無懐之後吳志顧雍傳有尚書郎懐叙

春秋時野王邑漢為河內郡武德初於栢崖城置懐州類稿十 按此文蓋刪節不完否則地理與姓氏無涉也

槐

殷王帝槐之後唐有槐元忠槐公儉並居揚州

西周

周末分為東西二周各以為氏羅校云辯證引此句下有武公世子稱為西周氏九字今本奪當據補

西宮

人姓未詳

十四皆

淮夷

周有淮夷小國後世氏焉氏族略作淮夷小國入周因氏焉其地今淮甸

十五灰

梅

殷後紂時有梅伯以國為氏遥華韻乙集十引作殷伯子姓國紂所滅

汝南 漢將軍梅鋗六代孫嘉始居汝南祕笈新書遥華韻引將軍作烈侯始居作徙

雷

方雷氏之後女爲黄帝妃生元囂蓋古諸侯國也後漢有雷義蜀有將軍雷同吳陸抗傳有宜都太守雷譚晉有豐城令雷煥 祕笈新書

# 崔

辯證五引云清河東武城後有齊郡高密藍田三崔氏門戶魏大和中定清河崔爲山東五姓甲門 辯證 金石錄崔敬嗣墓誌跋引云誠生儀表儀表生敬嗣敬嗣生悅悅生光遠 羅云敬嗣墓誌誠作咸儀表作表 又崔兢墓誌跋引云敦禮孫貞慎 羅云崔兢誌作兢字明慎此作貞慎誤

姜姓齊太公生丁公伋生叔乙讓國居崔邑因氏焉自穆伯至沃杼成巨代爲卿大夫巨十五代孫意如秦東萊侯生二子伯基仲牟伯基居清河東武城仲牟居博陵安平並爲著姓見姓氏英賢傳 祕笈新書 遥華韻乙集九引作齊丁伋生叔乙食采崔邑在濟南朝陽縣 又引云唐高士廉等作氏族志以崔氏幹第一上命首皇族次外戚氏幹爲三 按此當在辯證所引五姓甲門句下

羅云案唐書世系表作齊丁公伋嫡子季子讓國叔乙食采於崔遂爲崔氏與此小異

# 裴

金石錄唐裴守真碑跋引云正生歸厚歸生眘 羅云碑云守真祖正考眘此誤

嬴姓伯益之後秦非子支孫封蓜鄉侯因氏焉今聞喜蓜城是也六代孫陵周僖王封蓜邑君及除邑从衣 羅云封蓜邑君唐書世系表作封爲解邑君及除邑從衣表作乃去邑从衣

河東聞喜 陵裔孫蓋漢侍中九代孫遵始自雲中從漢光

十五灰補遺

槐 音回 左傳富父槐之後以王父字爲氏 類稿十

回 祝融子吳回之後又古賢者方回之後 同上

蓜邑類稿九新書六均作解邑 辯證五亦引作解 及爲乃之誤

玄孫上類稿有遵字

三子類稿作二子　嶶錫下作西春嶶曾孫天明

嶶與子云云類稿作嶶與子楷康緯兄孫顏邈楷子瓚緯子遐錫八裴當從之　翰苑新書六誤與秘笈新書略同

校

六國時賢人枚被見孟子類稿九引

補

十六咍

臺

臺駘之後漢有侍中臺崇後漢高士臺佟前趙錄特進臺產高類稿九引

來

子姓殷後支孫食邑於郲因以命氏後避事去邑爲來齊有來章秦末徙義陽之新野風俗通楚有來英漢功臣表軑侯來蒼軑音侍同上引

郲

殷氏子孫食采於郲因以爲氏類稿十

萊

左傳萊子國爲齊所滅以國爲氏今萊州是其故地晉有大夫萊駒漢有萊章

北海　今青州有萊氏

袁

武平隴蜀徙居河東安邑安順之際又徙聞喜元孫茂侍中尚書生三子輯號東眷徽號子明子孫又號中眷徽與子遐羅云唐表茂三子潛徽輯又唐表中眷出自翰中子天明羅云宗晉書有裴楷傳楷弟綽綽子遐此以遐爲徽子疑誤號八裴新書祕笈

十七眞

眞

風俗通云漢有太尉長史眞俗類稿十二引作祐遇華韵丙集一引風俗通同

陳

嬀姓亦州名本太昊之墟畫八卦之所周武王封舜後胡公滿於陳後爲楚所滅以國爲氏出潁川汝南下邳廣陵東海辯證六引嬀姓上有出自二字無亦州名三句以下作虞帝之後夏禹封舜子商均於虞城三十二世孫遏父爲周陶正武王妻以元女太姬封之宛丘爲陳侯以奉舜後是爲胡公滿九世孫厲公他生公子完字敬仲奔齊爲工正以國爲氏五世孫陳桓子字無宇孫成子陳常又以所食邑爲田氏　類稿十一新書六所引並與祕笈同

河南六望據祕笈新書增秦有陳涉陳嬰漢丞相曲逆侯陳平也

長城　諶曾孫準晉太尉廣陵公陳武帝稱準後孫達晉長城令因居之九代孫文讚羅云文讚陳書高祖紀唐書世系表作文讃茂先唐書作道譚唐表作談先亦誤讚生茂先茂先梁右衛率生文帝

風俗通魯哀公之後漢有哀章述異記
宋有哀道訓
南康贛縣 宋哀道訓道遷代居贛今
處州多此姓

◦開
衛公子開方之後漢有開章並同上

◦斆
八斆隋斆之後以王父字爲氏同上



項案陳本紀文帝諱曇宣帝諱項文應作宣項生後主叔寶四帝三十四年爲隋羅云校語文帝諱曇當作文帝諱蒨
所滅武帝霸先生衡陽王昌昌生德會梁州刺史文帝生伯羅云案陳書衡陽昌傳昌無子
山伯固伯仁伯義伯謀宣帝生叔寶叔英叔卿叔明叔堅叔
武叔寶生允深莊蕃蕃唐忠州刺史豫章王叔英生弘徽弘羅云叔武陳書及唐表皆作叔彪
會孫履華州夔州刺史案唐世系表履華夏州刺史此作履華州夔州刺史不合徽生元
凱申州刺史建安王叔卿孫正循王傅宜都王叔明孫繹弘
繹侍御史弘荆州案唐世系表荆州作邢州刺史義陽王叔達唐侍郎禮
部尚書江忠公生政德元德賢德紹德政德會孫義少府少
監元德生仲方潁州刺史賢德水部郎中汾州刺史紹德會
孫盩厔縣令案唐世系表紹德孫復盩厔令此作紹德會孫盩厔令而無名會字衍孫字下脫復字叔
武光祿少卿

廣陵 胡公之後漢末魯相失名無子以外孫劉矯爲嗣魏司

徒東鄉侯生騫晉太尉

汝南　胡公之後漢太傅尚書令陳蕃

下邳　淮浦人後漢太尉陳球球弟子珪沛國相生登

東海　胡公之後晉有衞武貞侯陳壽

京兆　胡公之後唐揚州長史陳敬之狀稱大丘長仲弓裔孫默徙長安卽敬之高祖也生思齊主客員外婺州刺史敬之從父弟騫之湖州刺史生崇禮九言崇禮水部員外嘉州刺史九言右司員外

河東桑泉　後魏征南將軍許昌公琬元孫述生元盛毓藝元盛孫正觀潞襄二州刺史藝生義方禮部侍郎知吏部選毓字大德職方郎中務州刺史

新安　後周熊州刺史許昌公琬之後曾孫義感唐右司郎

中虢州刺史

馮翊　狀稱陳宣帝子沅陵王叔興之後唐倉部郎中惠滿生伾刑部郎中

廬江　襄安人隋廣陵太守陳稜孫崇業唐御史大夫生琨琨生熊熊生審明州刺史

武當　狀云太邱之後開元左太子太師希烈世居均州右司郎中鴻臚大卿汭少府少監潤戶部郎中洌祕書少監希烈兄振鷺司封郎中國子司業生泉明州刺史

廣漢射洪　左拾遺子昂生光祠部員外

臨淮　右補闕陳兼生當萇京歸當贊善大夫萇京兆法曹京給事中歸考功員外

會稽　太常博士陳齊卿堂弟景津生允叔允衆允初允叔

侍御史允初殿中侍御史

趙郡　檢校司徒平章事陳少游稱宣帝後生正儀

廣宗　後魏瀛州刺史陳肅六代孫處政唐岳州刺史

洛陽　夏官郎中冀州刺史遜生鉞鍵

萬年　隋利州總管陳永貴本姓白隋初改姓陳氏叡隋驃騎將軍生貴貴次子諧諧孫令哲令英令哲唐洮州刺史令英右衛將軍岐州刺史

諸郡陳氏　司農卿陳思門左豹韜將軍陳集原右鷹揚將軍陳元光河中少尹兼御史中丞陳雄河東人鳳州司馬陳懷古安陽人尚藥奉御陳行修江陵人禮部員外郎陳讜言京兆人太常博士陳章甫江陵人殿中侍御史陳憎河內人京兆功曹陳仲雍河內人

河南　官氏志侯莫陳氏改爲陳後魏汾州刺史長蛇公陳紹生弘唐泉州刺史龍川公陳賀略端州首領也類稿十一新書六爲陳引作陳氏

秦

顓頊嬴姓秦後伯益裔孫非子周孝王封之秦隴西秦亭是也至始皇滅六國子嬰降漢子孫以國爲氏又魯有秦堇父生丕茲及秦並秦祖人秦商楚人據秘笈新書增疑有脫誤秦冉秦非並仲尼弟子漢有潁川太守秦彭類稿十一翰苑新書六引並與秘笈同惟秦後作之後　封之下有於字　遥華韻丙集一云秦祖字子南秦人

太原　狀稱晉太常博士秦秀之後裔孫生行其行師行其渭川刺史曾孫守庫部郎中同州刺史生昌舜行師右監門大將軍生無害桂州都督安南公也

齊郡　狀稱秦彭之後裔孫瑤之曾孫景通通子睦並太子洗馬崇賢學士

鄜州洛川縣　唐瓜州刺史秦孝言狀云彭後生懷洛相如

懷洛兵部郎中相如吏部郎中

河内　武德狀云彭後唐金部郎中叔恂生善丕都官員外

郎

辛

類稿十二新書引莘辛相近作子孫去草爲辛　無辛伯二字

姒姓夏后啟别封支子於莘莘辛相近秘笈新書引作子孫去艸爲辛遂爲

辛氏左傳周太史辛甲案劉向别錄云辛甲故殷之臣事紂去至周文王以爲公卿而封其長子

漢藝文志道家有辛甲二十九篇又左傳辛伯辛俞美爲昭有辛甲爲太史命百官箴王闕者是也

王友秦有將軍辛騰家中山苦陘曾孫蒲漢有辛武賢

隴西狄道　辛蒲以名家漢初徙隴西至破羌將軍武賢生

慶忌左將軍光祿大夫常樂公五代縣羅云縣當作孫孟興二子恩殷恩生

子焉子焉生寅裕元孫顏生猷懿猷孫巨明後魏侍中生顯

崇雍州刺史顯崇生元忠慶之元忠青州刺史平陽伯生迪
隋隴州刺史迪生德本唐黄州刺史平桑公慶之周度支尚
書祕書監曾孫源案唐世系表源作道源監察御史生思禮邵州刺史
風元孫義感駕部郎中懿生宗宗生安國季超安國曾孫懿
北齊都官尚書生文粲鳳州刺史季超孫豁生昂政寬昂周
潼州總管繁昌公政生肇肇生茂將右丞侍中茂將生希業
駕部郎中寬生諝中書舍人寅孫晏次子遷六代孫彥隋禮
部尚書任城公孫處儉處仁處元處儉中允處仁生曜卿侍
御史處元屯田郎中裕五代孫晃生敬宗闢季恭敬宗曾孫
術北齊吏部尚書生衡虞案唐世系表衡虞作衡卿唐太常丞衡虞生郁
禮部尚書敬宗次子靈寶曾孫公義隋司隸大夫生亮融亮
唐侍御史融戶部員外郎闡元孫寶剛生興嵩興生澄昆澄

生元慶元同元慶生怡諫職方員外郎壽州刺史元同戶部員外郎㫰禮部侍郎生元道比部郎中元道生廣嗣長儒廣嗣禮部侍郎生恆晉長儒都官郎中生咸昺曾孫利涉度支員外郎季恭曾孫瑩生懸君昌懸生崇階施州刺史君昌魏州刺史生崇禮工部郎中崇敏兵部郎中崇禮生道瓘度支郎中殷十代孫子馥生德源北齊中書舍人聘陳使隋蜀王諮議孫元馭刑部郎中孫烈庫部員外郎子焉少子胥十四代孫義元唐洛州司兵曾孫如璿遂昌令生祕汝州刺史殷孫普後晉有侍郎勉七代孫西魏五原公元孫瑜唐將作丞胥十代孫纂後魏西荆州刺史弟藩生子璣工部侍郎子璣生德璉唐陽州溫泉丞天寶進士辛平生惲殿中侍御史大曆都官郎中辛昇之訪未獲周河中總管宿國公辛威居抱

罕稱慶忌後孫弘亮右武衛大將軍堂弟有道祕書郎唐右監門將軍辛萬福狀云與良同承晉侍中爽福孫知微光祿大夫後魏扶風太守辛明狀云慶忌之後曾孫文陵左武衛大將軍并洛二州長史長山公孫嗣本左領將軍弟光嗣溫恭本生昱通事舍人本姓巢父果州刺史生本姪萬年縣丞案此有脫誤金城左衛郎中辛養代居蘭州

金城 狀慶忌後生懷節懷節生言都水使者言生雲京雲果雲晃京升雲京太原尹河東節度檢校右僕射平章事金城郡王生浩液溶祕興州刺史雲果湖南觀察兼御史大夫羅云雲果趙氏金石錄辛雲京碑引作雲景又金石錄云據碑作懷節生思廉思廉生雲京雲景為雲京從父弟此誤生晟太子中允雲晃京升並開府

藍田 唐庫部員外郎辛承業

天水 周有頊亶賜姓辛氏生偃武唐洛州刺史生義同屯

田郎中

## 甄

虞舜陶甄河濱因以爲氏或音堅漢末太保甄邯生豐司徒爲中山著姓據祕笈新書增唐盧陵令案此有脫誤類稿十三新書六引並無此四字乃下文誤出於此

中山無極　邯六代孫逸後漢上蔡令女爲魏文帝皇后生明帝後追封安城侯逸子嚴案魏志嚴作儼孫暢暢生紹紹生述六代孫元成梁吏部尚書生詡詡曾孫懷素唐盧陵令邯裔孫穎穎元孫霞北齊將作大匠曾孫元度唐常州長史穎孫凝凝生琛後魏吏部尚書元孫善類稿新書無暢生紹紹四字選華韻丙集一雖不引姓纂而文則與類稿新書同

濟北　稱邯後自中山徙焉至鴻爲扶溝令又居許州生權立言權有文學隋朝散大夫立言員外散騎常侍

河南　官氏志郁原甄氏改爲甄氏

申

類稿十二引元舅也作母舅也其下作晉有申書魯有申豐鄭有申侯楚有申叔時申公巫臣　著書無漢字

姜姓炎帝四嶽之後封於申號申伯周宣王元舅也時有申公巫臣申包胥申亥韓有申不害著漢書案阮孝緒七略不害著申子三篇此漢書字誤漢有申巡石趙有申鍾爲司徒

魏郡　申鍾後爲著姓裔孫徽後周北海公生靖羅本靖周書申徽傳作静郴國公生盛唐考功部員外郎

丹陽　肰稱申不害之後陳有南徐州申禺禺八代孫堂構唐虞部員外郎生稷

仁

姓苑云彭城人

神

大典二九五五神字韻引無云字

風俗通云神農氏之後漢有騎都尉神曜

十七真

函 見姓苑 類稿十一

囙 左傳遂人四族有因氏 同上

鱗 左傳宋大夫鱗朱鱗矔

閭 姓苑廣平人

緡 見姓苑 并同上

瑯琊 姓苑云今瑯琊有神氏

新 出自荀氏新稚穆子之後別爲新氏 類稿十一云晉大夫新稚穆子之後見國語

堇 魯大夫堇父之後生丕兹

賓 左傳賓須無周賓起爲王子朝傅

頻 風俗通云漢有酒泉太守頻暢

邠 周太王居邠支孫氏焉 類稿十一首有姓苑云三字 支孫作因

茵

姓苑云人姓

申屠

周幽王后申氏兄申侯之後支孫居安定屠原因以爲氏一說云申徒狄夏賢人後音轉改爲申屠氏或云申屠楚官號也

類稿五十六引后申氏作申后　支孫作支子　音上有葉字

梁國　漢丞相故安侯申屠嘉扶風茂陵人七代孫剛後漢大中大夫尙書令

陳留　後漢徵士申屠蟠字子龍地官郎中祕書少監申屠場

申徒

風俗通云本申屠氏隨音改爲申徒尸子云狄夏賢也湯以天下讓狄以不義聞已自投於河莊子申徒嘉兀者鄭人也

漢有西屛將軍申徒建

申鮮

左傳齊有申鮮虞漢有中謁者申鮮洫

辛相

英賢傳楚大夫辛相之後漢有河閒相辛相通

賓牟

禮記魯有賓牟賈孔子時人

十八諄

荀

周文王第十七子郇侯之後以國爲氏後去邑爲荀晉有林父生庚裔孫況（據祕笈新書增）類稿十一新書亦引況下有也字　遥華韻丙集三引荀林父上多荀息晉大夫五字按當作晉有大夫荀息荀林父

潁川　潁陰人也況十一代孫遂遂子淑字季和生儉緄靖

十八諄

倫
風俗通云黃帝時樂人伶倫氏之後今容州多此姓監察御史玄慶京兆人（類稿十一）

綸
魏志云公孫文懿臣有綸直（同上）

爽號八龍（案荀淑子八人張璠漢紀曰儉緄靖燾詵爽肅旉此脫四人）儉生悅緄生彧彧生惲顗侯祭（案彧字敬侯子惲嗣侯官至虎賁中郎將此顗侯祭三字有脫誤）爽曾孫勗勗生藩藩生邃歷漢魏晉位並高彧元孫崧晉錄尚書生羨徐州刺史開元有鄜縣尉荀輌許州人云彧後姪尚書工部員外（案此下有脫名）

郇

周文王第十七子郇侯之後（類稿十一末多後漢郇恁為諫議大夫今或音環二句）

鈞

風俗通楚大夫元鈞之後漢有御史鈞喜

春

風俗通云楚相黃歇號春申君子孫氏焉

湻于

風俗通曰春秋時小國也一號州湻于公元和初避上嫌名
改于氏 類稿五十六引州下無湻于字
濟北 始皇時博士湻于越史記太倉公者善醫臨淄人姓
湻于名意又有扶風衛尉定陵侯湻于長後漢有侍中湻于
恭晉有湻于智善易爲司馬都督唐登州判官巢國公湻于
難以本州歸國
會稽上虞 列仙傳有湻于斟字叔孫
十九臻
莘
夏后啟支子封莘因氏焉音轉爲辛
二十文
文

風俗通云周文王支孫以謚爲姓

廬江　漢有蜀郡太守文翁居廬江舒縣裔孫揚州刺史文欽又居譙郡奔吳爲幽州牧譙侯生鴦又後將軍文聘文穎注漢書開元太學博士文元忠

雲

縉雲氏之後

河南　後魏書官氏志宥連氏改爲雲氏狀稱本姓赫連夏主敖雲太子璝生袖後魏太武改爲雲氏袖孫光祿北齊中書監廣陽公

定興　唐右武衛大將軍歸德公生師德師端師德右威將軍生弘善弘暕弘善駕部郎中弘暕主客郎中師端左武衛大將軍順陽公生弘允汾州刺史弘業汝州刺史端姪昌左

金吾大將軍隴西公也

員（按廣韻上平二十文員字注云益也說文作員物數也又音圓又音運姓也去聲二十三問貟字注云姓也前涼録有金城貟敞唐有棣州刺史貟半千邵思姓解云貟字注云音運前涼録有金城太守貟敞唐有貟半千又有貟嘉氏族畧亦云員氏音運亦作鄖然則此姓自昔相承皆讀爲去聲惟辯證收入二十文注云音云世俗讀與韻同盖訛也此鄧氏一家之說不可以例姓纂當改入去聲二十三問）

前涼録安夷人員平金城人員敝大夏人員倉景唐吏部郎中員嘉靖華陰人蓋其後也（敝各書皆作敞然類稿四十四引亦作敝蓋其訛已久）

平涼　水部郎中員半千狀云本姓劉氏彭城綏輿里人宋宗室營陵侯劉遵考子起居部郎中（類稿引無居字與唐書合）凝之之後宋亡因背劉事（宋亡句類稿引作宋之禪因）（案魏攸宋亡則南朝已爲蕭氏所有凝之事魏安得謂之背劉今本明係淺人妄改　又案唐書員半千傳云其先本彭城劉氏十世祖凝之事宋起部郎及齊受禪奔元魏以忠烈自比伍員因自姓員終鎮西將軍平涼郡公蓋即本之半千自狀而以賜姓爲自改則誤也工部葉崔志吉本）魏太武以忠諫比伍員改姓員氏賜名懷遠官至荊州刺史遠六代孫半千唐右諭德陝州刺史自隋末又居臨汾半千（晃案張說撰誌石是員半千墓云十八代祖凝自梁入魏本姓劉彭城人以其推忠似伍員遂賜姓員叙賜姓事與本傳之説合惟云自梁入魏則與自狀不合是撰誌者不審　本傳半千未嘗爲陝州刺史當從唐書作棣州）生叔儼叔儼生太乙太乙生錫結錫越州刺史結生寓侍御史寓生峴叔峴刑部郎中叔祕書郎生嶷（遥華韻士集三引員半千咸亨中上書自陳與類稿所引多合宋之禪作宋禪齊并是訂今本之誤）

芸

風俗通晉大夫芸賢見戰國策（賢類稿十二引作質　姓氏急就篇引作賢選華韻丙集亦引作賢）

二十文

○妘

祝融之後封於羅見國語 類稿十三

○邧

妘子國或作邧 同上

云

風俗通祝融之後

平陵 漢有諫議大夫云敞

河南 官氏志牒云妘氏改爲云氏 類稿十三引無妘字

軍

冠軍侯之後因以爲姓

薰

姓苑云人姓

聞人

風俗通云少正卯魯之聞人其後遂以聞人爲氏 大典三〇〇七人字韻引至此句止 漢有太守

聞人通沛人治后氏禮

沛國蘄縣 後漢書聞人敬伯沛人太僕聞人生普河東太

守普生襲再爲太尉梁有開入舊詩入玉臺集

軍車

代北複姓

元和姓纂卷三

二十一欣

忻 姓氏急就篇云忻氏見姓纂 遥華韻丙集四云忻欣西河姓纂五代忻彪登科此非姓纂原文蓋鈔胥之誤當云忻欣見姓纂

○筋 姓苑云人姓 類稿十三

# 元和姓纂卷四

唐林寶撰　陽湖孫星衍　歙洪瑩同校

## 二十一欣

殷 類稿十二引作二十二代四十四王

子姓成湯國號也二十四代三十四王六百二十九年爲周所滅子孫以國爲姓秦末居河內野王漢初遷汝南

陳郡長平縣　漢北地太守殷續始居長平魏有褒生昱昱生傚過江六代孫高明生不害不占不佞不害孫開山唐吏部尚書郎節公開山姪元嗣文州刺史開山堂姪祚部尚書堂姪日用宣歙州觀察御史中丞不占孫聞禮太子中書舍人生令名令德令言令威令名金部郎中國子司業生容冬官郎中容生丞業宗正少卿令德曾孫嘉紹工書嘉紹再從

弟佐明倉部郎中令言孫踐猷生寅永寍尉寅生亮給事中
杭州刺史篤部郎中不佞生芊唐東宮學士孫躋融生浩師
師生仲堪堪元孫鈞梁五兵尚書有傳曾孫藹唐蜀文學

二十二元

## 元

左傳衛大夫元咺之後其先食采於元因氏焉今元城是也
其後子孫無聞

河南洛陽縣　後魏書官氏志曰拓拔氏改爲元氏自云黃
帝子昌意之後居北土代爲鮮卑君長宋書云李陵之後昌
意三十九代至昭成帝什翼犍始號代王都雲中道武改號
魏卽尊號孝文帝都洛陽改爲元氏十一代十五帝一百六（羅云案獻明帝以實壽鳩紇根翰力眞並昭成皇帝子此誤）
十一年爲後周所滅獻明帝生實壽鳩紇根翰力眞闕婆常

山王壽鳩生遵遵生素達素達生羽鄰忠倍斤尉貨敦菩薩 羅云案宗魏書常山王遵傳子素素長子

可悉陵可悉陵弟陪斤陪斤弟忠忠弟德與此不合

淑羽鄰曾孫文遙北齊左僕射生行恭行恕行恭隋主爵侍

郎行恕隋毛州司馬生務整務眞務整唐兵部郎中生知敬

知默知敬吏部郎中知默主客員外務眞工部侍郎生知讓

虞部郎中太府少卿讓生昭晊暕曉曖晊侍御史暕尚書右

丞右常侍生宰寬寔曖生寓忠寓忠生盛壽興盛生懋左僕

射北地王孫煥隋工部侍郎煥生公瑶公瑶生大士唐吏部

中書二侍郎大士生遜遂逵遜遜司門郎中生季良比部郎

中仙州刺史季良生續續生撥兼殿中御史逵生子恭潭州

司倉恭生澥全柔澥生敦義潮州刺史全柔御史中丞黔中

羅云順濮陽王上當有昭成皇帝曾孫六字當據

觀察兼御史大夫曾孫虛受朗州刺史生野順濮陽王野順

隋書元胄傳增 羅云隋書元胄傳作武陵公

生雄雄生胄右衛大將軍朗陵公胄生仁惠懷簡懷節懷景

羅云野順二字衍文

懷簡吏部員外懷節孫煒煒懷景尚書右丞武陵公生彥將軍令暉令生子柔子求彥將給事中陳留太守採訪使生子上子哲子長子長壽興公孫詮生祐禮臣祐曾孫孝綽梓州刺史禮臣汾州刺史懷節孫待聘生琇戶部侍郎右丞生佑工部員外郎壽興少子昺司徒樂平王生亶亶生文豪太僕少卿生思齊思哲思元思齊鄭州刺史思哲舒州刺史思元右領軍思元生直南州刺史倍斤生昭昭生元綱元會孫邕江州刺史無汦滎州刺史綱（羅云綱隋書元弘嗣傳作剛）生經經生弘嗣弘則弘嗣隋黃門侍郎生仁（羅云弘嗣傳子仁觀此衍人觀二字當刪）人觀觀易州刺史右武衛將軍生博古述古述古孫晧弘嗣姪孫希古都官員外孫祥生子端子建子端生善慶師獎善慶孫慈不仕生行沖兵部郎中國子祭酒左常侍中山獻公生允殖允修允殖和州刺史生軾貨敦元孫德

整生寶藏寶林寶藏魏州總管武陽公生神麚青州刺史寶林生威洛州總管生守眞守眞生澄湛澄遂州刺史湛生誼饒州刺史誼生申右武衛將軍申生諸兵部員外諸生從質質生谷菩薩趙郡王孫裕生武榮武幹武榮唐汾州刺史蘄春公曾孫湛試太府卿兼河南尹衡州刺史武幹生大簡陜州長史女爲讓帝妃贈少師淑生季海振季海馮翊王司空振六代孫光嫌考功郎中給事中紇根生虔陳留王孫建生琛永壽琛孫暉隋兵部尚書暉生仁器永壽生景安北齊太保賜姓高周復本姓孫慈政唐卭州刺史生善應司賓卿同州刺史翰秦王生儀觚儀七代孫公瞻駕部員外郎觚十一代孫撝謙兼御史三從兄杭少府少監力眞生意烈勃意烈羅云魏書昭成子孫傳作拔干生伏干廣川王元孫公濟濟孫福果福果生江乘江乘生攸

勃元孫植（羅云案植隋書元巖傳及唐世系表作楨）生巖成巖隋兵部尚書平昌公生琳琳生義恭義
端義恭（羅云唐表作從）生孝節工部員外黃州刺史生通理希聲通理給事
中生從備右司員外郎壽州刺史從修（羅云唐表作修河南少尹）生至河南少尹希聲
中書舍人吏部侍郎生寄壽州刺史義端魏州刺史生延壽
延福延景延祚延壽睦州刺史生愷通州刺史延福生怡怡
生偕伾偉偕歸州刺史偉三原尉延景生俳（羅云案俳唐書元稹傳及唐表作俳）南頓丞俳生寬
胥寬比部郎中生拒楨（羅云拒唐表作柜楨作禎此誤又云胥唐表作胥）監察御史胥侍御史延祚司議郎生
平叔縣州長史生拒搗持拒吏部員外生注洪錫錫生絲銑
洪饒州刺史生晦搗太常博士持都官郎中太武帝生景穆
帝嗣王生天賜子推新成雲（羅云案隋書元孝矩傳祖修義父子均孝矩弟雅字孝方褒字孝整）休楨胡兒天賜汝陰王殿侍中
生（此誤當據改）尚書循義案魏書循義作修義右僕射安昌王均孝則孝矩孝方孝
整孝則周少師生案此處脫名隋太府卿（羅云隋太府卿上脫名據隋書元亨雅傳父孝則文部官至太府卿是此處脫文都十字當補）孝矩隋洛州總管洵陽

嘉錫案隋書無元文雅傳史有元文都在誠節傳羅校雅字蓋別本之誤傳云父孝則周小冢宰江陵總管與此不同傳又云文都煬帝即位授太府卿東都留守越王侗署為內史令開府儀同三司光祿大夫左驍衛將軍攝右翊衛將軍魯國公是文都之官不止於太府卿

公生端竭孝方順陽公生韶震韶唐沙州刺史震鄭州刺史京兆王子推生恆芝中書監生昇暹昇江夏王孫孝直渝州刺史暹生澤唐梁州都督新安王生禮誠大智誠生懷式撫

此不書者蓋以唐初起兵立代王侑為帝不奉越王侗正朔故不書其所授官也

州刺史大智生萬頃光賓觀賓萬頃鳳閣侍郎光賓生詢倩倩生正兼監察御史正生義方季方義方鄜坊觀察兼御史中丞季方兵部侍郎觀賓少府少監陽平王新成生衍安匡衍廬陵王生叔暢祠部尚書元孫仁虔疊州刺史仁虔生思忠思忠生權廬州刺史權生涉潮泚液液懷州刺史生銅銛銛生宗簡叔暢六代孫邱比部員外任城王雲生淑紀淑左僕射紀黃門侍郎曾孫旻左武衛大將軍安定王休生爕孫

羅云唐當作隋景山未嘗仕唐也

景山唐安州總管宋安公生成壽青州刺史南安王楨孫聘東海王梁武帝立之號建安王曾孫武壽左武衛將軍樂陵

王胡兒以天賜子永全繼永全會孫斌生文儼文俊文儼生利貞鄜州刺史文俊辰州刺史道武帝生淮南王熙熙曾孫繼江陽王生乂羅乂侍中尚書郎羅曾孫靈遵通州別駕明元帝晃案魏書明元帝名嗣晃乃太武帝之太子景穆帝此作明元帝晃與魏書不合（羅云案梁書元願達傳祖明元帝此誤）生範樂安王生艮艮生法益滕忻法益梁侍中生願達梁州刺史願達生神力神儼案此下疑脫善微一人神威律師神力蒲州總管神儼右衛郎將善微右領軍將軍神威杭州刺史律師左驍衛大將軍滕安樂王吏部尚書生榮榮生康愼愼生端端生欽志儉欽荆州刺史元孫彥英萇志儉蘇州刺史戍安公愼生禕均禕六代孫時中均曾孫思溫鄜州刺史平陰公生若拙德秀若拙江夏令生亘宣楚等州刺史將作監德秀魯山令均少子爽隴州刺史忻孫通隋魏州刺史生雄純雄生元敬襄州刺

史純卬州刺史太武帝燾生臨淮王太尉譚譚生提建提生祐孚祐孫義遐光祿少卿生仁昉工部員外孚生子端仲仁子端周納言元孫將茂主客郎中仲仁生將旦莒州刺史建七代孫思莊侍御史獻文帝弘生禧幹雍羽勰咸陽王禧趙郡王幹元孫元景左衛率高陽王雍生斌端廣陵王羽生欣周上柱國孫巖隋龍涸公羽少子恭憫帝彭城王勰生懿七代孫鼎思州刺史攸孝莊帝生安樂王長樂長樂生銓五代孫師奬鄯州刺史孝文帝弘生廣平王懷五代孫寶綝綏州
羅云綝唐表作琳
刺史韓公生顧道明堂令文帝鬱律生烏孤平陽王樂眞五代孫孝政隋衡州刺史生仲文季梁仲文唐右領軍將軍河南公季良隋雍州司馬生懷唐恆州別駕懷生令表令本令表工部侍郎司賓卿生欽俗匡欽俗都官郎中京兆少尹令

本生欽徽樂眞次子陵孫案此處脫名莘山王贇大司馬孫德瑜生千祿鍾離縣令

太原　唐都官郎中元善禕稱昭成帝後南宮故事云代居太原著姓禕曾孫谷神扶州刺史堂姪俯宋州刺史元孫結容府經略兼中丞生友直爲京兆少府

紇骨元　後魏獻帝與淑長元匹麟爲紇骨氏十七代孫紹右司員外天授中詔改姓元氏

是云元　隋内史令元壽狀稱景帝後任城王澄子孫避尒朱榮亂投匿是云家因從其姓至隋改姓元氏壽孫元哲開州刺史元質水部郎中生兆殷暢暢生韶河陽節度中丞

扶風　大曆中書侍郎平章事潁川公元載自云景穆後父景升同敬同案唐書載本寒微母攜載適景升冒姓元氏此脫並不仕代居扶風岐

遥華韻丙集五引姓纂文亦有删節而較今本則倍詳（與唐書世系表合）今别錄於後（其所删者以今本及表補之小字旁注）

汝南袁氏出嬀姓陳胡公滿生申公犀侯（申公）生靜（當作靖）伯庚（庚）生季子惛（惛）生牛仲甫（甫）生聖伯順（順）生伯陀父（陀父）生戴伯（戴伯）生鄭叔（鄭叔）生仲爾金父（金父）生莊伯（莊伯）生諸字伯爰其孫宣仲濤塗賜邑夏陽（以王父字為氏代為上卿　字或作爰轅其實一也）宣仲生選袁僑濤塗四世孫見襄公三年傳（以上十三字疑屬羼入非本文）選之後奔鄭至秦末裔孫告徙河洛間告生正以袁為氏（轅頗十一代孫袁生）陳郡夏陽縣（袁生玄孫）袁幹（袁幹上有十五二字蓋言十五代孫也今删去）封貴鄉侯（居陳郡為著姓八代孫良生昌昌生）漢司安（此下有其後也三字今删去）安字邵公生三子賞京敞京蜀郡太守二子彭湯（湯）字仲太尉安國康侯生三子成逢隗（四代五公盛於東漢成）生紹（[illegible]）

山本姓景氏或云孫姐氏垂拱初曹王明妃元氏粉田在扶風令畀董其農植著勞遂改姓元氏生伯和祕書丞仲武祠部員外季能校書郎

袁

嬀姓舜後陳胡公滿之後胡公生申公申公生靖伯庚庚生季子惛惛生仲牛甫甫七代孫莊伯生諸字伯爰孫宣仲濤塗以王父字爲氏代爲上卿（據祕笈新書及唐世系表增）字或作爰轅其實一也轅頗十一代孫袁生（濤塗）（類稿十三新書六引胡公下無滿字　靖伯下無庚庚生季子惛惛生仲牛甫十二字　七代孫下類稿作莊爰伯諸生濤塗　新書作莊伯爰諸生）陳郡夏陽縣（羅云夏陽當作陽夏）袁生元孫幹封貴鄉侯居陳郡爲著姓八代孫良生昌昌生安安生京敞京生陽（案唐世系表良二子昌璋此脫璋京生陽字作湯）（羅云案金石錄漢袁良碑跋引碑作良生昌璋今本脫璋字當據補　又云後漢書袁安傳亦作湯）陽生逢隗四代五公盛於東漢璋生湯司徒湯生渙渙生侃侃六代孫弘准會孫質生弘豹弘元孫翻翻生叔德豹生

元和姓纂卷四　六

貴鄉九世孫璋生滂爲司徒滂生渙魏御史大夫四子侃寓奧準（今本云侃六代孫弘准，准當即準，此以爲侃子，參差不合，然今本多不可據，當兩存之）準生沖光祿勳生耽字彥道歷陽太守生質東陽太守生三子湛豹豹字士蔚丹陽尹二子洵（此亦誤以洵爲豹子）宋吳郡太守二子顗覬覬字國章宋雍州都督二子戩昂（末有唐宰相三人云云，乃世系表之文，今刪去）

洵濯淑濯生桀洵生顗顗生昂昂生君政敬君政生樞憲樞生朗唐給事中憲曾孫續駕部郎中敬孫利貞員外郎袁氏自後漢魏晉至梁陳正傳世二十八人三公令僕一十七人

汝南　安後又居汝南至紹術絶矣

彭城　袁生之後今無聞

樂陵東光縣　肰稱紹中子熙之後裔孫令喜唐同州治中生異弘異式異弘瀘府參軍生恕己中書令南陽王誨己潞州刺史恕己生建康淮陽太守生高給事中高生德御度支職方郎中太府少卿異式戶部郎中異式姪曾孫倜僩（案唐世系表倜僩皆異式孫無姪曾字）倜工部員外郎生師儉

京兆　肰云渙之後唐舒州刺史處弘生公瑜公玘玘生暉中書舍人公瑜刑部侍郎生忠臣仲將忠臣左羽林將軍頲

州刺史公瑜孫守一監察御史

華陰　隋左衛將軍袁溫案唐世系表袁溫稱作袁子溫渙之後因官居華陰生士政唐南州刺史曾孫睦丹州咸寧令生滋中書侍郎鄭滑節度生都郊

河東　唐秋官尚書同三品太原侯袁智弘狀云本陳郡人孫澣兼御史中丞

襄陽　狀云袁術敗後子孫分散因居襄陽唐尚書左丞袁仁敬又祕書少監致仕袁歆膳部郎中同直左拾遺袁瓘宋州

## 樊

類稿十三新書六引樊齊作樊濟　兩其後下並有也字　遲上有樊字

周太王子虞仲支孫爲周卿士食采於樊因命氏今河内陽樊是也周有樊穆仲字山甫樊仲皮樊齊並其後又殷人七

族有樊氏仲尼弟子遲魯人蓋其後

南陽湖陽縣　樊齊之後漢有舞陽侯樊噲曾孫嘉爲南陽太守因家焉後漢有樊重子弘封壽張侯重迺光武外祖也一宗五侯晉永嘉南遷樊氏居淮南裔孫南齊廣平太守道理生方興梁同州刺史魚復侯方興生文熾新蔡侯文熾生靖猛毅毅陳護軍逍遙公猛陳荆州刺史富川侯生遠遼迪遼生慶德唐左司郎中千牛將軍遠孫文司衛少卿文孫晃兵部員外潤州刺史弘裔孫詠制舉及弟今止河東生澤檢校右僕射襄陽節度生宗師宗易左監門中郎樊思賢稱遠後今止江陵生沈沈遂州別駕生紬左補闕

盧江　樊弘之後晉有樊僧遠始居盧江裔孫道則梁越州（羅注云案隋書樊子蓋傳父儒子蓋官民部尚書濟公此子韋疑子蓋之譌）刺史生儒北齊仁州刺史儒生子韋隋戶部尚書齊國公孫

思孝唐亳州刺史生忼惈忼戶部尚書生稟萬年丞惈蜀州刺史

沛國　樊噲之後今無聞

諸郡　諫議大夫樊系潤州人吏部員外樊元表監察御史樊衡並相州安陽人屯田郎中樊朏洛陽人

## 原

周文王第十六子原伯之後封在河內子孫氏焉周有原莊公原伯魯畿內諸侯也魯人原壤陳有原仲晉原軫亦爲原氏 莊公下類稿十三引有襄公二字

大典五二〇五原字引姓纂有襄公二字

魯郡兗州　今有原氏仲尼弟子憲之後 憲上有原字

南陽　漢有漢陽太守原陽南陽太守原季自陽翟徙茂陵生涉天水太守葬父南陽子孫因居之

**源** 類稿十三引因賜姓作可爲

後魏同出代北，其先聖武帝詰（羅云詰唐世系表作詰）汾長子匹孤七代孫禿髮傉檀生賀，歸後魏，至太尉、隴西王。魏太武帝曰：卿與朕同源，因賜姓源氏。賀生懷，尚書令、隴西王，生子邕，西平樂都官縣（案北史源子邕官樂平縣公，北討都督，比脫誤）（羅云案北齊書源彪傳彪字子恭彪子師唐表作懷云子子邕子恭子恭生彪彪生師民[illegible]）。周隋之際居鄴郡安陽。懷後子邕，子恭生師，並有傳。師生崑玉、直心、誠心。崑玉，比部郎中，生翁歸。翁歸生循（羅云循唐表作修）業，少府少監，生光裕、光垂（羅云光垂唐表作光乘）、光賓、光譽。光裕，左丞、刑戶二侍郎。光垂，同州刺史。光譽，戶部侍郎、京兆尹。光裕生洧，給事中、江陵節度採訪留後使。譽生休。直心，尚書左丞、司刑太常伯，生乾珍、乾曜。乾曜，侍中、左丞相、安陽公，自師三代左丞。四子：復、弼、潔、清。復，兵部郎中、華州刺史。弼，工部郎中。潔，河南令。清，駙馬。誠心，洛州司馬，生禕、匡贊。乾珍生匡度，黃州刺史。

臨漳公匡度生安都太原少尹禕吏部員外匡賛國子祭酒

生伯良初良少良（羅云初良唐表作幼良）伯良生歇（又云歇唐表作歇）幹處州刺史少良司勳員外師

從父弟惜益府司馬生壯兵部員外守戶部郎中懷少子纂

生雄隋徐州刺史

## 垣

漢西河太守垣恭之後（公羅云案當據宋書垣護之傳作畧陽）

洛陽　南燕慕容德吏部尚書垣敞石季龍略陽地徙之於

鄴敞與子遵苗並降晉敞拜龍驤將軍遵散騎常侍苗屯騎

校尉苗生護之詢（洛字誤類稿十三引作畧　羅云案護之傳弟詢之此作詢誤）

下邳　垣敞子孫歸晉居下邳護之宋徐州刺史益陽侯詢

生崇祖齊五兵尚書詢兄子榮祖兗州刺史封樂安子

## 爰

陳胡公九代孫伯諸之後後漢侍中爰延陳畱人魏郎中令

爰節

濮陽 晉益州刺史爰邵唐郜國公子幹代居濮州狀云其後也

溒

何氏纂要云人姓也

園

四皓園公之後風俗通云氏於所居城郭園池是也

轅

漢功臣禦兒侯轅終古案漢書禦作鄦轅或作榬 類稿十三引首有陳轅濤之後一句

軒

風俗通軒轅之後漢有諫議大夫軒和

(本)(子)案新唐書世系表武仲乙生昭子炎炎生莊子紇紇生宣子鰌鰌生桓子良夫故此云武仲元孫良夫世次明晳疑皆出於世本元文

言

仲尼弟子言偃之後今蘇州多此姓

原仲

陳大夫原仲之後楚大夫有原仲蔑

二十三魂

忻

忻氏姓氏急就章

孫

類稿十四新書六引作至武公子惠孫曾耳爲衛上卿因氏焉其文有脱誤不可據以改今本

周文王第八子衛康叔之後至武公生惠孫惠孫生耳耳生

(本)(又)孫紇鉊鼓繼堂日記第三十七冊又左傳成十四年正義引世本云孫氏出於衛武公生公子惠孫惠孫生耳耳生武仲乙

武仲以王父字爲氏元孫良夫生林父林父生嘉又楚令尹

耳爲衛上卿食采於戚生武仲乙以王父字爲氏生昭子炎炎生莊子紇紇生宣子鰌鰌生桓子良夫良夫生文子林父林父生嘉以世數次之

孫叔敖及荀況並爲孫氏吳有孫武孫臏漢有孫會宗孫寶

善者出於世本

太原中都　漢西河太守會十一代孫資生南陽太守弘弘

生晉馮翊太守楚生纂生綽統從父弟盛晉尚書右侍會宗裔子福爲太原太守遇赤眉難遂家焉

樂安　孫武之後漢有賓碩魏有清河太守孫煥晉有孫顗避地於魏故屬樂安因家焉五代孫惠蔚案唐世系表顗四代孫士和二子苑蔚字伯華魏祕書監此惠字疑衍魏光祿大夫五代孫希莊唐韓王興籤始居上黨涉縣生嘉之襄邑令宋州司馬致仕生遜適遵造遜中書舍人刑部侍郎生徧繹成視宿中書舍人華州刺史生公器邕州經略使繹檢校郎中成桂府觀察兼中丞視生晉否適生會常州刺史遵右補闕河內司馬生公輔誠大理評事案唐世系表遵四子長公彥次客卿次公輔次起與此不合

東苑　孫臏之後漢有孫揚魏有孫耽晉有孫牧宋有孫奉伯梁有孫謙

吳郡富春　吳孫武子世居富春堅策權權爲吳帝生亮休

休子皓唐尚書左丞孫彥高廣陵云權後

富陽　孫武之後世居富陽裔孫遠宋盪遠將軍元孫瑒陳

祠部尚書定襄侯弟昕曾孫瑛唐雲州刺史義興公又齊有

孫瑀明臨川王常侍曾孫案此下有脫名唐淅州刺史也

清河　孫武之後魏清河太守靈懷曾孫處約唐中書侍郎

生侹俊儆佺侹延州刺史富春男俊荆府長史樂安子儆濟

州刺史佺幽州都督會稽公又戶部侍郎孫伏伽清河人孫

履中恆州刺史生匪驕

河東　夏官侍郎平章事孫元亨虞鄉人戶部員外孫上客

桑泉人

華原　唐處士孫思邈生行中書舍人子濟左司郎中潤州

刺史

洛陽　御史中丞孫景脁云武之後

溫

唐叔虞之後溫晉公族受封河內之溫因以命氏又郤至食采於溫亦號溫季漢功臣表溫疥封栒順侯栒音荀疥孫何始居太原

栒順侯類稿十四引作惸侯　下栒字亦作惸

太原祁縣　何六代孫序後漢護羌校尉七代孫嶠晉江州刺史嶠從子楷晉末從桓謐入後魏楷兄孫奇後魏馮翊太守元孫君攸北齊開府參軍見文林館記生大雅彥博彥將大雅禮部尚書黎孝公生無隱釋允無隱工部侍郎生克讓克明晉昌釋允坊州刺史彥博中書令左僕射虞恭公生振挺振太子舍人生翁歸翁念翁歸庫部郎中括州刺史生緬

績纘紹緘絢績案唐世系表績作續爲閬州刺史封虞公生晧皎曦曦駙馬太僕卿生同正西華西華駙馬祕書監同正生瑒紹生（羅云章唐表作暐）章道州刺史絢比部員外郎翁念左司郎中太僕少卿挺駙馬延州刺史生常節常節生履言右羽林將軍履言生冬日光嗣彥將中書侍郎清源敬公生瓚瑜瑾璩瓚生焯煒炫瑜祠部郎中汴州刺史璩職方郎中鄭州刺史生道沖和州刺史道沖生任佐佚任生襄（羅云襄唐表作袞）襄生初國子主簿

渾

左傳衛大夫渾良夫

河南　官氏志吐谷渾氏改爲渾氏

昆

夏諸侯昆吾氏之後齊有昆辯見戰國策又見纂要文

二十三魂

賁 音奔

魯縣賁父之後晉有賁浦漢有郎中賁光晉又有汝南賁嵩清操之士又庾琛女適汝南賁氏又有長水校尉賁顯 辯證七引 見羅輯

門

叱門氏後改爲門 金石錄二十一後魏叱閭神寶修閼城銘跋引 按依姓纂本書之例推之袁文當作 河南 官氏志叱門氏後改爲門羅輯本收入入聲五質標題爲叱門今誤今改入此韻 又按魏書官氏志作叱門氏改金石錄云案後魏書官氏志及元和姓纂有叱門氏後改爲門而無叱閭氏蓋其闕漏也繆荃孫爲朱氏結一廬刻金石錄叱門氏誤作叱閭氏其札記中反以盧本作叱門者爲誤可謂不考之甚

尊

古尊盧氏之後 大典卷三千五百八十五尊字韻引

鐏

見纂要文

屯

姓苑云渾沌氏之後去水爲屯漢有常山太守屯英

盆

見姓苑

齊郡 漢盆門氏改爲盆氏

坤

坤年子六國時著書見風俗通

溫孤

代人改溫垂拱中有溫孤元軌

溫伯

莊子有溫伯雪子

昆吾

世本古己姓國夏時侯伯祝融氏之後

孫陽

風俗通景毋封孫陽侯丹曾孫汾避亂隴西因封爲氏

盆成

孟子有盆成括仕齊

奔水

英賢傳祁大夫之後奔漢水氏焉

門尹

宋門尹般之後宋又有門尹且渠

屯渾

太昊之佐屯渾氏其後爲氏

尊盧

古太昊時諸侯氏也

二十四痕

根

後蜀法部尙書根度

根水

神農納根水氏女爲氏案世本老童娶根水氏女又通志神農娶奔水氏女

二十五寒

寒

周武王韓侯之後避難改爲寒氏一云夏諸侯寒浞之後

魯國薛縣　後漢淸河相寒朗類稿十五武王下有子字

# 韓

出自唐叔虞之後據祕笈新書增晉穆侯子成師生萬食采於韓因以命氏代爲晉卿曾孫厥生起起生須須生不信元孫景侯分晉爲諸侯八代至王安爲秦所滅復以國爲氏據祕笈新書增襄王孫漢韓王信信生襄城侯嬰弓高侯穨當穨當孫龍頟侯説案道侯説説曾孫大司馬案此脱名裔孫後漢司空稜晉太常卿伯類稿十五新書六引均作出自唐叔虞之後曲沃桓叔之子萬食邑於韓因以爲氏代爲晉卿後分晉爲國韓爲秦滅復以國爲氏也出潁川後韓新書誤自秦騫避王莽亂移居南陽故有潁川南陽二望

潁川長社縣　漢御史大夫韓安國與稜並潁川人

南陽堵縣　穨當元孫騫避王莽亂因居之魏司徒甫陽恭侯案唐世系表甫陽作甫鄉曁六代孫延之晉末從司馬休之奔姚興又

奔後魏封魯侯案唐世系表魯侯作魯陽侯元孫襃周少保三水正伯生
仲良遜湯仲良唐戶部尚書潁川公生瑗侍中孫澄汲郡太
守生炅孫檢案唐世系表檢作儉生琦祐琦左監門大將軍生滑蜀州
刺史祐生溱左補闕溱生憬協憬亳州刺史協駕部郎中協
生秦祠部郎中湯生同慶司勳郎中襃再從姪憲之唐憲部
郎中

昌黎棘成縣　晉員外韓安之生潛恬後魏書云並延之族
弟同隨州司馬休之自南入後魏恬子都爲元菟太守因居
昌黎潛元孫建業北齊司徒安南王曾孫孝城唐左金吾大
將軍南康公生令英亳州刺史生止水都生普賢後魏昌黎
王普賢生永興高密公高密公生長鸞劇東劇東環州刺史
生處約主客員外後周有商州刺史洪雅公韓護狀稱潛後

居京兆孫符巫州刺史生智休倩智洛州刺史司戶參軍休黃門侍郎平章事少師生浩洽洪泫滉渾泂洽殿中侍御史生逖武逖朗州刺史武溫州刺史洪司勳員外生章工部尙書泫諫議大夫知制誥生卓殿中御史卓生準洛陽令滉左僕射平章事晉國公生羣皋羣國子祭酒皋兵部尙書東都畱守泂戶部侍郎京兆尹倩左庶子生演滌案唐世系表滌作滌演和州刺史滌生承徽大敏大敏中書舍人會孫革太府卿黃門侍郎生思復稱昌黎潛後代居雲陽生朝宗京兆尹朝宗生賁賞質賁潤州刺史賞給事中質京兆少尹中書舍人生翃拾遺翃生倫佾佾果州刺史並云昌黎人延之族弟恬後爲陳畱

本潁川人稜後徙陳畱唐禮部郎中韓雲卿弟紳卿京兆司錄兄子會愈會起居舍人愈職方員外侍御史韓彥

亦陳留人生琬殿中御史生諲

河東　狀云本自潁川徙焉唐給事中韓液右補闕韓昆並家蒲坂

廣陵　狀云本潁川人禮部員外韓擇木生秀榮秀實弼弼國子司業秀實太子中允

京兆　邠寧節度檢校僕射韓游瓌

東郡　檢校司空平章事汴宋節度使韓弘弟權右金吾將軍

范陽　夏綏銀節度檢校尚書右僕射韓全義

單

周成王封少子臻於單邑爲甸內侯因氏焉襄公穆公靖公二十餘代爲周卿士漢功臣中牟侯單右將軍案漢書中牟共侯單右車

此作右將軍誤傳封六代昌武侯單究封七代

濟陰　後漢單匡爲濟陰太守因家焉隋有單雄信仕李密生道眞唐梁州司馬生思敬思禮思遠思敬安東都護生光業思遠河南尹岐州刺史生有鄰不先

東陽　山陽公單顧生颺居山陽熙六代孫海藏唐晉陵令生頊頊生南容西游

# 蘭

鄭穆公支孫以王父字爲氏漢武陵太守蘭廣後漢匈奴四姓有蘭氏遼東蘭河勃後燕北平王蘭審慕容垂舅子也鮮卑種類 類稿十五漢下有之字

河南　官氏志烏桓氏改爲蘭唐右武衛將軍長基眞州刺史蘭火遠房子令興並其後

檀

姜姓齊公族有食瑕邱檀因以爲氏檀伯達爲周卿士禮記魯有檀弓六國時齊有檀子類稿十五遥華韻丙集十引因以上有城字

高平南山縣　晉改山陽爲高平因爲郡人後檀喜元孫檀播六代孫道濟宋司空江州刺史武陵公兄祗羅云祗宋書有傳作祇宋書檀韶傳亦作祇西昌侯從祖父憲之晉書有傳宋有道鸞撰晉陽秋

安

風俗通漢有安成盧山記安高安息王子入侍

姑臧涼州　出自安國漢代遣子朝國居涼土後魏安難陁至孫盤婆羅案唐世系表作盤娑羅代居涼州爲薩寶生興貴執李軌送京師以功拜右武衛大將軍歸國公生恆安生成案唐世系表作文成成生忠敬右屯兵將軍忠敬生抱玉賜姓李氏兵部尚書

平章事涼國公抱玉生自正兵部郎中自正生縱修仁左驍衞大將軍郧國公生永壽永達永昌永壽右領軍將軍永達不仕生懷恪陳州司馬生齊營生抱眞案唐世系表永壽生齊管懷洛生抱眞與此不合檢校司空平章事生緘少府少監永昌生元暉殿中御史貝州刺史生義穆義仲義穆生季明義仲閤門府果毅

干

左傳宋大夫干犨之後陳干徵師漢蜀郡尉干獻𡘋軍師干吉晉將軍干瓚

新蔡　干犨之後晉丹陽丞干營（羅云營晉書干寶傳作瑩）生寶著晉紀及搜神記

但

姓苑云漢有濟南守但巴

丹

堯子丹朱之後爲氏辯證八引漢有長安富人丹王君見羅輯

姍

古刪字見纂要云人姓

邗音寒

河南　官氏志馝邗氏改爲邗氏

邯鄲

晉趙襄側室子趙穿武武案趙盾子武未嘗食采邯鄲攷通志邯鄲氏卽穿後二武字當衍食采邯鄲因氏焉杜氏族譜曰穿生旃旃生勝勝生午午生稷漢朝衞尉邯鄲義後趙錄有邯鄲悼

陳留　漢有陳留人綽魏有涼州刺史邯鄲商支孫邯鄲湻上書爲平原侯植文學

韓言

世本晉韓厥生無忌無忌生襄襄生魯爲韓言氏

韓籍

晉韓起子籍字叔禽爲韓籍氏

韓嬰

晉韓宣子子孫韓嬰云韓嬰氏氏族略作晉韓宣子元孫也爲韓嬰氏

韓侯

周宣王錫命韓侯支孫氏焉

韓獻

晉韓獻子支孫因氏焉

安期

英賢傳安期生古仙人漢有安期先生蒯通友也

安平

齊將田單封安平君因爲氏焉

安都

漢校尉安都多見霍去病傳

安是

世本老童娶安是女

干己

陳大夫干徵師食采於己因氏焉漢京兆尹干己術

二十六桓

桓

姜姓齊桓公之後以謚爲姓又宋桓公之後向魋亦爲桓氏

後漢太子少傅桓榮

譙國龍亢 桓榮後有司徒桓虞榮八代孫（羅本晉書桓彝傳作榮九世孫）彝晉宣城內史

生雲溫谿祕沖溫大司馬南郡宣武公生元谿生石虔石虎

沖荆州刺史豐城公生嗣謙循〔案唐表循作修〕〔羅云晉書桓彝傳循作修〕晉護軍將軍長社

侯桓〔案桓字衍〕過江居丹陽生尹尹生崇之唐郇王諮議桓法嗣

狀稱崇之七代孫也法嗣生思敏少府丞思敏生彥範侍中

扶陽王臣彥範〔羅云彥字衍文當據唐表刪〕京兆尹姪廷昌刑部郎中上元中准制改姓

## 姜氏

河南　官氏志烏丸氏改姓桓

## 潘

周文王子畢公高之後子伯季食采於潘因氏焉周有潘惟

司空有潘父岳家譜云潘氏楚公族芊姓之後崇子尫生黨

漢潘瑾後漢潘助〔畢公至伯季類稿十六新書六引作畢公之子季孫〕

廣宗　今宋城縣勗生芘滿芘生岳滿生尼本居滎陽中牟〔羅云晉書潘岳傳祖瑾父芘潘尼傳祖勗父滿與此小異〕

孫才爲晉廣宗太守因家焉八代孫紹業後魏隋州刺史生子義隋尚書右丞孫求仁唐屯田郎中杭州刺史唐侍御史岐王府司馬潘好禮貝州人亦尼後滎陽中牟瑾裔孫居中牟爲著姓才元孫聰生光南燕太守女適同郡鄭曄生小白同林連山幼林等光七代孫義長星（案此處疑有脫誤）相州安成令武陵漢壽縣　吳志太常潘濬生祕僕射（案吳志濬生翥又吳志翥字文龍拜騎都尉僕射非祕孫吳之官祕亦不見於史蓋有脫誤）唐祕書監肅仁江夏人自云濬之後

馮翊　狀云尼後唐左屯大將軍潘道毅弟神祐膳部員外郎

京兆　狀云勗後水部員外潘伯起

河南　後魏官氏志破多羅氏改姓潘氏威狀云十四代祖

二十六桓

欒
唐叔虞之後晉靖侯孫賓食采欒邑因氏焉 類稿十五引

冠
風俗通鶡冠子之後 類稿十五

官
見姓苑

瞞
風俗通荆蠻之人本姓蠻音訛遂為瞞氏 並同上

魏尚書僕射子孫因晉亂沒藿遂居代北後魏潘長懷朔鎮北將生永興龍興右僕射生信安齊司空黃城王孫神威唐定城府統軍今占鄠縣永生相樂北齊司空河東王唐監察御史潘玠世居信言稱相樂之後玠生炎禮部侍郎炎生孟陽高陽孟陽戶部侍郎高陽晉州刺史

盤 舟類稿十五作冉

盤瓠之後與舟△譚巴季田為巴南六姓 案後漢書盤瓠作槃瓠

莞

姓苑云吳人音官

二十七删

關

風俗通云關令尹喜之後一云出自夏大夫關龍逢之後漢

長水校尉關陽蜀前將軍漢壽亭侯關羽字雲長

河東 關羽代居解縣羽子興侍中河東狀稱關羽之後唐

中書侍郎平章事右僕射致仕關播

顏

羅校云今姓氏書辨證引顓頊上有國稱陳留風俗傳葛洪要錄皆由出自十五字今本奪當據補嘉錫案羅校非也今本已明引國葛二書但不在條首

顓頊之後陸終第五子曰安爲曹姓裔孫挾周武王封郳至

耶若復據辨證補入豈不前後複耶 羅校云字伯辨證作字伯顏

武公字顏公羊謂之顏公子孫因以爲氏出國稱陳留風俗

傳及葛洪要字又王儉譜云出自魯侯伯禽支庶食采顏邑

因氏焉眞卿尙書譜云未驗何所憑案眞卿語作未知今依儉何所憑此誤

國葛二家及舊譜爲定仲尼弟子達者八人路回僕噲何祖

辛也案朱彝尊孔子弟子考顏氏弟子達者八人路回之僕子何噲幸子相高八人也缺高一人又幸或作辛通典作柳咸渲臨安志作韋子相史記作祖見書傳顏叔子顏丁顏鷂顏高顏息譜

魯人顏子涿聚齊大夫子晉顏芝河閒人生貞秦末藏孝經

者也漢大司農顏異濟南人也顏駟江都人後漢袁紹將顏良辨證八引至爲定止與今本多合惟文句有顛倒字顏作字伯顏要字作要纂未知何所憑作未知儉何所據　類稿十六新書六引均作出琅邪本自魯伯禽支庶有食采於顏者因而著族又邾武公字曰顏故公羊傳稱顏公後遂爲氏與以圖曷二家爲定之說不合未知何故通志氏族略顏字注全本姓纂皆與今本合

瑯琊江都　後漢臨沂人魏徐州刺史顏盛始自魯瑯琊曾孫含西平靖侯晉永嘉過江居丹陽生髦約髦生綝暢暢孫師伯宋侍中左僕射約孫延年光祿勳延年生竣測奐竣史部尚書奐五兵尚書綝五代孫協生之儀之推之善之儀後周御史大夫平陽公五代孫溫之司門郎中之推北齊黃門侍郎生思魯愍楚游秦思魯記室生師古相時勤禮爲侍郎祕書監案此處脫名生趨庭職方郎中會孫迢元孫庶相時秦府學士禮部侍郎生益期期會孫交勤禮生顯甫顯甫生元孫惟貞元孫滁州刺史生杲卿常山太守贈太保司徒忠節公孫証右庶子生縱覽惟貞生允南眞卿允臧允南司封郎中

羅云案宋書顏延之

傳測作側奐作奐

眞卿工部尚書太保贈司徒魯文忠公允臧生頍楚州刺史育德元孫防同州刺史游秦鄆州刺史生元勝右補闕之善孫有意沔州刺史眞卿生頍顗南昌狀云與師古同承緘唐虞部員外謨有生昭粹

## 班

芈姓楚若敖生鬬伯比伯比生令尹子文爲獸所乳謂獸有文班因氏焉秦有班壹避地樓煩生孺孺生長長生回回生況況生稚稚生彪（類稿十六文班作班文）

扶風平陵　況女爲成帝婕妤徙平陵彪生固固生顯顯生澄陳祠部郎中班投始居汲郡狀稱十三代孫也挺元孫思簡唐春官員外生景倩吏部侍郎祕書監生鈞杭縣潁引映滎弘戶部尚書生肅肅生震震夔州刺史

○蠻
羋姓荊蠻之後因氏焉（類稿十六）

二十七冊

環

楚有環列之尹子孫氏焉楚有環泉（案環泉本環淵避唐諱作泉）漢有大守環饒晉環濟撰要略

菅

魯大夫食采於菅因氏焉

趙郡趙州　菅襲趙郡李氏譜云李叡娶晉郎中令同郡菅襲女唐乾元河東節度使菅崇嗣（案唐書作管崇嗣此菅字與史不合）

馯（千立姦反）

漢書馯臂吳人治易（類稿十六作漢有馯臂辟遍華韻丙集十二亦作馯臂辟考漢書儒林傳子庸授江東馯臂子弓廣韻引漢書作馯辟姓纂蓋亦作辟類稿等引之又誤衍一臂字也）

闞龍

夏桀時忠臣闞龍逢之後

顔成

莊子有顏成子游

二十八山

山

周山師之官掌山林以官爲氏風俗通云烈山氏之後漢武都太守山昱

河南懷縣　山昱之後漢宣元時臨潁侯山君眞生儒始自潁川徙陳留五代孫若公後漢鉅鹿太守徙河内八代孫輝魏宛句令（羅云案晉書山濤傳作父曜宛句令此誤）生濤字巨源晉吏部尚書司徒新沓侯（案晉書濤贈新沓伯）生簡左僕射生遐東陽太守

河南　官氏志吐難氏改爲山氏後魏中書令河東伯山偉（羅校云魏書山偉傳作東阿伯）生子深子渾渾生顒唐左武衛將軍

閒

二十八山

○瞯

史記濟南瞯氏豪族 類稿十六

見姓苑

元和姓纂卷四

一先

田

嬀姓舜後陳厲公子完字敬仲仕齊
或稱田氏至田和篡齊為諸侯九代至王
建為秦所滅建弟假及田儋儋子市儋
從弟榮榮弟横弟子廣項羽時並裂
地稱王類稿十七引

邊

子姓宋平公子邊之後以王父字為氏
同上引 案邃華齋丁集云平公生公子御戎字子邊

牽

姓苑古冀州武邑有牽氏類稿十七

堅

潁川 後漢有二十八將揚化將軍合肥
侯堅鐔蜀録有羅江都尉堅峻類稿十七引

先

絳郡今絳州有先氏類稿十七

顛

左傳晉大夫顛頡

# 元和姓纂卷五

唐林寶撰　　陽湖孫星衍　歙洪瑩同校

## 一先

燕 類稿十七引云史記召公奭周同姓封燕傳國四十二代至王喜為秦所滅子孫以國為氏又南燕姞姓國亦為燕氏漢功臣宜城侯燕昌後漢中郎將燕瑗

弘農燕氏廣念燕氏皆漢以來自范陽徙居者 辯證九引此下有唐百濟大臣八姓其一曰燕氏餘乃沙劦鮮真國苗木七氏也廿四字

天

莊子有天根注云人姓名

縣

風俗通云縣成父孔子門人見史記 案孔子弟子縣子成字子祺今家語作子横又有縣亶父字子象見廣韻注又亶史記索隱作豐家語無父字此作縣成父誤 漢甘陵相縣芝 史中書令縣點

先穀 辯證九引作縠

賢 見姓苑

弦 左傳弦子國光州弋陽郡軑縣東南後為楚所滅子孫以國為氏

玄 風俗通云玄都古諸侯國也子孫以國為氏焉

蜎 漢書藝文志云有蜎子十三篇楚人也老子弟子

涓 列仙傳涓子齊人

肩 見姓苑 並同上

二仙

顓 [illegible] 出自顓帝之後或顓臾之後以國為氏 新證九引見羅輯

歂 顓孫之子或作歂 同上引

泉 本姓全氏全琮之後琮孫暉魏封南陽侯食邑白水遂改為泉氏後魏洛州

晉先穀之後氏焉

肩吾 莊子肩吾古賢者也晉袁弘集有東海太守肩吾氏

涓濁 呂氏春秋夏首人涓濁粱善畏明失氣而卒 案涓濁又作羌憲

塡瀆 莊子有赤張滿 案此條誤移于此詳二十二昔赤張姓下

二仙

錢 錢上氏類稿十七引作錢府上士新書六引亦有府字

顓頊曾孫陸終生彭祖孫孚周錢上氏因官命氏焉戰國時有隱士錢丹秦有御史大夫錢產子孫居下邳 祕笈新書

宣 類稿十七引作魯大夫叔孫宣伯之後以謚為姓風俗通宋宣公之後後漢有司空宣酆

刺史上洛侯泉企也類稿十七引遲華丁集一引至泉氏止男生生獻誠獻誠生玄隱金石録廿六唐衛尉正卿泉君碑跋云泉君者高麗蓋蘇文之孫泉男生之子也按唐書及元和姓纂皆云名獻誠此碑乃云諱玄隱又姓纂云獻誠生玄隱而碑但云名隱而已嘉錫案余得泉男生墓誌拓本王德真撰歐陽通書中有云文子衛尉寺卿獻誠則獻誠蓋以字行姓纂及唐書實不誤也

○全

姓苑吳郡錢唐後漢丹陽都尉全柔吳桂陽太守生琮大司馬女爲吳主孫亮後類稿十七

○旃

見姓苑

○然

鄭穆公子然之後　然丹字子革仕楚爲右尹

○纏

蒼梧　姓苑云梧州有然氏

藝文志纏子著書

○騫

風俗通仲尼弟子閔子騫之後以王父字爲氏

金城　前涼有騫韜西秦有博士騫包晉有平陽太守騫弘狀云其先避地允吾因家金城

○虔

風俗通云黃帝之後

○篇

周大夫史篇之後

○綿

鮮

魯叔孫宣伯之後案宣氏應劭風俗通爲宋宣公之後

鮮于氏之後或單姓類稿十七無或單姓三字有蜀李壽司空解思明一句羅云辨證引作鮮魚氏之後或單姓鮮蜀李壽司空有鮮思明當據補

權

楚鬪緡之後爲權氏類稿十七引作芈姓顓頊之裔封楚楚若敖之孫鬪緡尹權因氏焉秦滅楚遷大姓於隴西因居天水　又傳云楚武王克權使鬪緡尹之今南郡當陽縣東南有權城

連

齊大夫連稱後辯證九引此下有今泉州有連氏望出馮翊又河南連氏許文美皆當是姓纂之文末有引五代史語則鄧氏説也　類稿十七多馮翊白水縣有連氏一句

縣

晉大夫食采縣上子孫氏焉

偏

古有偏軍案下有脱誤辯證九引作古有偏將軍急就章亦有偏姓即其先爲偏將軍以官爲氏據此則急就章以下亦姓纂文羅校當就類稿十七作古偏將軍之後急就章漢有偏呂辯證補一將字非也

鮮于

類稿五十六引作殷後周武王封箕子於朝鮮　因何作因以

晋大夫食采綿上因氏焉晋張方服心（疑有誤字）

有綿思

河南　官氏志爾綿氏改爲綿（並同上）

鮮陽

漢有揚州刺史鮮陽進其孫謐散騎常侍（辯證九引　見羅輯）

便

漢有少府便樂成（類稿十七）

顓

顓臾風姓國伏羲之後或稱顓氏或[illegible]臾氏又顓頊支孫亦爲顓氏神仙傳有太玄女顓和

專

左傳吳刺客專諸

鱄

專諸亦作專也

船

見姓苑

拳

左傳衞大夫拳彌（並同上）



箕子封于朝鮮支子仲食采於于子孫因合鮮于爲氏

漁陽　後漢有京兆尹鮮于襃魏志有太尉從事鮮于虞（案劉虞從事有鮮于輔後事漢爲度遼將軍此脫名當卽輔也）後拜度遼將軍北齊有鮮于榮（案齊書鮮于世榮此避唐諱闕世字）領軍將軍封夷陽王判右僕射後周懷州刺史鮮于緒生明唐蒲州刺史定襄公生匡齊匡紹匡濟左騎將軍匡紹閬同河利四州刺史生建業建宗

羅云夷北齊書鮮于世榮傳作義

閬中　京兆尹劍南節度鮮于仲通云匡紹曾孫也居閬中鮮于偃鮮于惠子鮮于且于

延陵

吳王子季札居延陵因氏焉趙襄子有謀臣延陵正是其後也（案韓非子趙襄子時有延陵生）

延州

三蕭

刁

風俗通齊大夫豎刁之後　戰國時刁勃

漢刁間齊人以富聞子孫居渤海類稿十六

脩

[illegible]曹州冤句有脩氏　定石趙時脩假再閱時

為司空符秦錄有北都尉脩理定上疑脫一字北字亦誤

堯

帝堯之後支孫以氏為姓並同上

雕

漢功臣有臧馬侯雕延年類稿十八

調

周禮調人之後因官為姓

僚

左傳晉陽大夫僚安魯有寺人僚祖

遆

何氏姓苑有遆氏

棌

吳季札封延州來氏焉羅云辯證作因氏焉今本奪因字

連尹

楚大夫連尹襄老之後

三蕭

蕭

宋微子之後支孫封於蕭蕭叔大心子孫有功因邑命氏焉代居豐沛至不疑爲楚申君之客祕笈新書

廖

風俗通古有廖叔安左傳作飂蓋其後也祕笈新書

姚

金石錄廿六唐巂州都督姚懿碑跋云懿崇父也據碑及唐書宰相世系表皆云公諱懿字善意而崇子奕碑與元和姓纂乃云名善意豈非以字行乎

虞舜生於姚墟子孫以姚爲氏左傳鄭大夫姚句耳漢有諫議大夫姚平舜後胡公封陳至敬仲仕齊又爲田氏至田豐

魏捋軍金牛子玄逃於安改爲京氏 安上疑有脫字

鄃

風俗通漢侍中鄃倉著書稱鄃子 漢有潁川太守鄃著著萬姓譜子孫因官爲氏

鄡

趙大夫食采深澤鄡邑因氏焉

梟

隋煬帝誅楊玄感改爲梟氏 並同上

四宵

晁

左傳周景王子王子朝之後亦作鼂字或云衞大夫史鼂之後 類稿十八引 遂華韵丁集四引或云上有潁川二字當補

橋

黃帝葬橋山子孫守冢因爲橋氏 同上引 遂華韵丁集四引作子孫守冢者氏焉

譙

大夫姓曹食采於譙因氏焉漢譙隆爲上林令以忠諫拜侍中

苗

風俗通楚大夫伯棼之後子賁皇奔晉人與之苗因命氏焉漢有長水校尉苗浦王莽時有苗訢 並同上引

喬

見姓苑狀云本喬（當作橋）氏黃帝之後 類稿十八

焦

風俗通姬姓國也按史記周武王封神農之



王莽封爲代睦侯奉舜後子恢避王莽亂過江居吳郡改嬀氏五代孫敷又立姚氏 祕笈新書 類稿十八引避下無王字 立作爲（新書同）

條

類稿引見上

今冤句有此姓冤句曹州也 氏族志

四宵

椒

楚大夫越椒之後 類稿十八後下有子鳴二字 羅云辯證引作楚大夫越椒之後椒鳴今本奪椒鳴二字

銚

羅云案後漢書銚期傳潁川郟人是郟乃郟之誤又案辯證引銚以郡反是姓纂原列二十四嘯當據改正

潁川郟陽 後漢衞尉安陽侯銚期 類稿十八首有見姓苑三字末多生丹生統傳封四代八字

朝臣

日本國使臣朝臣眞人長安中拜司膳卿同正朝臣大父拜率更令同正朝臣姓也 辯證十引朝臣大父上有副使二字

後於焦後以國爲姓左傳曰虞虢焦滑皆姬姓也爲晉所滅漢有外黃令焦貢
饒 見姓苑
臨川 漢有會陰太守饒威又漁陽太守饒斌 永安 吳志襄安長饒助
蛸 齊武帝以巴東王子響叛逆改姓蛸氏
昭 楚辭云昭屈景楚之三族也戰國時楚有昭奚恤上柱國
招 風俗通漢有大鴻臚招猛
超 漢有太僕超喜 逸華韻丁集四引云超喜太樂令
朝 左傳蔡大夫朝吳
摇 會稽越王勾踐裔孫東越王摇之後以王父名爲氏居餘杭
要 吳人要離之後漢南河令要競建中朔方大將軍要珍
囂 代本云玄囂之後
僑 風俗通黃帝孫橋極之後 並同上

五肴

包 楚大夫申包胥之後以王父字因氏之 秘笈新書

鞄 盤鞄之後 案高辛氏時有槃瓠此作盤鞄未詳所自廣韻此字下亦不云姓

茅夷 邾大夫茅夷鴻之後見左傳

六豪

高 金石錄高士廉瑩兆記跋引云士廉父勵見羅輯
齊太公六代孫文公子高孫傒以王父字爲氏 秘笈新書

毛 辯證十一曰漢有畫工毛延壽晉巴西郡丞毛植唐時滎陽河陽北地毛氏世系皆具元和姓纂 羅輯本據辯證補延壽畫人形醜好老少必得其真 按此在皆具元和姓纂句下元和姓纂四字當屬上讀此未必是姓纂之文也
周文王第九子毛伯受封毛國因以爲氏支孫爲周卿士毛

五有

巢

有巢氏之後堯時有巢父夏殷有巢國
左傳吳有巢牛臣後漢司空巢堪 類稿十九引

茅

周公第三子茅叔封茅國子孫以國爲氏
焉左傳邾大夫茅弟地夷鴻史記秦有
茅焦神仙傳有茅盈

膠

殷末賢人膠鬲之後 並同上引

麃

秦始皇將軍麃公漢麃宣爲太守 類稿十九

六豪

陶

唐氏之後 唐上當有陶字 因氏焉虞思爲周陶正亦爲
陶氏陶叔爲周司徒漢功臣開封侯舍生青
爲丞相 類稿十九引



伯過毛伯得並毛公之後也趙有毛遂漢有毛公治詩趙人
也爲河閒王博士毛萇亦治詩爲詁訓 祕笈 新書

曹

顓頊元孫陸終第五子安爲曹氏至曹挾周武王封之於邾
爲楚所滅遂復曹氏周文王第十三子振鐸封曹亦爲曹氏
因宋所滅子孫以爲氏 祕笈 新書 類稿十九新書六引均作以國爲氏

臯

望出廣陵 類稿辯證引見上

高陵

秦昭王弟封高陵因氏焉漢有陳大夫高陵顯

高堂

風俗通齊卿高敬仲食采于堂因氏焉 類稿五十七引堂上有高字

○臯 臯陶之後左傳越大夫臯如風俗通漢有司徒長史臯誨 廣陵 後漢梁鴻傳有臯伯通晉有揚州從事臯弘（辯證十九）望出廣陵後漢梁鴻夫婦依吳大家臯伯通居廡下伯通察其妻舉案齊眉異之曰非凡人也乃舍之於家（辯證十一引）

入本書條下

○高 見姓苑（類稿十九）

○教 顓頊師大教之後

○褒 姒姓國禹後今梁州褒是也周幽王后褒姒也 河南 官氏志達勃氏改爲褒

○桃 山陽 姓苑云今山陽有此姓 范陽 石趙將桃豹又特進桃剛建平人

○勞 其先居東海勞山因氏焉 渤海 晉有三公郎勞霸後蜀有尚書左丞勞彥遠 瑯琊 後漢益師勞丙

○牢 仲尼弟子琴牢之後以王父名爲氏 漢中書僕射牢梁后顯黨後漢有牢慎又黨錮牢修（並同上）

**高車** 即九姓回鶻種類也入中國者號高車氏後魏有高車解如

**陶叔** 周司徒陶叔之後晉有陶叔眞爲原大夫文公時陶叔孤漢有陶叔卷爲青州主簿（氏族略作青州刺史）平原 今平原有此姓

**陶邱** 帝堯子居陶邱因氏焉（辯證十一引此下有齊大夫陶丘德漢侍御史陶丘仁後漢陶丘仁子林生魏安定太守壹壹生晉陳留太守達江左有陶丘人之漢末有平原陶丘隆舉劉岱劉繇者）

**臯落** 漢武帝時臯落閎通天文地理及厤數（案此疑即因落下閎訛以落下爲臯落）巴郡閬中 神仙傳有臯落（案此下脫名）

**曹邱**

漢季布傳有曹邱生

毛渾

祝融子毛渾之後

七歌

羅

祝融之後妘姓國初封宜城徙岷江周末居長沙漢有梁相羅懷襄陽記有羅象據祕笈新書增 岷類稿二十一新書文均引作枝

羅氏有齊郡襄陽河東三族

官氏志叱羅氏改爲羅氏祕笈新書 新書類稿此條上均有河南二字

何

辯證十二引望出廬江丹陽東海齊郡 見羅將

周成王弟唐叔虞裔孫韓王安爲秦所滅子孫分散江淮閒音以韓爲何遂爲何氏祕笈新書

七歌

○娥

見姓苑 類稿三二

○柯

錢塘 宋書沈文季傳錢塘富人柯降齊書南兗州典柯益孫 典下疑有脫字

河南 官氏志柯拔氏改爲柯氏

○蛾

左傳晉大夫蛾淅之後

○郍

風俗通朝郍東國也其後單姓氏後燕錄遼西太守郍頡魏有揚州刺史郍春

○傰 音多亦音朋

漢南山盜師傰宗 並同上

哥舒

突騎施本號西突厥首領有哥舒部氏焉唐有淸道率哥舒沮代居安西生道元安西副都尉生翰天寳右僕射平章事西平王東討先鋒兵馬副元帥生曜晃曤曤尚書東郡汝州節度使案唐書曜官尚書汝州節度使此作曤誤曤官慶州刺史御史大夫晅大理主簿晅生皓試案唐書皓試太常卿兼御史中丞蓋皓初試爲此官試非名也類稿五十八引部下有因字

阿蹊

九姓阿蹊部爲鷄田州都督今單于都護振武節度兼御史大夫阿蹊光進元和二年詔賜姓李氏名光顔陳許節度弟光嗣洛州刺史案阿蹊唐書及通志皆作阿跌亦曰訶咥或爲跌趺此疑誤

阿單

改爲單氏

阿邱

楚有阿邱子後魏殿中將軍阿邱及敦又列威將軍阿邱寄

阿史那

夏后氏後居涓兜牟山北人呼爲突厥窟歷魏晉十代爲君長後屬蠕蠕阿史那最爲首領後周末遂滅蠕蠕霸强北土蓋百餘年至處羅蘇尼失等歸化號阿史那開元改爲史並見史注長安右衛大將軍寅國阿史那忠節左驍騎大將軍阿史那大節上貞元神策將軍兼御史大夫阿史那思暕並其支族類稿五十九引首句作夏氏之胄　無涓字

阿史德

突厥如善可汗之裔別號阿史德通天司賓卿瀚海侯阿史德元珝右武衛大將軍阿史德多覽並其後也

八戈

和

羲和堯時掌天地之官和仲和叔因以為氏晉有和組父漢有和武 類稿二十一引

○繁 音婆

左傳殷人七族有繁氏 漢有御史大夫繁延壽

潁川 魏丞相主簿繁欽字伯林 後漢益州刺史繁興 類稿廿一

○番 音婆

姓苑吳芮封番君支孫氏焉

○戈

夏時侯國為少康所滅因氏焉

○渦

楚大夫封渦因氏焉三輔決錄扶風太守渦尚 並同上

阿伏干

改爲阿氏

八戈

波斯

西域國人

婆衍

見姓苑

九麻

沙

今東莞有沙氏風俗通晉有沙廣又百濟八族其一曰沙族

氏族 類稿二十上有姓苑二字只引第一句

略

諸

類稿廿一云音遮 吳郡 後漢洛陽令諸於

九麻

車

漢武帝時丞相田千秋以年老詔乘小車出入省中時號車丞相子孫因為氏

河南 官氏志後魏獻帝命疎屬曰車焜氏改為車氏類稿二十一引

巴

代本云巴子國子孫以國為氏亦見左傳

後漢揚州刺史巴祗同上引

麻

風俗通齊大夫麻嬰之後漢麻光為御史大夫又麻達論語唐左司郎中麻察 按廣韻云後漢有麻達注論語此脫注字

太原 狀云后趙梁州刺史廣平麻秋之後 唐功臣左金吾大將軍涼國公麻宗賜姓李氏改名延昌子藏珍類稿廿一

○家

左傳周大夫家父之後風俗通漢有家羡

北海 家羡為劇令子孫因居焉

○嘉

左傳晉大夫嘉父欒氏黨

○瑕

左傳周大夫瑕禽晉有瑕嘉漢有廷尉瑕更又有瑕倉

齊郡 瑕倉為膠東相子孫因居齊郡

○荼 姓觿加氏蘇林云音揶邪之邪

漢書江都易王傳有王子荼悟



越大夫諸稽郢之後

佘 類稿二十一云南昌洪州有佘氏開元有太學博士佘欽 洛陽 唐佑當作右司郎中佘珩祖集隋考功主事 佘欽佘珩遥華韻丁集九均作余云洪州南昌有佘姓今為余佑郎中作右司侍郎

今洪州有佘氏

沙吒

北蕃酋帥舍利部大人因氏焉龍朔中右威衛大將軍沙吒阿博曾孫葛旃兼御史大夫賜姓李氏名奉國從兄弟澄武衛大將軍

沙陀

北蕃酋帥也神龍驍衛大將軍酇國公沙陀忠儀 案通志作沙陀義

蛇邱

見英賢傳

濟北 河漢河內太守蛇邱聶生重濟北太守女適羊續

彭城　吳志衛尉岑顥生條太子少傅幾
臨川太守
○牙
風俗通云周穆王司徒君牙之後以王父字爲氏
○衙
秦穆公子食采於衙因氏焉漢長平令衙敬卿七代同居
○蛇
南安　姚秦錄姚萇皇后蛇氏兄越滂南安太守又有建武將軍蛇玄臨晉太守蛇也
○杷
本姓巴氏東樓公之後漢靈帝時巴匡避董卓難改爲杷氏
安定　杷匡爲安定太守因居焉辯證十二元和姓纂又以爲杷氏爲杷未知孰是似姓纂無杷字共辯證二十六又云姓纂以杷爲杷未知孰是則本有杷字蓋姓纂文於杷字下註明亦作杷今已佚去不知其説云何矣
○查
宣城涇縣　武德池南宕二州刺史查文熙
鄱陽　貞元富人查祥姓氏急就篇引唐鄱陽查祥
○媯
氏有脫文女媯氏之後
○花
唐有倉部員外郎花季睦並同上
華原
後周鳳州刺史拓羨華原罷生咸周豐

迦葉
西域天竺人貞元涇原大將試太常卿迦葉濟

瓜田
王莽時臨淮瓜田儀爲盜賊

十陽

楊
周武王第三子唐叔虞之後至晉出公遜於齊生伯僑歸周天子封爲楊侯子孫以國爲氏一云周宣王曾孫封楊爲晉所滅其後爲氏焉或曰周景王之後楊雄自敘云伯僑不知周何別也祕笈新書遥華韻氏集一引云周幽王封宣王之子尚父擬辯證十三爲楊侯至其後并于晉春秋晉叔向食采楊曰楊食我誤辯證云食采楊氏由伯石字食我以邑爲號曰楊石又曰楊食我此有脫

梁
嬴姓伯益之後秦仲有功周平王封其少子康於夏陽是爲

利公生韓皇右四府驃騎將軍生善惠 辯證十二引 羅輯有

梁伯後爲秦所滅子孫以國爲氏晉有梁益耳梁弘梁由靡並其後也

安定烏氏 漢初以豪族自河東徙烏氏 秘笈新書

章 辯證十三云出自姜姓齊太公支孫封國於鄣左傳齊人降鄣子孫去邑爲章氏神仙傳有章震望出南郡陳司空章昭達唐右驍騎將軍章孝嗣并州刺史章彝湖州人循王府長史章建珪杭州人三族皆望出吳興事見元和姓纂 按詳其文義自出自姜姓起皆姓纂之文翰苑秘笈兩新書所引可證羅輯本只從唐驍騎起恐非

姜姓齊太公支孫封鄣左傳齊人降鄣子孫改爲章氏章子齊威王將 秘笈新書

姜

炎帝生於姜水因氏焉生太公封齊爲田和所滅子孫分散後爲姜氏 秘笈新書 滅類稿廿三引作篡

天水上邽 漢初以豪族徙關中遂居天水 秘笈新書

張 辯證十三引云唐有安定范陽太原南陽燉煌修武上谷沛國梁國滎陽平原京兆等四十三望大抵皆留侯遠裔羅輯本有

黃帝第五子青陽生揮爲弓正觀弧星始制弓矢主祀弧星

卅陽

陽

周景王封少子於陽樊子孫因氏焉晉有陽處父魯有陽貨（遥華韻戊集二引有陽虎為士師陽匄楚人九字）北平無終　周末陽翁伯適北燕遂家無終秦置右北平因為郡人漢有陽雍於無終山立義漿有人遺白石令種之生玉因號玉田陽氏見范通燕書（類稿廿三引）

羊

晉羊舌大夫之後生職生赤伯華生肸叔向生鱼生食我春秋末始單姓為羊氏秦亂徙居太山

房

帝堯子丹朱封為房邑侯子陵以父封為氏陵四十八代孫雅王莽末為清河太守始居清河雅十九代孫諶慕容德南遷因居濟南郡生四子豫坦遂熙號四龍今稱四祖房氏（並同上引　遥華韻戊集二引聖諱下有隨字）河南　官氏志屋引氏改房氏（遥華韻引）

萇

左傳周大夫萇弘之後大歷有奉天尉萇總（類稿廿六引）

莊

芈姓楚莊王之後以謚為姓楚有大儒莊生六國時為蒙漆園吏莊周著書號莊子齊有莊賈周有莊辛

匡

因姓張氏（祕笈新書）

常（遥華韻戊集二引黃帝臣尚先一云二字在衛康叔上氏之作氏焉下有河南　春秋越大夫常壽過昭公十三年傳十六字）

衛康叔支孫封常邑因氏之一云黃帝常先後（祕笈新書）（類稿廿六新書六引帝下均有臣字先類稿作氏）

（當從有居刹縣者起至此皆自晉陽王以下則或係宋之唐書世系表）

王（辨證十四於京兆王氏下引姓纂文甚繁然疑是檃括之詞不盡林寶原文當附錄以備參考　又云元和姓纂有山陽王氏高平澤州王氏皆與京兆同出　按此與新書所引以陽王氏為出自王子比干者不同　金石錄後周溫州刺史烏丸僧修墓誌跋引云神念父冏為蘭烏丸校尉因號烏丸王氏（見羅輯本）　金石錄廿九唐昭義軍節度使王虔休碑跋云碑與傳皆云虔休汝州梁縣人元和姓纂以為范陽人非也）

王姓出太原琅邪周靈王太子晉之後北海陳留齊王田和之後東海出姬姓畢公高之後高平京兆魏信陵君之後天水新平新蔡新野山陽中山章武東萊河東者殷王子比干子孫號王氏唐王宗隋末改王氏（祕笈新書）（新平類稿卅四引作東平是也）（金石錄廿六唐贈右僕射王洎碑跋云洎王仁皎父也元和姓纂唐書宰相世系表皆云名文洎而碑云名洎字文洎云）

強（類稿二十六云見姓苑丹陽有強氏捋（此字疑衍）石趙常山太守強容）

苻秦錄強永強帛姚秦強起斌西陽侯強景並略陽人也

扶風　唐兵部郎中強寶質孫修御史中丞戶部侍郎其先略陽人也

左傳魯匡邑宰匡句須之後廬山記威王時有匡裕先生類稿廿六引遥華韻弍集六引末有隱君二字

方

周大夫方叔之後風俗通云方雷氏之後同上引

昌

風俗通云黄帝子昌意之後類稿廿六

襄

魯莊公子遂號襄仲子孫以謚為氏類稿廿七引

洋

海陵有此姓自云洋川侯之後類稿廿七

芳

風俗通云漢有幽州刺史芳乘

嘗

孟嘗君之後並同上

章仇

齊公族姜姓之後本章仇其後避仇遂加仇字為章仇氏長安元年右史知貢舉張説下進士章仇嘉昂以下節羅輯本有河間章仇大翼善天文煬帝賜姓盧氏天寶劍南東川節度戶部尚書章仇兼瓊代居兖州生湛辯證十四引

良

鄭穆公子去疾字子良又名胥以王父字為氏漢有河間良相就又有良賀類稿廿七

彊

左傳晉大夫彊鉏後漢彊華又漢陽太守彊䆁之

羌

商 類稿廿六引云殷武號曰商以國為氏魯有商瞿仲尼弟子秦有衛鞅本衛公子也受封於商子孫氏焉

衛鞅封商君子孫氏焉

陽邱

楚大夫食邑陽邱以為氏

王孫 遥華韻癸集九引云周頃王孫王孫滿言秦師輕而無禮

周有王孫滿衛有王孫賈楚有王孫由于漢貨殖王孫大卿陳留耆舊有王孫骨治三禮為博士秦有夏大夫王孫氏始皇時王孫謀類稿五十七滿下有頃項原誤王孫也四字

王子

周大夫王子狐王子城父之後漢有王子中同治尚書

王叔

周有王叔陳生楚恭王時大夫王叔學鄭穆公時王叔明

王

初周靈王太子晋以直諫廢為庶人其子宗敬為司徒王家（按世系表云時人號曰王家因以為氏）秦將軍翦（世系表及辯證十四并云八世孫錯為魏將軍生賁為中大夫賁生渝為上將軍渝生息為司寇息生恢封伊陽君生元元生頤皆以中大夫召不就生翦秦大將軍）翦生賁賁生離離二子元威（按翦之祖名元其曾孫又名元必有一誤）元徙瑯琊王吉（表及辯證并云四世孫吉）漢諫議大夫駿（當作生駿）御史大夫生崇大司空扶平侯遵（當作生遵）字伯業漢中大夫義鄉侯二子祥覽（按表及辯證并云二子音音字少元大將軍掾四子誼叡典融融字巨偉二子祥覽此為引書者妄加刪節遂使中間差卸數世）字玄通（按玄通覽字）晋宗正卿即丘貞子生裁字士初生導穎敞導字茂宏晋丞相始與（與乃興之誤下脫文獻公三字）六子悅恬劭洽協薈洽字敬和散騎侍郎二子珉珣（當作珣珉）珣字元林（表及辯證作琳）尚書將軍謚獻穆公生曇首宋詹事封豫甯文侯二子僧虔僧綽（按僧綽乃僧虔之兄此欲省下文僧綽二字遂顛倒之不顧）襲封豫甯侯生儉字仲寶齊侍中尚書令南昌文獻公（獻當作憲）

太原王氏自離次子威漢揚州刺史霸字仲儒（表云九世孫霸字儒仲）生咸十九世孫澤雁門太守生昶魏司空二子渾濟渾字元沖晋尚書京陵原侯（按表云晋錄尚書事京陵元侯）生湛（按晋書濟乃渾之子湛乃渾之弟此與表及辯證均誤）汝南內史生承字安期藍田縣侯生述字懷祖尚書令藍田簡侯生坦之左衛將軍藍田獻侯生愉江州刺史至後魏鎮東將軍瓊（按表愉生緝散騎侍郎生慧龍後魏甯南將軍長社穆侯生寶興龍驤將軍生瓊字世珍）生四子遵業廣業延業季和四房（四上脫號字）王氏（遥華韵戊集四引　按此雖明引姓纂而其文實就唐書世系表刪節之蓋世系表亦以姓纂為藍本也辯證亦有譌誤如京陵誤宗陵又以遵業等為慧龍子皆是但其敘世系多出於表之外當亦采之姓纂）

帝堯子丹朱封為房邑侯子陵以父封為氏陵四十八代孫雅王莽末為清河太守始居清河雅十九代孫諶慕容德南遷因居濟南郡生四子豫坦邃熙號四龍今稱四祖房氏（並同上引　遥華韻戊集二引翠同諶下有隨字）

河南　官氏志屋引氏改房氏（遥華韻引）

萇

左傳周大夫萇弘之後大歷有奉天尉萇總（類稿廿六引）

莊

芈姓楚莊王之後以謚為姓楚有大儒莊生六國時為蒙漆園吏莊周著書號莊子齊有莊賈周有莊辛

匡

水新平新蔡新野山陽中山章武東萊河東者殷王子比干子孫號王氏唐王宗隋末改王氏（秘笈新書）

（新平　類稿卅四引作東平是也）

（金石錄廿六唐魏石侯射王洎碑跋云洎王仁皎父也元和姓纂唐書宰相世系表皆云名文洎而碑云名洎字文洎云）

強

（類稿二十六云見姓苑丹陽有強氏將（此字疑衍）石趙常山太守強容）

苻秦錄強永強帛姚秦強起斌西陽侯強景並略陽人也

扶風　唐兵部郎中強寶質孫修御史中丞戶部侍郎其先略陽人也

左傳魯匡邑宰匡句須之後盧山記威王時有匡裕先生類稿廿六引遥華韻六集六引末有隱居二字

方

周大夫方叔之後風俗通云方雷氏之後同上引

昌

風俗通云黄帝子昌意之後類稿廿六

襄

魯莊公子遂號襄仲子孫以謚為氏類稿廿七引

洋

海陵有此姓自云洋川侯之後類稿廿七

芳

風俗通云漢有幽州刺史芳乘

嘗

孟嘗君之後並同上

章仇

齊公族姜姓之後本章爭其後避仇遂加仇字為章仇氏長安元年右史知貢舉張説下進士章仇嘉昂此節羅校本有河間章仇大翼善天文煬帝賜姓盧氏天寶劍南東川節度戶部尚書章仇兼瓊代居兖州生湛辯證十四引

良

鄭穆公子去疾字子良又名胥以王父字為氏漢有河間良相就又有良賀類稿廿七

彊

左傳晉大夫彊鉏後漢彊華大漢陽太守彊釋之

羌

商

衛鞅封商君子孫氏焉類稿廿六引云殷武號曰商以國為氏魯有商瞿仲尼弟子秦有衛鞅本衛公子也受封於商子孫氏焉

陽邱

楚大夫食邑陽邱以爲氏

王孫遥華韻癸集九引云周頃王孫王孫滿言秦師輕而無禮

周有王孫滿衛有王孫賈楚有王孫由于漢貨殖王孫大卿陳留耆舊有王孫骨治三禮爲博士秦有夏大夫王孫氏始皇時王孫謀類稿五十七滿下有頃頃原誤王孫也四字

王子

周大夫王子狐王子城父之後漢有王子中同治尚書

王叔

周有王叔陳生楚恭王時大夫王叔學鄭穆公時王叔明

晉石冰將羌迪之後

○穰

風俗通田穰苴諸田之族子孫因氏焉」

高平　姓苑云高平有穰氏並同上

王人

風俗通王人子突之後因氏焉漢有安平太守王人寧心

大典三〇〇七人字韻引

王官

晉有王官無地楚有王官子羽為沄邑大夫

將匠

風俗通漢官有將匠少府因為氏吳中散大夫將匠或曲陽令將匠熙晉侍御史將匠進梁太史令將匠道秀

將閭

漢書藝文志云將閭子名菟著書見莊子

將鉅

漢藝文志云六國時將鉅彰著子書五篇漢章帝時謁者將鉅彌

嘉錫案李慈銘日記第四十三冊云金石萃編卷三十七云晉建雄節度使相里金之墓在汾陽小相里之北碑云顓頊生大業大業生庭堅仕堯為大理官至殷末有理徵為殷伯其孫仲明逃紂之禍故去王而偁里氏至周時晉有大夫里克其玄孫氏擒小子李連避地居於相城時人遂呼為相里氏相里武為漢御史相里覽為十六國偏將軍以下萃編之文止此以下為李氏語案趙氏金石錄以下皆不載相里金碑此所引碑文亦不知出於何書其敘世系與元和姓纂亦小有異同姓纂徵作徵是字誤北史序傳諸書皆作徵仲明作仲師成氏作司成氏李連作李連以相里勤為李連元孫又漢相里武外有河隄謁者相里斤濟陰太守相里杜杜始居西河隰城今汾州相里城是也所敘理徵以上皆與北史及唐書敘李氏之先同一云食木子而改李一云去王而為理傳信傳疑皆不敢質也

相里

咎繇之後為理氏殷末理徵案理氏之先有理徵此作徵孫仲師遭難去

王姓里至晉大夫里克惠公所滅克妻司成氏攜少子李連逃居相城因爲相里氏李連元孫相里勤見莊子韓子云相里子古賢也著書七篇漢有河隄謁者相里斥案漢有河隄謁者相里平此恐誤侍書御史相里武案唐志本名虎此避唐諱作武濟陰太守相里祉始居河西前趙錄將軍相里覽梁有相里係孫元本仕索虜東平王侍郎大通二年歸化

西河隰城　相里祉始居焉今汾州相里城是也

魏郡冠氏縣　祉十一代孫後魏清河太守洛干侯相里僧伽因封始居冠氏縣五代孫諶唐梁卿令潞城公生元堯元將唐棣州刺史曾孫造唐河南少尹生友弘友諒友諒廣陵博士造弟迴太子中允生友略試校書卿

梁邱

齊大夫食采梁邱因氏焉景公時有梁邱據琅琊諸縣

梁于

晉下軍御梁餘子養之後衞人也亦作梁于氏

梁成

漢昭帝時梁成恢善天文

梁其

魯大夫梁其踁之後英賢傳云魯公伯禽庶子梁其之裔

梁由

晉有梁由靡漢有將軍梁由先安帝時人

梁可

後魏上谷公梁可頭又代郡太守梁可浪

强梁

世本衞將軍文子生慎子會生强梁因氏焉秦有左庶長校尉强梁臯

强牟

衞大夫王孫强牟之後見史記

商邱

衞大夫食邑商邱因氏焉漢有御史大夫秺商邱成

高邑　列仙傳有商邱子胥

商密

楚大夫以地爲氏

方叔

鼓方叔之後見世本漢功臣新壽侯方叔無咎

羌憲

呂氏春秋夏首南人羌憲梁善畏明失氣而卒

常壽

英賢傳有熊氏之後世本宋大夫景公時有常壽邦

長仲

見纂要

山陽　後漢尚書郎仲長統著昌言案仲長統不姓長仲誤代居高平

晉太宰參軍長仲穀著山陽先賢傳

長盧

列子楚賢者長盧子著書九篇辯證十四引下有藝文志注曰楚人七字當是姓纂之文

長狄

鄋瞞長狄之後複姓

十一唐

郎

魯懿公孫費伯城郎因居之子孫氏焉類稿廿引

倉

黄帝史官倉頡之後春秋時周有倉葛遥華韻氏集七引

同上廿七引漢倉氏庫氏子孫以官爲氏

光

田光之後秦末子孫避地以光爲姓

汪

汪芒氏之後禮記有汪咸魯人也

桼

秦大夫子桼之後以王父字爲氏並同上引

○湯

殷湯之後以諡爲姓宋有道人湯惠林林休之誤也

○狼

左傳晉大夫狼瞫齊有狼蘧疏

河南　官氏志叱奴氏改爲狼

○囊

左傳楚莊王子貞字子囊之後子孫以王父字爲氏其孫令尹囊瓦字子常

○倉

長梧

莊子有長梧子

辯證十四引梧作吾并云謹案莊子以吾爲梧則姓纂原文自作吾可知

十一唐

唐

類稿廿七引作周成王時無叉字及封弟以下六字誤　末句類稿及新書六引均不重唐字　遥華韻氏集六引云堯爲唐侯國在中山唐縣商更承北海　韋氏[illegible]周成王封叔虞于唐更封劉累後於魯縣曰唐侯以奉堯祀今唐州方城是也魯定公五年楚滅唐其子孫以國氏唐雎魏大夫唐厲居沛國漢封斥邱懿侯生朝朝生贀贀生蒦蒦生蒙漢

帝堯陶唐氏之後裔封唐侯又周成王封弟叔虞於唐子孫以國爲姓又左傳唐成公國于比陽今唐州是也祕笈　新書

康

（中郎將生都臨邛[illegible]令生倫倫生林尚書令王莽封建德侯生蔚徙潁川又徙丹陽[illegible]彬字崇儒[illegible]二子熙[illegible]熙娶涼州牧張軌女仕涼徙晉昌[illegible]

遥華韻氏集六引云周康叔封衛元本誤作魏子孫以諡爲氏或曰漢西域夜郎康居入漢子孫以國爲氏此下有或匡姓避宋諱改康姓云云明非姓纂之文傳鈔誤連爲今删

衛康叔之孫以諡爲姓也祕笈　新書

黄

辯證十五云元和姓纂有江陵洛陽晉安三族皆唐世士人新望

陸終之後受封守黄爲楚所滅以國爲氏祕笈　新書

杭

後漢有杭徐

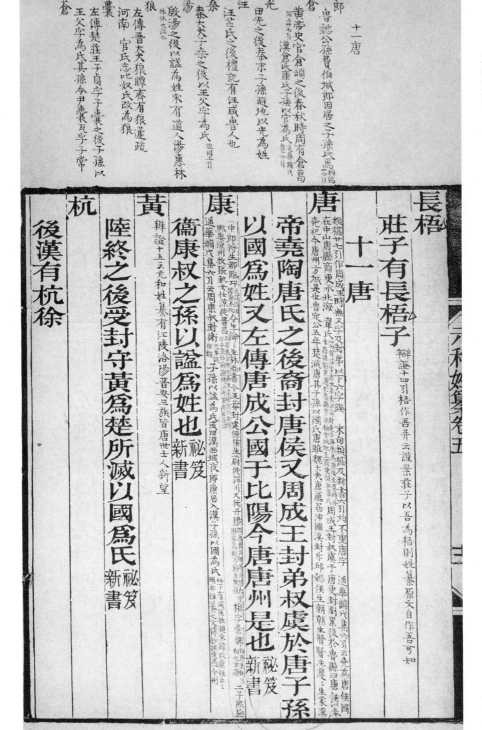

風俗通云八凱蒼舒之後

○傍

西羌姓也

○卬

漢公卿表御史大夫卬 並同上

皇

○風俗通云三皇之後因氏焉鄭大夫皇頡 類稿廿七 吳青州刺史皇象居江都後裔徙吳郡神仙傳有皇初平居山陰隋上州刺史新豐伯皇沖自云漢皇運之後出上洛 辯證十五引 羅輯本亦引至徙吳郡止今詳其文義皆姓纂之文姓纂書引神仙列仙諸傳記以證氏族此亦姓纂所引非鄭氏語也

臧

魯孝公子彄食采於臧是為僖伯 類稿廿七引 懷亮生布讓渭北節度使 金石錄廿六唐冠軍大將軍臧懷亮碑跋引 見羅輯本 羅云案臧懷恪碑一布讓乃懷恪子此誤

蒼

八凱蒼舒之後蒼英漢江夏太守 遂華簡戊集六引

丹陽 太山都尉杭徐代居丹陽

瑻

齊有瑻過

喪

無定望 辯證十五引上有人姓二字

唐相

帝堯之允在周為唐相氏因以為姓焉

皇甫

子姓宋戴公之子充石字皇父子孫以王父字為氏漢興改父為甫後漢安定都尉皇甫攜生稜始居安定稜子彪有八子號八祖皇甫氏為著姓

安定朝那縣 彪七代孫軌五代孫璠生誕誕生無逸唐戶

部尙書滑國公生悋悋溈州刺史生忠殿中監逸三從弟彬郎中祕書少監軏子少弘弘元孫和北齊海陵太守生聿道代居滎陽號鄭州皇甫道生萬齡屏度吏部郎中稜七代孫眞眞元孫椿齡居滎陽號山東皇甫椿齡生瑒瑒五代孫思義思智瑒考功員外生銛工部郎中又軏三從弟況生益興益五代孫元凱商州刺史生德驥蔡州刺史興六代孫公義工部侍郎四從姪思忠邛州刺史

壽春　稱與無逸同承晉廣魏太守固固子柴從襄陽後又徙壽春唐黃門侍郎皇甫文房兄子鏡幾鄰幾知常希莊鏡幾生閒案唐世系表閒作恂閒生岳鄰幾洗馬生憬悰惜愉洛州長史案唐世系表洛州長史下有知常二字此脫生懌悟希莊生翼尙書左丞翼生准鏄宰相生煥案鏄乃愉子此系于希莊下誤又鏄子珪字德卿此作生煥誤中書舍人福建

觀察使

樂陵　狀云晉徵士謐後安定徙滄州唐監察御史皇甫德參生宣過宣生伯瓊仲玉主爵郎中玉生侁尚書左丞生政浙東觀察使生敎敏徹敎工部員外郎徹蜀州刺史

皇子

莊子有皇子告敎

臧孫

魯孝公子彄食采于臧因氏焉僖伯彄彄生哀伯達達生文仲辰辰生宣叔達達生武仲紇爲臧孫氏案世本孝公生僖伯彄彄生哀伯達達生伯氏瓶瓶生文仲辰辰生宣叔許許生武仲紇此脫誤

臧文

魯大夫臧文仲後氏焉

臧會

魯大夫臧須伯會之後別爲臧會氏 案左傳臧爲生昭伯昭伯從弟臧會會生賓如賓如生臧疇又臧石臧紇之昆弟臧堅紇之族皆見杜預註此須伯誤 辯證十五引須作頃

蒼頡

論語楚隱者也其後爲氏白象風俗通先生古隱者 案此有脫誤蒼頡氏當是黃帝史官之後今馮翊縣人也風俗通曰頡衞古之賢人

棠谿

左傳吳王闔閭弟夫槩王奔楚爲棠谿氏漢書棠谿惠治公羊又五官中郎將棠谿典

桑邱

下邳有桑邱氏 氏族畧引作今下邳有此姓

十二庚

十二庚

平
韓哀侯少子婼食采平邑因氏焉秦滅韓下脱韓字當據辯證補徙下邑類稿三十八引遥華韻府集六引作秦滅之亦非

英
左傳英氏國皋陶之後以國爲氏

明
虞仲之後公族有井伯即百里奚也生孟仲視子孫以王父字爲氏

荆
楚熊繹國亦稱荆支孫因氏焉

京
鄭武公少子段封京謂之京城大叔因氏焉

滎
周大夫滎夷公滎叔其先食采於滎因氏焉並同上引

。卿
姓苑有卿氏風俗通云虞卿之後戰國有卿秦爲魏將或云項羽將卿子冠軍宋義之後類稿廿八

。衡
風俗通伊尹爲湯阿衡子孫以衡爲氏一云魯公子衡之後以王父字爲氏

。行
周禮大行人之後

。横

彭
大彭爲商諸侯以國爲姓蓋陸終第三子彭祖即大彭也祕笈
新書
遥華韻府集六引作陸終六子第三彭祖即大彭魯論曰老彭

京相
史記曰殷後京相氏晋惠帝時有京相機

榮叔
周大夫榮叔之後漢有大夫榮叔遥

平陵
辯證十六引誤作平林
史記平陵老之後

十四清

程
金石錄廿四唐清河公主碑跋云碑云下嫁程知節之子處亮知節碑文及唐史知節列傳元和姓纂皆同惟公主列傳作懷亮非是羅輯本據此輯入云知節子處亮嘉錫以爲荣姓纂文例當作知節生處亮
顓頊重黎之後周程伯休父其後也祕笈
新書

風俗通云韓公子成號横陽君子孫因以氏焉見史記

○駷

風俗通晉大夫吕甥子孫氏焉 並同上

行人

左傳陳行人儀之後衛有行人燭過皆以官爲氏 辯證十六引 羅輯本有

十三耕

○訇

蜀錄閬中流人訇琦訇廣也 類稿廿八

○閎

史記周文王四友閎夭之後 漢有廣陵相閎孺 同上

元和姓纂卷五　去

## 精縱

英賢傳周平王子精別封縱邑因以爲氏 案此條原本載于屠住氏下今據通志改爲精縱氏以通志屠住氏之說別錄爲屠住氏 晉有平陽從事精縱宣邪

## 嬰齊

出芊姓楚令尹子重曰公子嬰齊後氏焉

## 成陽

周有成陽子修黃老術見釋例

## 成王

楚成王之後漢中郎成王彌

# 十五青

## 邢

金石錄廿六唐屯留令邢義碑跋引云後魏光祿卿邢虬〻生臧〻生玄功玄功生思孝思孝生和璞 羅云碑曰元功之祖名子良又思孝碑作名義字孝思 嘉錫案金石錄作字思義

周公第四子封於邢後爲衛所滅子孫以國爲氏 祕笈新書

十四清

成

周文王第五子郕叔武之後子孫以國爲氏後爲楚所滅子孫去邑爲成。成肅公、桓公並爲周卿士左傳楚大夫成得臣若敖孫也大心成熊並其後也（類稿廿八引）

郕

郕叔之後或不去邑（類稿廿八）

城

風俗通云姓於事城郭園池是也

營

風俗通周成王卿士營伯之後

名

楚大夫彭名之後以王父字爲氏

嬴

伯益之後伯益作朕虞有功賜姓嬴氏

盈

晉大夫欒盈之後

聲

蔡大夫聲子之後

嬰

風俗通云晉大夫趙嬰齊之後（並同上）

成公

衛成公之後以謚爲氏（類稿五十七引）

丁

姜姓齊太公生丁公伋支孫以謚爲姓（祕笈新書）

泠

（辯證十七引云後漢方技傳有泠壽光江都人）

音零泠淪氏之後音訛爲泠氏

江都　姓苑云江都人有泠壽光前趙錄有徐州刺史泠道

字安義貞元兼監察御史泠朝陽吳人

陘

魯大夫有陘氏之後

瓴

後趙有瓴刪

青尹

楚大夫青尹弗忌宋司城司馬青尹渠

元和姓纂卷五　六

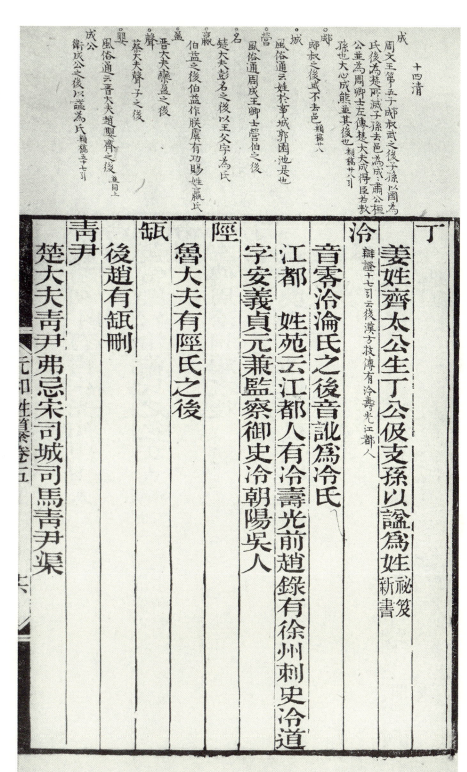

十五青

寧 秦寧公之後以謚為姓（類稿廿九引）

青 青陽氏之後亦為青氏（類稿廿九）

星 濟北 羊氏家傳云羊續娶濟北星氏

靈 左傳宋大夫子靈之後望父字為氏

瓶 後漢北海瓶斐字子然太守孔融以其賢配社祭之後趙錄有瓶剛斐（辯證十六引風俗通作瓶巽又引姓纂云後趙有瓶剛）

冥 史記云冥氏姒姓之國子孫以國為姓漢有冥都治公羊春秋

陘 魯公孫有陘氏之後

青牛 魏略初平有青牛先生東山人

泠淪 黃帝樂官泠淪氏之後氏焉（案此與前泠淪氏俱非本字蓋出附會）

泠州 左傳周泠州鳩之後（此泠字辯證十七引作伶）

丁若 晉遂興令丁若賢字弘固（案風俗通齊丁公子懿伯食采于若因氏焉原本作子若當是丁若之訛）

令狐 周文王子畢公高之後有畢萬仕晉孫魏犨武子生顆別封令狐因氏焉生頡漢有令狐邁避王莽亂居燉煌生稱

十六蒸

應 周武王第四子應侯之後以國爲姓 類稿廿九引

承 衛大夫承成之後見代本 同上引

燉煌效穀縣　稱曾孫溥後漢蒼梧太守五代孫馨晉諫議大夫八代孫整周御史中正大夫彭陽公賜宇文氏生熙隋吏部尚書武康公生德棻唐禮部侍郎國子祭酒生脩已 案唐世系表脩已作修已 生伯陽又後周河州刺史纂狀稱馨後孫文軌生思撫思撫唐地官郎中鄭州刺史思挹萬年令又後周晉昌太守令狐儒狀稱云本燉煌人曾孫智通左羽林將軍生俊左將軍開元有丹陽郡司馬令狐滔云熙後生峴峘峼峴刑部員外峘禮部侍郎峼和州刺史天寶有鄧州錄事參軍令狐章檢校左僕射滑亳節度霍國公生建運通

十六蒸

淩 遥華簡氏集六引衛康叔作唐叔支子作支孫

衛康叔支子爲周淩人子孫以官爲姓吳志有都督淩統晉

○鄫

鄫子支庶亦為曾氏 類稿廿九

○繒

鄫子之後又改為繒 漢功臣表祗穀侯繒

賀 傳封四世

○仍

夏諸侯有仍氏之後 后相娶有仍女生少

○康

○徵

狀云理徵之後 漢河南此下原有曾字是校有妄增 有率

更令徵崇 並同上



有逡嵩

餘杭 逡統世居餘杭二子烈封八代孫嵩晉廣陵太守貞

元都官員外逡準杭州人云其後也

管城 唐魏王文學逡敬云統後世居鄭州

乘

風俗通楚大夫子乘之後以王父字為氏又乘睢古賢人見

世本漢煮棗侯乘昌 案漢表煮棗侯革朱孫昌嗣侯則昌為革氏無乘昌名

鄫

曾子支庶亦為鄫氏 案鄫當出姒姓鄫子之後此誤

勝

本勝屠氏後世避仇改為勝氏

稱

漢元帝功臣新出侯稱忠出類稿廿九作山

陵陽

搜神記陵陽子明上宣城陵陽山得仙其後因山爲氏

陵尹

楚大夫陵尹喜陵尹招之後

陵終

王莽曾孫翁儒與東平陵終氏有惡案莽曾祖翁儒此作孫誤

十七登

曾

夏少康封少子曲烈于鄫春秋時爲莒所滅鄫太子巫仕魯去邑爲曾氏見世本巫生阜阜生參字子輿案曾子父點字子晳晳生參通志作巫生阜阜生晳父子幷爲仲尼弟子生元申裔孫偉後漢尚書令

十七登

登

後漢有左馮翊登道將作大匠登豹蜀有關中流人登定舊望出始平今望出南海辯證十七引 類稿二十九只有首二句餘本從辯證輯入

盧陵　唐亳州治中曾恭狀云曾子後又庫部郎中晉州刺史曾崇穎河東人生叔政隴州刺史

滕

周文王第十四子滕侯之後滕失國子孫以國爲氏吳有滕允晉交州刺史滕含

北海　吳大司馬滕允世居劇縣晉有黎陽太守滕恪

河東　開元進士滕雲翼今太學博士滕珣婺州人生邁

恆

風俗通楚大夫恆思公之後見世本類稿廿九無公字

東安　漢有東安長恆裴子孫因居之裴類稿作奭

騰

本滕氏因避難改爲騰氏後漢相騰撫案後漢書滕撫北海劇人傳作滕从水不

从馬查廣韻于騰下亦不載人姓萬姓統譜有騰姓亦作滕氏改馬惟梁孝行傳有騰曇恭今姓纂既有騰姓爲滕侯之後而不載撫反載撫于騰下謬以滕（類稿相字上多有北海三字）作騰撫官止左馮翊此作相亦誤

## 弘

風俗通云衛大夫弘演之後漢有宦者弘恭爲中書令吳孫權姊夫弘咨（辯證十七引演誤作延後字下有漢五鹿充宗受學於弘成子成子少吞五色石大如燕卵遂大明悟爲天下通儒三十一字）

曲陽　弘璆代居曲陽生琚吳中書令（辯證引作唐避諱改爲洪氏）

晉陽　唐朝有弘執恭子孫高宗時以太子名改姓洪氏

## 滕叔

滕叔繡之後爲氏（辯證十七引多楚考烈王時有大夫滕叔肅一句羅輯本有）

弘農

英賢傳今弘農人也（案有脫誤）

## 十八尤

十八尤

舟 晉大夫舟之僑之後類稿卅二

由 西戎由余相秦子孫氏焉楚大夫王孫由于之後亦爲由氏

騶 閩越王無諸之後

憂 見姓苑

尤 見姓苑

不 見姓苑

汲郡 晉有不準發魏襄王冢得竹簡

摎 秦有嫪毒辯證十八引且辯之誤矣摎從木嫪從女音勞 案姓纂原文嫪字果從女自不當入摎字下考類稿引摎字注亦云秦長信侯摎毒其字從手蓋古今書嫪毒之姓有作從木或從手者姓纂因分繫於兩字下鄧名世以史記書毒姓實從女遂改摎爲嫪而辯其非一字其實樛摎嫪三字本自通用吳師道戰國策補注於韓策中辯之詳矣 羅輯本有

卷 據氏族畧當作卷

音浮 宋本辯證二十引 羅輯本有

# 周

帝嚳生后稷至太王邑于周文王以國爲氏

汝南安城縣 周安平王次子秀別封汝州因家焉漢汝南侯周仁徙汝南六代孫燕魏周裔孫浚案唐世系表仁十子長曰球球生應應生道道生約約生燕燕裔孫表與此不合又晉書浚父裴少府卿浚仕魏拜折衝將軍封射陽侯疑此有脫誤晉陽州刺史生顗嵩顗左僕射安城侯案顗傳封武城侯此作安誤六代孫顒顒生捨捨生弘正弘讓弘直弘正爲陳左僕射生墳墳生若水弘直陳太常卿有傳生確陳都官尚書孫翼唐江王友孫訥言岷州刺史辯證十八引周裔作周斐按斐蓋即世系表之裴與此互有脫誤 確作確

沛國 赧王之後漢汾陰侯周昌從父兄苛御史大夫子武高景侯案漢書高景侯周成武字誤又蒯城侯周緤與昌並沛人

陳留汝南同祖晉周震

潯陽　晉梁州刺史周訪生建城公撫生楚益州刺史生虓案晉書楚子瓊瓊子虓此言楚生虓中有脱字五代孫羅睺右武衛大將軍生仲隱唐平州刺史

臨川　狀云本汝南人徙臨川宋臨海太守周穀元孫寶唐中州刺史生子褒永州刺史陳西豐侯周敷孫弘毅唐集州刺史江陵公生處靜處沖寶下辯證有玉字　處沖無慶字

廬江　狀稱仁之後陳周士衡桂陽王諮議孫績唐司刑丞生利涉比部郎中利貞御史大夫

太山　周燕子忠爲太山太守因家焉

淮南　周仁之後已上周氏八郡並舊望

永安　狀稱仁之後代居廣州案永安周氏亦出自決曹掾九世孫防防十三世孫靈起避晉亂徙居永安黃岡此言代居廣州與唐之世系表不合梁襄城侯周靈超生法僧法

尙法明法僧生孝節唐嘉州刺史生鳳鴻鳳元孫應生克構房州刺史克構生儉鴻生譒給事中法尙隋永州刺史生紹嗣孫（作生）沛左拾遺紹範左屯衞大將軍譙公生道務駙馬右衞將軍道務生伯瑜厲言伯瑜楚州刺史生擇從宣州刺史擇從生厲（案唐世系表擇從子萬厲字誤）勵言少府監生先義左金吾將軍法明萬州總管（世系表作黃州）

（廣州辯證作黃州「褒城作保城　雹超誤作虛超」　生紹下有範字　右衞作左衞　厲言作勵言　萬州作黃州）

河閒文安縣狀云仁之後後周右僕射文安公惠達孫含恩晉州刺史

（含辯證作含）

臨汝　周仁之後唐屯田員外基生允元鳳閣侍郞平章事

華陰　狀稱十代祖謨自丹陽隨朱齡石入關遂居華陰隋樂州刺史樂陵公周儒生護仁唐右武衞大將軍洛州長史嘉川公生志珪元珪志珪亳州刺史元珪少府監生履順冀

州刺史

河東汾陰　狀稱周仁之後貞觀有周祀生元式元逵元式生子敬行沖子敬主客員外行沖登州刺史行沖生彭年萬年彭年蜀州刺史萬年大理司直孫載大理評事元逵國子博士

萬年辯證作喬年　載作戴

清河　唐鳳閣舍人周茂禎輝州參軍

行譽辯證作行謩　居巢作君巢

江陵　金部郎中周行譽隴西人生姒娣安西都護姒娣生泌隴右節度泌生皓太僕卿膳部郎中周謂淮陰人弟澈鄧州刺史監察御史周子諒京兆人生頌大理寺司直生居巢循州刺史虞部郎中周文雄比陽人禮部郎中周琮河閒人

長安　本姬氏赧王之後先天中避元宗嫌名改姓周氏後周太子太僕願威弟生權權生思忠思恭思忠職方員外生

處遜水部員外萬年令思恭丹州刺史願姪道斌長安令比部郎中 願咸弟辯證作願弟咸

河南 後魏官氏志獻帝次兄普氏改爲周氏西魏幽州總管濟北穆公周瑤賜姓車非氏隋復本姓瑤孫虔智唐右千牛將軍生思亮思敬 虔智辯證作處智

昭州 唐樂州刺史周孝諫代爲樂州首領生萬才永州刺史萬才生君謨柳州刺史 孝諫辯證作孝練　末有以上九郡爲新望七字

劉

帝堯陶唐之後受封於劉裔孫劉累事夏后孔甲在夏爲御龍氏在商爲豕韋氏在周爲唐杜氏杜伯子隰叔奔晉爲士氏孫士會適秦後歸晉其處者爲劉氏 據祕笈新書增 案錦繡萬花谷續集卷五引亦有此一節文同 又周大夫食采於劉亦爲劉氏康公獻公其後也士會之後周末家于魏

又徙豐沛至豐公生煓字執嘉生漢高祖至光祖至獻帝逮王莽十八帝年計四百二十五年案至獻帝逮王莽六字於義不順疑有誤

彭城　漢高弟楚元王交生休侯富富生辟强辟强生陽城侯德德生向向生歆子孫居彭城分居三里叢亭綏輿安上里又豐縣呂縣並附後右常侍劉子元云承楚孝王囂囂宣帝子也後漢劉般傳云宣帝元孫囂曾孫也子愷至太尉生茂司空居叢亭里愷六代孫訥晉司隷校尉孫憲生羨羨生敏該敏生慶徐州刺史慶生雍之雍之生芳入後魏中書令生或司農卿或生遜粲北齊黃門侍郎狄粲生逸入逸入生仁宗仁端仁宗生克讓唐監察御史克讓生懷一守忠愼懷一駕部郎中潞州刺史生綰太康令綰生衡衡生曾守忠沔州刺史愼改名聞一司勳郎中河南少尹仁端曾孫元察生

深灣灣職方郎中生師老粲孫客尙書左丞刑部侍郞美五
代孫禕北齊睢州刺史生瑗珉瑗生允之行之允之楚州刺
史孫忻時侍御史叔時殿中御史行之生延祐延慶延祐給
事中安南都護孫猛延慶生賁居簡賁爲太平尉生液管城
令液生汴少楚闢居簡左司郞中太原少尹生環珉北齊睢
陽太守生務本務本生藏器比部員外藏器生知柔知章子
元知柔工部尙書彭城侯生繹縉案唐世系表縉作緍綝繪繕繹金部
員外縉巴陵太守綝和州刺史繪延州刺史繕桂州都督子
元中書舍人左常侍居巢文公生晛餗彙秩迅迴晛起居郞
生浹滋浹州敦質滋刑部尙書平章事生約緒餗河南功曹
生贇贇生從周左補闕彙尙書左丞生贇宣歙觀察贇生茂
孫勝孫秩給事中國子祭酒生賁製迅爲左補闕迴給事中

羨少子敏案上既有敏生慶歷敘其世系矣此又云敏元孫生軫當有脫誤元孫生軫案唐世系表軫乃敏孫此作元孫亦不合軌子孫居豐縣軫北齊高平太守生子將隋毗陵太守子將生德威德敏德智德威刑部尚書生審理崇業延景審理工部尚書彭城公生易從濮州刺史易從生昇正昇中書舍人正給事中正生顯顒顒殿中御史生識崇業生朏左金吾將軍汴州刺史延景司門員外陝州刺史生溫玉承顏瑗琪延景女爲睿宗妃生讓帝追冊肅明皇后溫玉許州刺史生裒悔齊州刺史承顏宗正卿瑗國子祭酒生爲輔爲麟爲輔生商檢校郎中琪左衛將軍生爲翼爲範德敏梁州都督生崇術悅崇術隨州刺史悅鳳州刺史德智施州刺史生崇直守敬延嗣守約守悌崇直嘉州刺史生體微諫議大夫衛尉卿守約生昌元宅相昌元秦州都督宅相吏部

員外守悌刑部侍郎軌孫椎隋衛尉卿生徹綏輿里宋武帝所承生文帝生孝武帝明帝宋四代八帝六十年爲齊所滅安上里宋司空勔所承生悛愃繪績悛生孺覽遵愃生苞繪生孝綽孝儀孝威孝勝孝先宋齊梁正傳十五人羣從兄弟父叔子姪七十人並皆能屬文近古未有覽曾孫瑗唐黎陽令孝威曾孫讓唐將仕郎餘絕諫議大夫劉伯莊云欽弟羡生宥都官員外郎

沛國相縣　楚元王交少子棘湯侯調案下有脫誤生翁叔晉荊州刺史生弘丹陽尹生琰字眞長孫巘梁文範先生五代孫顯生輶臻輶元孫允濟唐中書舍人孫伯華工部郎中生頌莛袞頌左補闕袞檢校郎中臻隋儀同饒陽公生通漢通國通隱通漢生毓庫部郎中曾孫敭殿中御史通國生翁彥勃

翁彥金部郎中生崇基崇基生庭璬庭琦庭琇庭璬金部郎中庭琦汾州長史庭琇孫元質殿中御史通隱生敬同敬同生野尙尙生諲給事中薛王傅諲生希逸工部侍郎蒲州刺史譙郡公希逸生賓賓閬州刺史

蕭縣　劉承休侯富少子孺至後漢馮翊太守徙於蕭沛縣魯恭王子廣戚侯思仁生嗣始居沛魏侍中劉育晉劉秉今並無聞

彭城呂縣　楚元王子文王禮之後宋劉道產生延孫又左將軍劉康祖並呂人

弘農　漢高兄代王喜後漢司徒琦始居弘農生寬太尉十二代孫偉爲周刺史聘梁使生士龍隋左丞士龍生本立元立本立唐主爵郎中元立商州刺史鄧州刺史劉欽忠云寬

次子松後生元遂元遂生長卿工部員外長卿生儆巫州刺史劉行實狀云寬次子千秋後生順之元之順之司門員外生穎元之生珉玘

河間　漢章帝子河間王開徙濮陽十六代至炫隋大儒生懷懷五代孫復禮唐工部郎中

中山　漢景帝子中山靖王勝之後居中山魏昌裔孫劉蕃晉宛陵令生太尉越石今無聞唐都官郎中劉敏行稱其後考功員外劉思立宋州人生憲吏部侍郎

梁郡　漢明帝子梁節侯裔孫海游後魏南兗州刺史五代孫寂唐興州刺史孫廣安定太守生柔悆

南陽沮陽　漢景帝子長沙定王發少子安衆侯丹徙沮陽裔孫喬喬生挺挺生脩耽耽生柳尙書令曾孫虬當陽令生

之遴梁都官尚書姪孫斌隋有傳唐侍中清苑公劉洎云遴曾孫也生廣宗都官郎中孫敦行屯田員外生朓肱簡元孫潛入後魏潛孫孝太子洗馬秦府學士生損之水部員外

高平　魯恭王餘子郁郅侯驕徙高平九代孫表字景升荆州刺史案郁郅漢書作郁根

廣平陰城　漢景帝子趙敬肅王彭祖生陰城思侯蒼始居廣平十一代案唐世系表十六代此作十一代孫邵字孔才魏散騎常侍十六代孫藻自宋入後魏居頓生矜兗州刺史城陽公孫林甫唐中書侍郎生祥道慶道應道祥道右相廣平宣公生齊賢納言慶道祠部郎中應道吏部郎中生植禮部侍郎植生孺之京兆少尹孺之生從一戸部尚書平章事祥道從孫元鼎曾孫迺兵部侍郎生伯芻給事中生允章案唐世系表作伯芻生寬夫寬夫生

允章此少一代中書舍人又宣伯恭伯咸陽令

東莞姑幕　齊悼惠王肥生城陽景王章傳國九代至王津光武封爲平萊侯徙居東莞裔孫晉尚書南康公穆之

高唐　平原高唐縣高帝子淮南厲王長生濟北貞王勃勃生崇始居高唐十一代孫實字子眞晉太常循陽侯

東平　景帝子魯恭王餘生允東平侯因居之六代孫義後漢河南尹

廣陵　漢武帝子廣陵思王子胥六代孫貺後漢司徒今無聞

臨淮　漢光武子廣陵思王荆子孫居臨淮唐著作佐郎子翼代居晉陵云本自臨淮徙焉生意之給事中禕之鳳閣侍郎平章事生揚名

琅琊　城陽景王章之後子孫居焉

東海　光武長子東海恭王强之後

南郡　漢武帝子代王參曾孫義封

南陽

高密　城陽景王章傳國八代後分城陽置高密遂爲郡八

竟陵　魯恭王餘裔孫章帝封爲竟陵侯因家焉後漢末益州牧生璋其後無聞

范陽　漢景帝子長沙定王發傳國七代支庶居本郡後漢有司徒劉壽

東萊　城陽景王章七代孫文王悝支子別封掖侯因爲郡人唐吏部侍郎彤云其後也

丹陽　蘭陵　杼秋沛國屬縣　宣城　陳留　自丹陽以

下檢未獲以上劉氏二十六郡並舊望

武功　唐納言魯公劉文靜

濮陽　唐濮州刺史劉穎考

尉氏　唐左僕射樂城公劉仁軌狀稱本望河間後魏南陽太守樂城公通始居尉氏通卽仁軌高祖軌生滔濬濬工部員外生晃昂晃給事中太常少卿昂考功郎中京兆少尹晃孫文鼎侍御史祠部員外

濟陰　左僕射彭城公劉晏生執經吏部郎中宗經國子祭酒

京兆武功　隋通州刺史劉猛孫弘基唐右驍衛大將軍太僕卿夔襄公生仁行仁景仁行生彥貞彥方彥貞左金吾將軍彥方郃王長史仁景左金吾將軍司農卿沛公

廬陵　漢長沙定王後生安成侯倉子孫徙焉梁安成內史劉元偃代居吉州云其後也曾孫紹榮吉州刺史孫行昌左司員外孫淑殿中御史淑生禹錫屯田員外郎

南康　楚元王交六代孫延壽裔孫璠居南康六代孫惠蕃梁同州刺史孫悔陵唐少府監

譙郡　狀云宋文帝子義陽王昶後貞觀志云勘非寶

諸郡劉氏　唐司農卿武陵公劉瞻今居京兆西魏有東雍州刺史劉亮稱中山人曾孫稱鴻臚卿彭國公秋官侍郎劉知璿上邽人弟如玉右司郎中同州刺史劉同昇洛陽人稱本自沛國徙焉考功郎中劉慶約宣州人孫長卿隋州刺史膳部員外郎劉璀京兆人生全白湖州刺史戶部郎中劉安都宋州虞城人祠部郎中劉穆之部州沙河人駕部郎中劉

師禮陳留封邱人兵部郎中劉孝約洛陽人劉仲邱京兆人
虞部郎中劉志遠長安人禮部侍郎劉單岐山人凡平生契
舒州刺史刑部侍郎劉太眞潤州上元人水部員外郎劉復
工部員外劉澄灟刑部員外劉穎訪未護監察御史劉遵古
云東平人平盧節度劉正臣范陽人生溢淮平原節度劉瑁
汴州人生涇駙馬光祿少卿陳許節度右僕射劉昌裔
東郡　其先匈奴貴族漢以公主妻之北俗重漢生因取母
姓後漢末右賢王劉去卑即其後也代爲部落大人魏有庫
仁弟眷生羅辰與穆陸賀婁于奚尉爲北人八族羅辰征東
將軍永安公七代孫政會生奇吏部侍郎奇生超微同循超
河南少尹生全誠微吳郡太守江南採訪生方平同萬年令
循金吾將軍會次子元象主客郎元育易州刺史

河南　代爲部落大人魏有河閒公提生豐以司徒封爲河閒劉氏孫感唐涇州總管平原公感生孝則孝則曾孫公濟工部尙書豐生孫龍案此有脫誤　將作大匠豐曾孫法琮唐右金吾將軍琮從弟尙疑偉尙疑右金吾將軍隋梁州總管洛陽公偉曾孫貞眘涇州刺史並代人

雕陰　唐左武衞大將軍綏州總管義成公大俱晉右賢王豹之後綏州代爲酋望

東陽　贇後並居婺州爲郡豪族又宋文帝子竟陵王誕構逆誅貶姓劉氏吳有東海太守劉略姚秦有揚威將軍劉松

牛

宋微子之後司寇牛父子孫以王父字爲氏戰國時趙有牛翦秦有牛缺

隴西　漢牛邯爲護羌校尉居隴西又有牛崇牛嘉魏有牛金漢牛霸霸生眞姚秦時牛雙案晉書姚萇參軍牛雙通志作牛犨石季龍以韋杜牛辛皇甫胡梁七姓衣冠華胄不在戍後限

涇陽　肰云牛邯之後裔孫興西魏太常丞始居涇陽曾孫遵唐原州長史生元亮元璋元亮郎中生容容生上士上士生肅聳肅岳州刺史聳太常博士元璋興州刺史

安定　肰云牛金之後逃難改牢氏又改爲遼氏裔孫後周工部尚書臨涇公遼允復姓牛氏允生弘隋吏部尚書奇章公案隋書牛弘傳本姓寮氏父允仕周賜姓牛氏生方大方裕方智方大隋内史舍人方裕唐金部郎中

富平案唐世系表鳳及僧孺皆出自漢主簿牛崇之後當是安定牛氏此于安定下另標富平作牛金之後

春官侍郎牛鳳及肰云牛金之後

靈臺　侍中幽國公牛仙客

邱

齊太公封於營邱支孫以地爲姓世居扶風左傳邾大夫邱弱世類稿三十引作代

扶風　漢平帝時邱俊持節安撫江淮屬王莽篡位後俊遂留江左居吳興

吳興　邱俊居吳興烏程松江太守邱靈鞠生遲梁永嘉太守五代孫仲昇唐武臨尉宋西卿侯邱道讓亦俊後七代孫悅岐王傅昭文學右常侍邱爲吳郡人弟丹倉部員外左司郎中邱馮漸貝州人生絳兼中丞

河南　後魏獻帝七分國人以弟豆眞折爲邱敦氏封臨淮王孝文改爲邱氏折生堆堆生跋跋生鱗鱗曾孫大干生壽

野王公生和唐左武衛大將軍譚國公生師利行本行恭孝
恭行整行淹孝忠師利左監門大將軍冀州刺史都督譚國
公孫義餘汝州刺史行本隋漢東令生寶及及曾孫從心生
摸據拱抃揆摸生抒據庫部郎中兼御史中丞行恭首從義
旗以殊功左右武候大將軍陝州刺史天水襄公生神智神
續神福神鼎神績左金吾大將軍鄧公神福睦州刺史孝恭
右金吾將軍益府長史渭源公行淹工部侍郎少府監沅陵
平公生貞明貞秦貞明生幾莊莊生子賂子期子游子賂生
佶太子中書舍人子游生彣彪彤孝忠衛尉卿廣州都督安
南公生承嗣承業承福承嗣生文堂堂生璘隍璘贊善大夫
生沂涔涮涔試賓客兼中丞高平郡王生贄方直方隍生遇
運適運遇運尙衣奉御史衛中郎生元楚元穎適運檢校太

子賓客承業蘭州刺史宋本辯證三十引云唐正觀初有將軍丘師利不敢與房杜爭功　又云丘爲事迹在藝文志指斯唐書言之則非林氏語也　又宋本今本引云河南丘氏代北丘敦氏改焉唐正和始自河南洛陽徙眉和特進稷州刺史譚襄公子十五人行恭左衛大將軍天水襄公生臨吏神勣此蓋姓纂原文當補

游

左傳鄭穆公子偃字子游之後以王父字爲氏孫吉生遬漢（子游）

有游尋後漢游殷

廣平　後魏河南尹游遬（邃）始居廣平六代孫後魏尚書明根生僕射肇姪曾孫仁宗唐比部郎中生詳金部員外明根再從弟雅後魏太子少傅七代孫中台匡城尉根從祖弟奇後魏梁州刺史六代孫子騫駕部郎中永樂大典卷八千八百四十二游字韻引

鄒

子姓宋愍公之後正考父食邑于鄒生叔良紇遂爲鄒氏齊有鄒衍鄒忌良類稿三十一引作梁

南陽新野　魏鄒軌生琪案晉書鄒軌南陽新野人爲魏左將軍生湛湛生捷此琪乃湛字之

案嘉泰會稽志卷三云裘氏出姓苑衛大夫食采於裘氏因以爲氏望出渤海姓纂云會稽有裘氏 據此則會稽有裘氏五字非姓苑之文也

誤晉侍中少府開元中有象先紹先彥先象先生儒立衡州刺史彥先生穎漳州刺史云湛後世居衡州

裘 辯證十八引云裘氏因以邑爲姓或云仇氏避漢改焉足證今本之誤然避漢不知何義當作避難

衛大夫食采裘氏因姓裘或云本仇氏改爲裘

會稽 姓苑云會稽有裘男弟 案顏師古注求氏本居衛國裘氏之地故稱裘焉後又轉爲求氏漢末有求仲即此族也裘急就章作求男弟非人名又禮記衛獻公與大夫柳莊邑裘氏莊子鄭人緩呻吟裘氏之地考工記有裘氏人複姓爲邑裘氏

仇

宋大夫仇牧之後王莽孫有仇延 案漢書王莽時有仇延此作孫誤

陳留考城 後漢仇香一名覽考城主簿

謀

遼西 後燕尚書仇儒開元左衛將軍仇克義滄州刺史

風俗通云周卿士祭公謀父之後以王父字爲氏

州

風俗通晉州綽其先食采於州因氏焉衞有公子州吁漢州輔魏州泰（類稿卅二晉有州綽州賓　漢魏下均有〻字）

郵

見姓苑（類稿卅二多當人西京雜記公孫弘郡人長倩十四字按長倩姓鄒此作郵與今本雜記異或是鄒字下注誤入於此）

優

（類稿卅二云郤大夫食采優邑子孫氏焉　宋本辯證十九引同今本蓋姓纂原有兩說二家以意去取各引其一也）

史記優孟樂人也子孫氏焉

留

衞大夫留封人之後

攸

北燕有尚書攸邁（殘宋本辯證十九引邁作邈　類稿卅二作邁）

犨

晉大夫郤犨之後

儔

見姓苑

疇

風俗通摯疇氏之後

求

本裘氏改焉（類稿卅三云姓苑云本仇氏避難改焉後漢有求（原誤作仇）仲　辯證十八先引姓苑後引姓纂此句且云二說未知孰是疑其所引姓苑亦自此書轉引本裘氏改焉上當有或云二字）

巷

纂要文云八姓

由吾

由余之後仕吳子孫入越因號由吾氏

瑯琊　北齊諫議大夫沐陽公由吾道榮

浮邱

列仙傳周太子晉學道浮邱伯控鶴上嵩山漢書楚元王與申公學詩浮邱伯浮邱荀卿門人

修氏

元明之後又有修氏因以爲姓

修魚

秦嬴姓之後有修魚氏

邱敦

後魏獻帝弟爲邱敦氏爲十姓孝文改爲邱氏今姓邱氏已具前卷邱氏注

鳩摩

晉書西域天竺人鳩摩炎代爲國相生羅什爲僧入中國

仇尼

後燕錄有營州刺史洛陽公仇尼倪

昌黎　燕將軍仇尼歸衛尉河東公仇尼遂並鮮卑人

周史

周史之後其後氏焉

舟相

魯舟相氏見家語

取慮音秋盧

徐偃王子食邑取慮因氏焉今臨淮有此姓

十九侯

侯

十九侯

牟

風俗通云牟子國祝融之後漢有太尉融 類稿三十二引

投

鄁伯周畿內侯桓王伐鄭投克驅以策其後氏焉漢有光祿投調 類稿三十二

夏侯

夏禹之後至東樓公封為杞侯至簡公為楚惠王所滅弟他奔魯悼公以他夏（有脫誤廣韻以下有謂他出自夏后氏）授爵為侯（廣韻以下有之夏侯一句）因氏焉後去魯之沛分沛立譙為郡（原誤羣）人 類稿五十四引

晉侯緡之後適他國以侯爲氏鄭有侯宣多生羽魯有侯叔夏侯犯齊有侯朝魏有侯嬴（生羽類稿三十二新書六引作侯多羽）

上谷　漢末侯氏徙上谷唐刑部侍郎侯喜業生知一兵部侍郎知一生令表令儀令表工部郎中令儀生昇潤州刺史

丹徒　狀云漢司徒侯霸之後陳司空清遠公侯安都生鳳唐通川令今富平令侯遵世居鄠縣云安都之後陳太尉零陵郡公侯瑱亦丹徒人孫則唐江州錄事參軍

三水　代居邠州後魏肥成公侯植賜姓賀屯氏植孫君集唐吏部尚書陳國公

絳郡　狀云本上谷人唐戶部郎中侯師夏官郎中侯昧虛或云安都後國子祭酒侯嶠著作郎侯璥節並河東人節生劉監察御史劉生雲長雲章金部員外侯嶠京兆人

河南　官氏志古引氏改爲侯氏

婁

風俗通邾婁國之後子孫以婁爲姓左傳齊大夫婁禋

齊國　漢太常奉春君婁敬改封建信君賜姓劉氏君類稿卅二引作侯

南陽　後漢末婁圭居南陽

原武　唐納言師德相武后生思穎介休令思穎生志學千乘令學生圖南

河南　官氏志匹婁氏改爲婁氏後魏平遠將軍婁內干女爲北齊神武皇后生澄洋演湛內干子昭并州刺史生仲達季略仲達右僕射廣安王季略太子少保衡陽王孫武徹唐崇道府統軍武安公

樓

夏少康之後周封杞東樓公支孫以樓爲氏秦有相樓緩據秘笈新書增漢有大尙書樓蝗

齊郡　漢樓護字君卿王莽時爲前輝光

譙郡　漢太常樓望吳志樓元

東陽　後漢樓奉自譙徙會稽之西部因居東陽烏程縣唐新州治中樓仲興其後也

僂

齊勇士僂堙亦作婁

歐

歐冶子吳人善鑄劒

案鄧名世古今姓氏辯證引元和姓纂曰東甌王之後亦作歐此條脫補入

甌

東甌王之後

# 緱

見姓苑

陳留　孝子傳陳留緱氏女名玉

河南　官氏志渴侯改爲緱氏

# 句

句芒氏之後史記有句强

# 歐陽

遥華韻彚集十引云姒姓少康庶子封會稽楚滅之越句踐之孫無彊彊原作子蹄封烏城程應作縣歐餘山陽有歐陽亭因爲氏

越王句踐之後支孫封烏程歐陽亭因氏焉漢有歐陽和伯授尚書曾孫高博士孫也餘少府案釋文也餘作地餘

樂安千乘　歐陽生曾孫高氏代居千乘元孫歙文司徒

渤海　晉有歐陽建字堅石石崇外甥也官至馮翊太守爲

趙王倫所殺兄子質奔長沙

長沙臨湘　歐陽建兄子質避難居長沙九代孫頠陳山陽公生紇陳廣州刺史反誅生詢爲江總所收養博士唐給事中率更令生通兵部尚書納言紇弟約生允始州刺史南海公元孫何價下邳令

侯史

風俗通董狐爲晉侯史因官氏焉

東萊　漢御史大夫桑弘羊故侯史吳匿弘羊子遷後漢侯史乾爲東萊太守因家氏焉晉少府侯史光有傳

鉤弋

英賢傳漢昭帝母鉤弋夫人趙氏居河間又爲鉤弋氏神仙傳鉤弋君得仙道

補二十幽

○幽 見姓苑 類稿卅三

○摎 摎先虯反 秦長信侯摎毒 同上

羺羊

左傳石碏宰羺羊肩之後

侯莫陳

其先後魏別郡居庫斛眞水周書云代武川人代爲渠帥隨魏南遷爲侯莫氏 類稿五十九引云下無代字 莫下有陳字 金石録二十三引有代字陳字

河南 後魏有侯莫陳白生延京兆公延生提相州刺史提生元武川鎭將北平王元生興羽林監淸河公興生順從瓊凱崇八上柱國尚書令司徒太保梁國公生芮頻芮周司空生奕頻桂州總管生肅文蓊肅字虔會 案北史崇子穎此頻字誤穎子名虔會此肅字二字衍 唐考功郎中相州刺史昇平縣男生璀瑋嗣忠嗣忠丹州刺史生知節知道知節汝州刺史生澄渙涉澄生起超越起唐州刺史生喬昌超都官郎中生遙曇昇遙生愿愻㥶

二十一侵

黔　黔禮記齊有黔敖婁先生隱者類稿廿三（婁上有脫字）

𨉖　音尋　見纂要文

臨　臨八凱大臨之後　東海　石趙秦州刺史臨深隋日者儀同孝恭京兆人也

欽　見姓苑

葠　古參字見纂要云人姓

禽　魯大夫禽鄭高士傳有禽慶孝子傳有禽賢

慫醴泉令同州長史曇生忯恕協應昇璧州刺史渙都官郎中生逌懔涉涉相州刺史生進字案字字衍知道生濟濟生傑俊崇兄順順孫詮右率衛金石錄二十三隋桂州總管侯莫陳穎墓誌跋云按誌云公第四子尚書考功郎中乾會而唐史作虔會乾虔義理皆通然予嘗得乾會碑乃云名肅字乾會元和姓纂所載亦同疑其以字行爾蓋隋唐閒人多如此羅校云張玉案金石錄云云是肅字二字非衍文原校誤嘉錫案據金石錄語似姓纂原文作乾會不作虔也羅文所引金石錄文稍畧今詳引之

二十一侵

侵

見姓苑類林三十三此下有　扶風　三輔決錄有扶風太守侵恭因氏焉

林

殷太丁之子比干之後比干為紂所滅其子堅逃難長林之山遂姓林氏案通志林氏出自姬姓周平王庶子林開之後開生林英英生林茂林慶與此不同魯有林放仲尼弟子左傳林雍林不狃林楚代仕季氏左傳云林楚之先皆林氏之良也齊有林阮見說苑林類見列子林回見莊子類稿三十三引比干上有王子二字　滅作戮氏族畧亦同

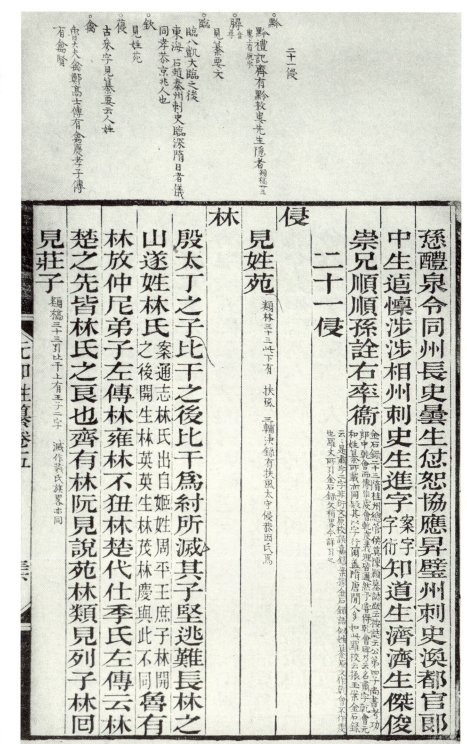

濟南鄒縣　風俗通云林放之後至林玉爲相有九子號十德之門又居九門據祕笈新書增見戚苑子孫秦末居齊郡鄒縣漢分齊郡置濟南遂爲郡人玉元孫摯仕漢封平棘侯傳封四代見功臣表曾孫林遵字長賓受尙書于同郡歐陽高官至少府太子太傅見漢書儒林傳遵六代孫邈後漢徐州刺史淸泉侯五代孫喬字伯昇與釋道安爲友見高僧傳伯昇元孫道明後魏淸河太守生勝北齊散騎侍郎魏分淸泉爲臨淸今兗州臨淸人也勝生曇曇生通通生登唐淸苑博野二令以二子官居高陸入關居三源縣生游楚游藝游道游眞游楚自萬泉令應變理陰陽科第二等擢夏官郎中出鳳陳鄜三州刺史生希邱希望希禮希邱定平丞生肅琨肅延安主簿生少良伯成季隨賈伯成偃師尉琨司駕員外知制誥

生禮膳部左司郎中諫議大夫中都男贈兵部侍郎工部尚書生賁贄貴寶賁左神武胄曹贄崇文校書並舉進士賁定平丞三代進士寶太常博士希禮生璠玒璠京兆法曹生伸偃伸白水令偃司議郎游道高平令生希業濤洋業河南法曹生弼賞弼王屋令賞監察御史濤渭南尉孫淸趙鄴令洋密衢常潤蘇九州刺史生睦益實畢睦萬年尉益河陽丞游眞孫明大理司直榆次縣令

平涼　後魏平涼太守林遜稱遵後晉永嘉後平涼女爲魏孝文帝后生廢太子恂

廣陵　監察御史林袞狀稱遵後後漢末恂仕吳因居焉恂蓋袞之先也

魏郡　林放之後狀稱本居廣平任縣隋末徙魏州唐率更

令林庭珉女爲元宗昭儀生萬春宜春二公主其子寔爲湖城令

晉安　林放之後晉永嘉渡江居泉州東晉通直郎林景十代孫寶昱泉州刺史今領判官監察林藻江州判官兼監察林蘊皆其後也

成都　漢有林閭善古學揚雄師之見雄集

河南　官氏志邱林氏改爲林氏

岑

呂氏春秋云周文王封異母弟耀子渠爲岑子其地今梁國岑亭是也

南陽棘陽　後漢征南大將軍岑彭後有岑晊字公孝晊孫軻吳鄱陽太守徙鹽官十代孫善方梁起居尚書長寧公又

居江陵生曼倩景倩案唐世系表善方生之象郡鄖令之象生文本文叔文本相太宗生曼倩景倩此作善方生曼倩中缺二代 曼倩雍州刺史生獻義仲翔仲休獻國子司業孫定義侍中汝南公仲翔陝州刺史仲休駕部郎中生炅炅生贇司門郎中景倩孫參嘉州刺史文叔生長倩中書令鄧公生虛源廣成

任

黃帝廿五子十二人各以德爲姓一爲任氏六代至奚仲封薛魏有任座秦有任鄙漢御史大夫廣阿侯任敖武帝任安

樂安博昌 任敖之後晉尚書任愷梁新安太守任昉生東里

南陽宛縣 後漢河內太守任延

廬江 任敖十一代孫課晉安東將軍始居廬江八代孫忠

小名蠻奴陳鎮東大將軍梁信侯案南史鎮東作鎮南郡侯作郡公弟定遠將軍寶生懷唐陝州都督管國公生公虔州刺史

西河　任敖之後徙西河晉東平太守任誕裔孫幹唐司農丞生元植昭理元植殿中御史曾孫肅侗侗京兆少尹昭理汴州刺史幹從父弟惠孫正名唐右司郎中又居成都

渭州　狀云任放之後唐兵部尚書同三品任雅相曾孫鵬陵州刺史生迪簡眞定節度使案唐書迪簡終工部侍郎以不能朝謝改太子賓客卒贈刑部尚書新舊書無眞定節度使之文迪簡生憲宇

河東　鳳閣侍郎平章事任知吉

陳留浚儀　唐并州長史樂安公懷玉生照隣改名輝夏官侍郎生進鄱陽太守生抨涮興平尉

陰

周文王第三子管叔鮮之後管夷吾七代孫修適楚爲陰大夫因氏焉風俗通又云康氏之後周有陰不佞陰里人也

南陽新野 遙華韻己集五引作至漢徙南陽新野 漢末居焉陰子方子公有祠竈之祥至衛尉陰典孫鄰女爲光武皇后 案後漢書注引東觀記陰子公生子方方生幼公公生君孟名睦即后之父也世本睦作陸今此作鄰女誤 生明帝鄰子識執金吾孫綱女爲和帝皇后

武威陰 後漢衛尉陰綱孫常徙武威姑臧八代孫襲家荊州作唐曾孫子春梁侍中生鈞鑑鈞度支尚書鑑晉安太守鈞孫引道唐禮部員外孫行光國子司業即張燕公妹壻也

廣樂 後周光祿大夫陰嵩狀稱本武威人賜姓邸目陵氏隋複姓孫壽隋幽州總管趙國公生師 案隋書壽子世師此脱一字避唐諱 左翊將軍留守京師義師至就戮師孫崇唐蘇州刺史

金

少昊金天氏之後見風俗通

京兆　漢秺侯金日磾匈奴休屠王子也生賞弟倫生安上爲侍中後漢末有武林太守金族族生稱見魏志

琴 類稿卅三字子張作一名張

家語仲尼弟子琴牢字子開一字子張衞人也亦見左傳

趙郡　列仙傳琴高趙人得水仙恆于漢水乘赤鯉

湛

後漢大司農湛重

新淦　晉荆州刺史陶侃母湛氏新淦人有湛氏方生案漢有湛方官司農晉有湛方生內軍諮議梁有司州刺史僧智今進士湛賁袁州人

大典卷一萬九千四百二十六湛字韵引

郴

其先楚懷王孫心號義帝都郴子孫氏焉晉有郴寶

江夏　陶侃別傳郴寶代居江夏

箴

楚大夫箴尹鬬克黃之後子孫以官爲氏類稿三十三上有見姓苑三字

尋類稿三十三尋曾作尋曾　末多尋曾隋末有尋相尉遲敬德裨將十三字　河南以下應提行另起

古斟尋氏之後晉有尋曾河內晉東海王屬案此條文有脫誤

鐔音尋又音淫　鐔類稿均作鐔餘同今本

後漢有鐔顯

廣漢　蜀志有太常鐔丞漢有廷尉鐔政

鄩

斟尋氏之後亦作鄩左傳周有鄩肸

斟

夏諸侯斟灌斟尋氏之後以國爲氏焉案史記夏本紀斟灌斟尋氏之外又單爲斟氏亦夏同姓國也 類稿末多數句云並祝融之後國語注曰曹姓之别也

霒

纂要文云人姓 類稿卅三首有霒古陰字四字

林閭

嬴姓之後也後漢蜀郡林閭翁孺博學善著書見文字志

箴尹

楚箴尹克黃子以官爲姓箴尹宜咎故陳大夫

沈猶

家語魯沈猶氏奢侈踰法

斟戈

夏諸侯國姒姓

二十二覃

南
周宣王時南仲之後魯有南蒯南遺又孟僖子生南宮敬叔家語作南宮縚仲尼弟子或單稱南氏南宮縚字子容妻仲尼兄孟皮女也類稿廿三引

譚
譚子國在齊州平陵縣西南爲齊所滅譚子奔莒子孫氏焉

覃
本譚氏避難改梁東寧州刺史覃元先隋有孝節覃氏姓氏急就篇引

# 二十二覃

## 參

陸終二子曰胡之後見世本類稿廿三作代

## 南宮

文王四友南宮适之後周有南宮極南宮嚚魯孟獻子生閱案左傳昭公七年孟僖子屬說與何忌于夫子使事之則敬叔乃孟僖子之子說即閱也此爲獻子之子誤號南宮敬叔叔生路路生會會生虔爲南宮氏見世本仲尼弟子南宮縚字子容魯國人類稿五十五引南宮嚚下作宋有南宮牛南宮長萬魯桓公孟僖子生閱

魯國　今兗州有南宮氏開元太史令南宮說京兆人孫傳監察御史

## 南公

戰國時有南公著書三十卷言五行陰陽事蓋衛南公子之

後也

南郭

莊子有南郭子綦左傳有案左傳有南郭偃南郭鉏此脱文光祿大夫南郭昶文隨伯道遷入北案此有脱誤曾孫嗣本嗣本遂州刺史生南郭翁慶

魏郡　狀云本譙人後魏有興皇生雄唐刑部郎中生處信處讓處節處信都官郎中荆州長史孫銛給事中生綏締維紳紳庫部員外處讓都官郎中生澧收

南伯

莊子有南伯子葵出古賢人傳

南史

左傳齊有南史氏後因爲姓

甘

二十三談

風俗通甘夏時侯國也以國為氏一云周武王同姓於畿内為諸侯因氏焉甘伯恒公是也又周封王子帶於甘昭公是也殷有甘盤秦有甘茂甘羅見史記稿稿

廿三引遥華韻己集五引周封王子帶於甘句下作同姓畿内諸侯甘昭公甘伯桓公

南門

見姓苑

甘士 甘字在廣韻二十三談此列入覃韻誤也

世本宋司徒華定甘士氏周卿士甘平公為王卿士後氏焉

藍尹

楚大夫藍尹亹之後

二十三談

三伉

宋子姓微子之後風俗通云衛邑也晉公子重耳封舅犯於三伉支孫氏焉漢有少府三伉充宗代郡有陽縣有三伉氏

三閭

楚屈原為三閭大夫因氏焉

三烏

姜姓炎帝之後爲侯國因氏焉

三邱

孝子傳有三邱氏

三苗

蜀志有三苗務

三州

三州孝子之後亦單姓州

三飯

三飯繚之後 辯證二十引云繚適蔡干適楚缺適秦後皆氏焉

二十四鹽

閻

二十四鹽

。苫

左傳季氏臣苫夷也類稿三十三

周文王之後武王封太伯曾孫仲奕于閻鄉因氏焉一云唐叔虞之後公族有食采于閻邑因氏焉漢末居滎陽後漢尚書閻章生暢侍中宜春侯女爲安帝皇后子顯晏景顯長社侯裔孫嵩後魏尸牖侯居武陽七代孫爽止脊止唐左司郎中生敬言敬受敬仲敬受生涉鄧州刺史敬仲生濟美國子祭酒類稿廿三引閻邑因氏焉下有晋有閻嘉没齊有閻職二句　又云滎陽　狀云㝵如晋成公子懿食采於閻因氏焉當在漢末居滎陽之後提行另起

天水　西城侯蜀巴郡太守閻竺今無聞

常山　狀云閻章後唐監察御史文逸生朝隱仙丹朝隱給事中仙丹洛州司兵

廣平　狀云本常山人唐安固令閻春生處逸處節處逸生交禮長安尉交禮生至言至爲至言生寬至爲太常博士生訪評事處節生自厚自厚生懿道懿道生伯璵刑部侍郎璵

生昂璵從父弟伯均

河南　代人本居雲陽魏有閭滿孫善善曾孫慶周少司空太安公賜姓大野氏生毗隋將作少監石保公毗生立德立行立本立德唐工部尚書大安公生邃司農少卿邃生知微巨源知微春官尚書巨源生用之左金吾將軍用之生宋吉州刺史立行少府監生元秀岐州刺史立本中書舍人生克儉嘉賓克儉生叔子同州刺史嘉賓司農卿

廉

顓頊曾孫大廉之後以王父字爲氏漢有廉丹類稿卅三引有趙有廉頗一句

趙郡　又顓帝之後

京兆杜陵　漢右將軍廉褒生丹大司馬丹孫昭爲後漢廣漢太守蜀郡太守廉范字叔度丹後

河東 狀云廉范之後唐瀛州刺史方實刑部員外郎廉瓘海州人

## 詹

（按宋詹體仁字元善建寧浦城人宋史三百九十三有列傳仕至司農卿故稱為大卿作名賢氏族言行類稿之章定乃章定建安人體仁之同鄉體仁卒于開禧二年定書作于嘉定己巳又正同時二人蓋必有瓜葛故於詹姓取其家譜載入書中宋無名氏之翰苑新書類姓一門皆鈔自類稿失於删削祕笈新書即改竄翰苑新書為之者洪氏不察乃據以輯入姓纂矣）

詹大卿體仁家譜曰詹姓始于周宣王支子賜姓曰詹封為詹侯其後有詹父為周大夫詹嘉處瑕以守桃林之塞（據祕笈新書增）又曰楚詹尹之後有詹何善鈞昭公九年有詹桓伯辭于晉（並據類稿於詹姓錄其官於福州之詹洗以及其子移家建陽之詹亭家其他亦不過有科第官職皆無甚事蹟其末有識語云右五公定得之於詹淵景憲云皆亭家之後也由此觀之定與詹氏必有姻戚故舊之雅故破例錄其家譜也增）

## 占

陳子占之後以王父字為氏

## 潛

見姓苑

臨川 姓苑云今臨川有潛氏

黔

禮記齊有黔敖又黔婁先生隱者

鍼

左傳魯大夫鍼巫鍼季

箝耳

西羌人狀云周王季之後爲虔仁氏音訛爲箝耳氏姓氏英賢譜本胡姓天監初有箝耳期淩自河南歸化父同祖光並仕魏爲三品也

馮翊　後魏馮翊太守箝耳靜孫康買周御伯大夫聘梁使生文舉周寧州刺史生宗幹宗唐兵部侍郎幹湯陰侯大業中以王侯兄弟並改姓王氏已附王氏注文舉弟文固生愉駕部員外後魏伏波將軍箝耳進進生通同周南兖州刺史

賜大理稽遂氏隋初復本姓孫恪唐右衛郎中翟道男後魏
又有華山太守犄耳德曾孫文衡河州刺史邯鄲男生茂實
唐庫部員外生靈丹靈心
瞻葛
漢張騫使西域從百餘人唯瞻葛氏人得還
占尹
齊有占尹德又有占尹應堅
二十五添
兼
風俗通衛太子兼之後
二十六咸
咸邱

齊有隱士咸邱蒙見孟子

函輿

晉范臯夷食采函輿因氏焉

二十八嚴

嚴

芊姓楚莊王支孫以謚爲姓楚有莊周漢武彊侯莊不識孫靑翟爲丞相會稽莊忌夫子生助後漢莊光避明帝諱並改爲嚴氏（遥華韻己集八引作芊氏楚莊王孫以王父謚爲氏莊忌避漢諱改嚴忌生助）

馮翊　稱靑翟之後代居馮翊魏郃陽侯嚴校又徙華陰五代孫君協唐洮州都督生方約方嶷方約利州司功生挹之損之挺之挹之生丹江陵令生紳綬紳光祿少卿生僩綬檢校司空右僕射挺之中書侍郎生武吏部尚書鄭公武生楚

卿越卿鄭卿損之右庶子生式士良士元式職方員外士元國子司業生纂士良江州刺史生薹殿中御史方嶷戶部郎中生安之河南丞禮部侍郎嚴善思亦馮翊人生宙弘憲憲大理卿生慥懍愉愉監察御史嚴校類稿三十三引作嚴稜新書同

燉煌　青翟後今無聞

吳郡　貞元給事中同州刺史嚴說生休復膳部員外郎

廣漢　稱君平之後唐檢校左僕射嚴震世居梓州鹽亭云本望馮翊生協公貺公弼協晉州刺史公弼卒吏令震兒需生公瑾兼御史弟霆司勳郎中生公衡刑部員外震從祖兄侁兼御史中丞震從祖弟礪檢校左僕射山南西道節度使

東海　唐穆州刺史嚴撰

濟北　嚴助之後今無聞

二十九凡

凡

周公第二子凡伯之後爲周畿內諸侯見左傳

晉陵　姓苑云今晉陵有此姓

元和姓纂卷五

# 元和姓纂卷六

唐林寶撰　陽湖孫星衍　歙洪瑩同校

一董

## 董

黃帝之後己姓國有飂叔安生董父舜賜姓董氏晉有董狐董安于（據祕笈新書補）漢有董仲舒清和廣川人後漢有犍爲人（案通志後漢有董宣董鈞宣陳留人鈞犍爲人此蓋脫名）晉爲董京董養

隴西　漢江都相董仲舒少子安子孫自廣川徙隴西裔孫緜生昭昭七代孫德林北齊匡城令又居匡城曾孫寶亮安西都護隴州刺史天水公生元質元珍元質右監門將軍生憬忱愼惬惲憬軍器監生珣琬瑜琬度支郎中晉陵太守江南東道採訪使愼右常侍生瑨惬通州刺史隋驍騎將軍順

政公董純純孫恭訓唐海陵縣令

弘農　隋有隨州司馬董沘生慶慶生感感生敬元倉部郎中幽州刺史生庭琰

河東　狀云仲舒之後唐右僕射平章事董晉生全道谿全素澥全道殿中少監谿倉部郎中全素太子中書舍人案唐世系表澥太常寺太祝

范陽　京兆尹董叔經右史董思恭范陽人檢校司空平章事秦亦范陽人大厤賜姓李氏改名忠臣從朱泚反伏誅

## 孔

孔姓殷王帝乙長子微子啟受封于宋弟微仲衍曾孫愍公生弗父何何生宋父周周生世父勝勝生正考父正考父生孔父嘉子孫以王父字爲氏孔父生子木金父木金父生睪

夷父畢夷父生防叔仕魯爲大夫生相夏夏生鄒叔梁紇紇生丘仲尼三歲父卒十九歲娶宋幵官氏一歲生鯉字伯魚孔子爲魯司寇攝相事居鄒昌平鄉闕里魯哀公十六年卒年七十二伯魚年五十先仲尼卒伯魚生伋字子思子思爲魯穆公師作中庸及子思子四十七篇以祖業授弟子孟軻等伋生子上白白生子家求求元孫允爲魏相生鮒爲陳涉博士五代孫吉封宋公吉八代孫潛潛生竺吳南昌太守允次子騰騰生襄襄生忠忠生武安國案唐世系表武生延季大將軍太傅延季生霸武孫霸生漢丞相博山侯光類稿卅四新書六引孔姓作子姓 仲尼上有字、鄒下有邑字當從之餘多脫誤不可從

會稽山陰 後漢末潛避地會稽遂爲郡人潛子竺生恬愉晉僕射餘不亭侯生闓安國闓生晉尚書令靖靖五代孫奐陳吏部尚書生紹安唐中書舍人生構構生若思禮部侍郎

仲思給事中若思生至著作郎構弟楨禮部員外安國晉左僕射五代孫範陳都官尚書範從祖弟德仁仁孫唐端州刺史竺次子沖七代孫梁都官尚書休源源曾孫德紹德紹生唐膳部郎中昌太子賓客述睿述睿生敏行

魯國　武孫霸霸曾孫均漢封褒聖侯晉封奉聖侯魏封宗聖侯隋汴侯唐朝褒聖侯並奉孔子祀武德時均十六代孫褒聖侯德倫德倫曾孫褒聖侯齊卿仲尼三十八代孫

下博　狀云本出魯國十七祖漢下博侯陽因居冀州下博裔孫唐國子祭酒曲阜子穎達生志元志約志亮志元國子司業生惠元國子司業後拜春官侍郎生立言脊言立言祠部郎中脊言黄州刺史志約禮部郎中生琮洪州都督志亮中書舍人生珪穎達族元孫巢父給事中御史大夫兄子戣

。奉

二腫

重隴並見何氏姓苑類稿卌四蓋謂奉與重隴凡三姓皆見姓苑也

戭戩戣給事中戩殿中御史戩庫部員外

常山　處州刺史孔合斌代居恆州生垂寶河內尉

南陽　本梁人云仲尼之後孔愉從弟羣官至御史中丞生沈沈孫琳春秋衞卿孔圉生悝鄭穆公公子嘉字子孔子孫亦爲孔氏孫張並不詳其後

孔父

微子之後宋大司馬孔父嘉亦爲孔氏

二腫

鞏

左傳周卿士鞏簡公晉鞏朔漢侍中鞏攸類稿卌四簡公下有甸內侯也四字晉漢下皆有々字

陽翟　唐戶部郎中鞏弘武陽翟人

三講

四紙

○氏　北海氏儀自改為是見上文 類稿三十四

○被　吕氏春秋鄭有大夫被瞻風俗通漢有牂牁太守被條

○弭　三輔決錄云王莽時有弭強　新豐　漢末新豐人弭仲叔見決錄也

○委

項

左傳云滅項公羊傳曰爲齊桓公所滅子孫以國爲氏項橐八歲服孔子項燕下相人爲楚將子梁梁兄子籍號西楚霸王項他項伯項襄並籍之族也漢初並封侯賜姓劉氏

隴西金城　後周有項亶周武帝賜姓辛氏孫義周唐屯田郎中

四紙

紙

楚左紙相之後

是

吳志云是儀本姓氏孔融嘲儀曰氏字民無上乃改爲是因姓是焉仕吳官侍中都亭侯天寶祕書少監是光又改姓齊

周禮有委人氏掌委積其後氏焉
漢有太原太守委進

。綺
漢初四皓隱商山號綺里季其後為綺氏

。紫
何氏姓苑有紫氏 並同上

氏 類稿卅四引首多齊大夫之後也 北海八字 乃改作可改與吳志合

錡
左傳殷人六族有錡氏漢書藝文志洛陽錡華後漢荊州刺史錡嵩

倚
漢四皓隱商山號倚里先生倚相後氏 案漢書顏師古注作綺里季此作倚里先生未詳所本 類稿卅云左傳楚左史倚相之後 此有脫字又誤合綺字注為一條

仉
纂要文云人姓史記夏后氏姓 類稿卅四首有古委字三字

蔿 類稿四入平聲 云蔿賈字伯嬴楚司馬也賈為工正名官孫叔敖楚令尹蔿艾獵也父賈 蔿子馮孫叔敖從子也為楚令尹
晉士蔿之後以王父字為氏

闞

國語有闞大夫

薳

左傳楚大夫薳章之後有薳子馮薳掩

芊

楚姓祝融子季連之後漢初楚懷王孫心項羽封爲楚懷王後爲義帝

南郡　隋右衛將軍芊雄曾孫端唐金吾將軍

技也

西部大人代爲酋帥後魏初各依舊號爲技也氏後魏護軍將軍臨江伯技也鍮石生說詖內部尚書孫爾歸生平右衛將軍生恭長文義北齊侍中隋信州總管新寍公文義生旻唐鳴水令恭隋丹州別駕生寶倫唐興國別將

尒朱

其先契胡部落大人代爲酋帥居尒朱川因以爲氏後魏有羽健秀容三百里封之以爲世業

尒緜

魏蠕蠕渠帥緜他拔尒緜來降改爲緜氏

是婁

南燕有徐州刺史是婁盧

是賁

改爲兒氏

是云

改爲高氏

是奴

改爲封氏

芊尹

楚大夫芊尹申無宇之後

五旨

履

見姓苑

婼

方几反見纂要文云人姓

壘

後趙錄有壘澄本姓裴改焉 類稿卅四作後改壘

水邱

吳興人

五旨

°癸

齊癸公之後見姓苑 類稿三十四

癸北

國名也女爲舜妃者後爲氏 辨證二十一引 羅輯有

（校）案以上有脫文今据漢書外戚傳補恭字

案元下有脫文今據漢書元帝紀史丹傳補十七字

# 六止

## 史

周太史史佚之後以女弟爲戾太子良娣生史皇孫進進生宣帝恭（校）子高元（校）帝時大司馬樂陵侯高子丹左將軍武陽侯 類稿删引之後下作以官爲氏漢有史皇孫進與此均有脫誤

建康史氏　今隸酒泉郡史丹裔孫後漢歸義侯苞之後至晉永嘉亂避地河西因居建康苞裔孫寍後周安政公生祥隋城陽公祥弟雲期雲生令卿唐祠部郎中杭州刺史

宣城　丹孫均均子崇自杜陵受封溧陽侯遂爲郡人崇裔孫宋樂鄉令瓌瓌九代孫務滋唐納言溧陽子孫𪼴御史大夫又江州刺史史元道亦云崇之後也

高密　史丹之後有史曇曇曾孫節唐禮部侍郎

京兆　丹裔孫瓖留長安隋左領大將軍萬歲狀稱瓖十二

代孫寶唐鄜州都督原國公

陳留考城　今隸曹州後漢京兆尹敞生彌今無聞

河南　本姓阿史那突厥科羅次汗子生蘇尼失入隋封康國公懷德郡王生大柰子仁表駙馬生忠左驍衛大將軍薛國公忠生晡宋州刺史晡生思元右金吾大將軍思元生震晉巽泰震右監門將軍生弘寍寂容寍寂生備容冀王傅巽光祿少卿泰蜀州刺史生寅審審吉州刺史

姒

官氏志渴侯氏改爲姒氏

紀

姜姓炎帝之後封紀爲齊所滅以國爲姓漢有紀信弟成子通封襄平侯 類稿卅四引子作生

丹陽秣陵　吳有紀隲生瞻晉侍中驃騎大將軍

天水上邽　隋司農少卿紀和整生士騰隋冀州刺史士騰生儼及儼唐雍州司倉參軍生先知先知生遂吏部郎中給事中判御史中丞生黄石黄石生經戶部郎中經生謙咸及荆州刺史生處訥地官侍郎太府卿平章事侍中千乘伯

士

帝堯之裔杜柏之子隰叔爲晉士師至士蔿生伯成缺缺生會會子孫氏焉後漢末交阯太守士燮類稿卌四引裔作後生會〻作生士會

河南　隋刑部侍郎案此下脱名　士燮後生義總唐戶部郎中

杞

姒姓夏禹之後周武王封東樓公于杞後爲楚所滅子孫氏焉

齊郡　齊有杞殖字梁今齊州有杞氏據類稿卌四補

齊郡　齊有杞殖字梁今齊州有杞氏

侯

風俗通侯子著書六國時人

河南　後魏獻帝以次子爲侯亥後改爲侯氏官氏志侯奴氏改爲侯氏

子

帝嚳之後殷湯姓子風俗通云左傳有子鉏商 案左傳叔孫氏之車子鉏商杜注車子微者鉏商名此文附會不合 鄭大夫子人九 後類稿引作肯 次句作子姓承殷湯

里

本理氏春秋時改焉晉有里克魯有里革鄭有里析後居襄城者又爲里相 類稿里革作里華 里相作相里氏

（十二）案里當作理通志氏族略本之姓纂亦作理此即從通志輯入者呂氏春秋先已篇注作李古理李字通

理

遥華韻府集三引云顓頊高陽氏顓頊生大業□□生咎繇爲堯理官因氏殷末理徵子利貞逃紂於伊侯之墟食木子生或姓李或姓理 元本此條理字皆作里入之里姓下非是今改正

子人
左傳鄭大夫子人氏
大典三〇〇七人字韻引

咎繇爲堯理官子孫遂爲理氏殷宋有理徵宋類稿作末 下有致姓李氏四字

恃

齊有恃乙管仲誅之

子玉

衛大夫子玉霄之後秦穆公時大夫有子玉房

子桑

魯大夫子桑伯子之後見論語秦公孫枝字子桑其後氏焉

莊子有子桑樗

子我

曹叔孫戚子生申爲子我氏衛大夫有子我羽人

子叔

世本魯文公生惠伯叔肹叔肹生聲伯嬰齊嬰齊生叔老子

叔子叔生叔弓叔弓生仲南文楚及伯張穆伯定伯爲子叔氏

子夏

陳宣公生子夏其娣生御叔己師己師生子南徵舒徵舒生惠子晉晉生定子御寇爲子夏氏

子有

魯有若字子有之後見禮記宋有子有恭叔

子雅

齊惠公孫子雅之後見英賢傳又魯季桓子生武叔竈亦爲子雅氏霄爲齊上卿

子囊

左傳齊大夫子囊帶之後

子家

魯公族子家氏魯大夫子家羈懿伯

子革

世本宋司城子革之後又曰季平子支孫爲子革氏

子州

莊子堯以天下讓子州支父舜以天下讓子州支伯

子孟

魯公子孟之後見英賢傳齊簡公時子孟卿爲大夫

子建

楚平王太子建之後頃襄王時有子建叔子爲大夫

子伯

左傳衛大夫子伯季之後魏有子伯先子夏門人居西河

子庭

芊姓楚公子午字子庭後又子庭氏魯大夫以字爲氏

子尙

世本陳僖子生稟邱子尙意茲因氏焉國語鄭大夫子尙伯父

子彊

衞公族昭子郢之後案此疑亦採自世本

子郢

世本衞公族昭子郢之後

子寤

陳僖子生宣子其後爲子寤氏

子輿

陳桓子生子石𩂈爲子輿氏

子干

魯季平子子干叔彭便之後案古今姓氏辨證云此條姓纂有氏無解此句係後子成氏之文誤繫於此今子成氏條亦遺失

子季

楚公族也

子羽

晉公族子羽後爲楚邑大夫

子陽

魯公有子陽者其後以王父字爲氏

子尾

齊惠公生子高祁祁生子尾蠆因氏焉

子重

楚公子重字嬰齊子重之後

子午

世本楚公子午之後齊大夫子午明

子旗

齊惠公孫欒施字子旗子孫以王父字爲氏

子獻

世本陳桓公孫子獻之後風俗通云齊大夫子獻之後楚文

王時子獻遼爲大夫

子乘

楚屈蕩生子乘因氏焉

子華

莊子韓有子華子因氏焉

子言

季平子生昭伯寤之後也

子齊

衞公族子齊氏

子蕩

世本宋威公生子蕩因氏焉

子枋

陳僖子生穆子安爲子枋氏

子宋

陳宣公生子楚其後爲子宋氏

子扁

莊子有子扁子

子工

世本齊頃公子子工之後

子鞅

陳僖子子生簡子齒爲子鞅氏

子揚

世本季桓子生穆叔其後爲子揚氏

子芒

世本陳僖子生子芒盈因氏焉

士孫

漢書平陵士孫張爲博士揚州牧明梁邱易生仲徹長安令左馮翊生苞苞生充曾孫奮爲郡五官掾六代孫瞱後漢弘

農太守生瑞尚書令瑞生萌字文始儀郎灌津侯生賢顒

士蔿

隰叔生士蔿爲晉士官（案士官當是司空字誤）支孫因爲氏

士思

古今人表晉有士思癸鄭有士思卜秦將軍士思穆

士丏

晉大夫士丏之後

士吉

晉大夫士蔿生吉爲士吉氏

士成

莊子有士成綺也

士弱

晉士莊子弱爲獄官晉人謂之士弱氏

士華

齊隱者士華太公誅之

史葉

韓例云衛頃侯之後公子史食采于葉因氏焉左傳作史華案韓例未詳

史晁

世本衛史晁之後

似和

貞觀左屯衛穀州刺史似和泥熟亦北蕃歸化也案通志泥熟乃蘇農氏此作似和誤又開元中有左威衛大將軍赤水軍副使武威公似和舒

市南

七尾

○鬼 古今人表鬼臾區 類稿卅四

楚有市南熊宜僚後以爲氏

巳氏

宋大夫司馬巳氏之後

俟呂鄰

改爲呂氏

七尾

尾

曾尾生或云卽微生高也 曾辯證廿三引作古有

尾勺

後漢尚書郞尾勺攜吳志云尾勺子張昭師也

八語

許

姜姓炎帝四嶽祕笈新書四嶽作炎帝之後周武王封其裔孫文叔於許後爲楚所滅子孫分散以國爲氏晉有許偃楚有許伯鄭有許瑕類稿卅六引亦無四嶽二字

高陽　北新城縣令入博陵郡漢大司農許據生允魏中領軍允孫式式長子眅案唐世系表眅作販生晉徵君詢詢元孫懋有傳懋孫善心隋黃門侍郎生唐中書令高陽公敬宗敬宗生昂昇昱杲景昂皮化令生彥伯部伯彥伯太子舍人生望右羽林將軍望生遠侍御史睢陽太守遠生峴袁州刺史部伯左屯衛將軍蘇州刺史平恩公昇明堂令景工部郎中判羽林大將軍式次子邁晉東海太守號北祖曾孫彥後魏侍中相州刺史孫安中書侍郎生恂惇恂曾孫本行唐給事中遜生文宗案遜字上有脫文文宗下應有智玉文通文宗生正言唐監察御史智玉

八語

。序

禮有序點侍孔子點揚觶 類稿卅六

。巨

漢有荊州刺史巨武 同上

生知禮殿中御史文通生向葱監察御史惇字季良北齊左右僕射生文紀

汝南平輿縣 後漢功曹許劭居召陵縣漢太尉祭酒許慎今並無聞

安陸 狀稱詢五代孫君明梁楚州刺史入周徵不起法光案唐世系表君明生弘周宏周生法光與此不符岳州刺史生紹唐陝州刺史譙公生善伯裔智仁國師善隋宣城郡主簿生力士洛州長史案唐世系表長史作刺史生欽寂欽明欽淡欽寂夔州長史生輔德輔乾輔乾右金吾大將軍光祿卿生諫論詵諷諫河南丞論監察御史詵歸州刺史諷監察御史輔德宕州刺史欽明涼州都督安西大都護生戒言戒非戒惑都官郎中鴻臚少卿生子房季常子端季常萬年丞子端岳州刺史戒言太僕卿右武衛

大將軍生子餘壽州刺史欽淡深州刺史生叔冀淄青陳留節度兼御史大夫生孝常亳州刺史淡姪孫仲容鄧州刺史生志倫志雍志雍兼監察御史智仁右屯田將軍懷州刺史許昌公圉師黃門侍郎同三品平恩公左丞戶部尚書生自持案唐世系表自持作自牧自遂自正自正澤州刺史會稽陽羨稱高陽同祖後漢諫議大夫許武武孫馘太尉今無聞

晉陵　漢徐州刺史聖卿皇太子洗馬許叔牙其後也生子儒唐天官侍郎生臨謙鳴謙臨謙右卿相將軍曹州刺史撫州刺史鳴謙本高陽人也詢之後又家陳留生孟容仲輿季同孟容兵部侍郎京兆河南尹仲輿國子司業季同金部郎中

中山　狀云許北之後居中山北齊武川鎮將許彪生康康

生緒洛仁緒太府少卿蔡州刺史左常侍孫義均生景先中書舍人工部侍郎景林司講郎洛仁左監門將軍

太原　狀云許邵之後因官居太原唐太僕少卿貝州刺史太寶生謨刑部郎中許自新祠部員外許偉

## 褚

子姓殷後宋若公子石爲褚師因氏焉漢相褚大（案通志褚大漢梁相此有脫字）元成閒褚先生少孫並以儒學稱焉（類稿卅六引作梁相）

河南陽翟　後漢褚重始居河南晉褚䂮安東將軍褒兗州刺史贈太傅女爲晉康帝后生穆帝曾孫秀之晉侍中生湛之法顯湛之左僕射生彥回齊司徒彥回生蓁蓁度支尚書法顯生炫齊侍中吏部尚書曾孫玠御史中丞生亮唐左散騎常侍陽翟侯亮生遂賢遂良遂功遂年遂賢郲王友生兼

藝永州司功兼藝生璆琇珣璆吏部郎中琇給事中常州刺史珣京兆士曹生元方大理評事遂良中書令河南文忠公生彥甫彥沖彥季彥甫祕書郎生僑休彥沖城門郎生倫儼彥季千牛將軍生如松司農少卿遂年生鳴謙

錢塘　與河內同祖漢末褚盛為鹽官因居由拳生泰仕吳封錢塘臨平侯又居焉裔孫義宗尚書沈叔安外孫也生無彊國子祭酒管國公生廷訓廷詢廷誨廷詢駕部郎中廷誨給事中無量五從姪思光虞部郎中生鉽長孺司勳員外

## 呂

炎帝姜姓之後虞夏之際封呂今南陽宛縣西呂亭是也至周失國子孫氏焉太公號呂望周有呂侯秦呂不韋單父人呂公女為漢高祖皇后封臨淄侯

東平　呂侯之後魏呂處居任城官至徐州刺史七代孫逖後燕尚書左丞皇安承慶逖七代孫也生炯焯炯膳部郎中諫議大夫左庶子焯左補闕後魏東平太守呂行均亦云虔之後六代孫雄黃左十四監生崇粹粹兵部郎中諫議大夫生詔進士案唐世系表詔作詒

京兆　後魏定州刺史范陽公呂祥狀云本出東平生眞周趙州刺史房子公會孫武生整右衛將軍滿州刺史生懷人

馮翊　狀云本望東平後居馮翊蒲城北齊虞州刺史東平公呂晨生和岐州刺史和生紹宗唐領軍大將軍涼州都督紹宗生休璟休琳休璟左領軍將軍北庭都護休琳生廣太子舍人廣生洞太常博士

河東　黃門侍郎平章事呂諲生仁本春卿冬卿春卿尙書

奉御謜兄子季重歙州刺史中書舍人呂太一趙州刺史呂延之生謂勣謂潭州刺史湖南觀察生溫宗禮溫戶部郎中衡州刺史侍御史呂守素監察御史呂需生長輕右衛兵曹長輕生亢膺右司郎中諫議大夫新豐尉呂令問丕監察御史呂暕生崇質崇賁崇質殿中少監生逵建建防州刺史崇賁劍南河南成都河中節度鄆國公生諲超暕弟賜右武衛將軍

諸郡呂氏　右翊郎將呂元播臨汝人又家緱氏生彬渭輔彌彬生牧庫部郎中澤州刺史牧生昊穎鎛榮渭輔生儆監察御史起居郎司更大夫呂才博州清平人著隋紀二十卷删陰陽書五十三卷一子方毅右拾遺呂因汝州人生旨著作佐郎虢州司馬侍御史呂元嗣陝州人清池令呂處眞縡

郡人又家京兆生元晤元智元璨元晤陳王傅光祿卿生同正鄆鄜州刺史同正生遜造崇訓女適將軍高力士崇訓太子家令生同京兆倉曹櫟陽令生邈元璨博州刺史生遇元智恆王傅生進

旅

漢高帝功臣有昌平侯旅卿案漢表作昌圉侯傳封六代又共侯旅罷師傳封四代又共通云周大夫子旅之後類稿世本風俗通云周大夫云云在漢高云云之前

汝

尚書有汝鳩汝方左傳晉大夫汝寬汝齊漢長水校尉汝隨潁川　後漢書孝子傳有汝郁

處

漢書云藝文志趙有辯士處子著書風俗通漢處興爲北郡

太守　類稿卅六無云字　郡作海

潁川　晉書處枉又陳留相處就並潁川人

沛國　晉有周馥母沛國處氏

所

風俗通宋大夫華所事之後漢有諫議大夫所忠武帝時人

平原　後漢有所輔平原人小吏父奉郎中　華所事類稿卅六作所華

楚

風俗通芊姓鬻熊封楚以國爲姓左傳魯有楚尹楚邱趙襄子家臣楚隆

莒

伯益之後封莒爲楚所滅以國爲姓　漢繚氏令莒誦　據類稿卅六補

呂管

九麌

楀

詩曰楀維師氏寵臣之後也因氏焉 辨證二十三

引羅輯本有

〇宇

見何氏姓苑 類稿三十七

英賢傳漢呂管都尉呂管文祖中山人

呂相

秦相呂不韋本陽翟賈人子孫因以氏焉

楚季

世本楚若敖生楚季因氏焉陳大夫有楚季融

楚邱

新序楚邱先生孟嘗君時人也

莒子

春秋時莒子失國子孫氏焉

九麌

武

周平王少子生而有文在手曰武遂以爲氏漢初武臣爲趙

○鄅
鄅子國在琅琊其後以國為氏
○甫
風俗通甫侯之後
○府
風俗通漢有司徒掾府悝
○舞
見姓苑並同上
取慮
今臨淮有此姓氏族畧引

王又有武涉功臣表梁鄒侯武虎傳封六代後居沛國漢又有祭酒武忠望出太原据氏族志增

沛國　武彪裔孫周魏南昌侯生陔晉左僕射薛侯五代孫洽魏晉陽公始封居太原永水或號太原武氏洽曾孫居常北齊鎮遠將軍生儉永昌王諮議儉生華隋東都丞華生士稜士讓士逸士彠士稜唐司農少卿宣城公生君雅君雅生敬眞崇眞崇眞太子洗馬士讓唐太廟令路公生惟良懷道惟良衛尉卿生攸宜攸緒攸宜雍州刺史都官尚書攸緒揚州長史隱嵩上神龍中拜太子賓客巢公徵不起景雲中封安平王亦不拜生君訥懷道左監門長史生攸暨攸寧攸寧春冬夏尚書納言建昌王江公岐州刺史生文瑛荀瑛攸暨駙馬司禮卿定王司徒楚公生崇敏崇行崇敏宗正卿上黨

王宗行國子祭酒懷運淄州刺史生攸歸攸止攸望攸歸九
江王宗正卿孫戞臣商州刺史攸止恆安王司賓卿女元宗
惠妃追封貞順皇后攸止子昕忠信忠鴻臚卿信祕書監攸
望會稽王少府監察公孫徹洋州刺史士逸韶州刺史六安
縣公生志元仁範安業志元倉部郎中生懿宗嗣宗懿宗河
内王殿中監汴魏州刺史神兵道大總管生瑾瓌仁範雲陽
令生尚賓重規載德尚賓河閒王益府長史重規高平王司
禮卿神龍朔方大總管禮部尚書生成節成藝載德潁川王
殿中監右千牛大將軍生平一敬一平一考功員外郎生集
備就登集梓州刺史備殿中御史先△元衡門下侍郎平章事
成都尹登生儒衡殿中御史思元一名安業零陵令追封渤
海王生求己太僕少卿士讓唐工部尚書利荊二都督應國

先乃生之誤金石錄廿載殿碑跋引可證 羅校云據王秉先金石錄應贈吏部尚書載就碑跋引作生又案就碑稱其並以元衡為就子 嘉錫案金石錄云姓纂元和中修是時元衡為宰相不應

公卒贈司徒周國公又贈太師太皇太后追崇魏王云武攵爲則天皇后生中睿宗護子元慶元爽元慶宗正少卿生審思再思三思審思追封申王再思宮門郎追封蔡王三思梁王夏春天王尚書內史神龍司空同三品降德靜爲節愍太子所殺生崇訓崇謙崇烈崇攜崇操崇訓駙馬太常卿太子賓客生繼植左衛將軍崇謙光祿卿梁公崇烈尚乘奉御元爽虞部郎中少府少監生承嗣魏王春天二尚書納言文昌左相實封一千三百一戶生延基駙馬右羽林將軍鄴公延安光祿卿邢公延壽衛尉少卿燕公延秀駙馬太常少卿桓公（案唐世系表作恆公）承業陳王左驍衛六將軍生延暉駙馬陳公羽林衛將軍孫惲斌承業次子延祚光祿少卿鄶公延嘉祕書少監莒公

差其世次豈余家所藏本偶爾脫誤乎當俟別本校正嘉錫以為此必是傳寫脫誤無疑蓋於循殿中御史下脫去獻之仕履及使生元衡三字直接上文而元衡誤為循之子矣於此可見姓纂一書在宋時已鮮善本

庾

堯時掌庾大夫以官命氏至春秋時周有大夫庾皮皮子過邑于緱氏衛有庾公差

潁川　後漢始居潁川魏襄城令庾乘生太子中大史遁案鄧名世辯證亦作遁晉書作道並見晉書遁孫琛晉會稽內史生亮冰翼亮東晉司空永昌公冰中書監都鄉公生穆之五代孫眾陳長沙內史孫抱唐太子舍人

新野　漢末居南陽後分赭防爲新野遂爲郡人後漢司空孟五代孫滔晉遂昌太守長子會爲新野太守百姓生爲立祠支孫庾告雲爲青州刺史羌胡爲之立碑次子庾方方元孫詵齊徵黃門侍郎不起撰易林孫季才隋均州刺史撰元象志孫安禮唐齊王友修史學士師度朐山令師敬鄂州刺

史庾滔少子瑋晉永安太守元孫易南齊司徒主簿有傳生
黔婁孱陵令庾肩吾梁度支尚書生衡信譯掞信開府洛州
刺史義城侯生立眞隋逸樂令立眞生威士唐翊衞開元徵
士齊人云衡之後也又家秦陵生先光烈先吏部侍郎荆州
長史採訪使生憑伾準促侶伾開州刺史準尚書左丞江陵
尹荆州節度使生承恭承慶承邕承師承恭萬年縣尉促宋
州刺史鴻臚卿生承歡承初承歡大理評事侶左補闕生承
宣度支員外光烈職祠部郎中大理少卿生何倬何左司郎
中彭州刺史生威員外郎湖州刺史威生敬休左拾遺敬休
生道蔚翰林學士倬大理正祕書少監致仕倬生簡休工部
侍郎左散騎常侍

輔

左傳晉大夫輔躒本出黃帝之後風俗通云智果以智伯剛愎必亡其別輔氏漢有輔很爲尙書令案漢有尙書令輔粮此作很不同粮亦俗字疑益誤河東有此姓

襄陽　蜀志有右將軍輔果字元弼姚秦錄有始平太守輔光又東鄉侯輔鑒

## 鬴

古釜字人姓也見纂要文

## 羽

左傳鄭大夫公孫揮之後生羽頡漢有俠士羽公

河南　魏官氏志拂羽氏後改姓禹氏拂羽類稿卅七作羽拂

## 禹

風俗通云夏禹之後支庶以謚爲姓王僧儒百家譜云蘭陵

蕭道游娶禹氏女

竪

左傳鄭有竪拊齊有竪刁晉有竪頭須並閽寺賤者子孫氏焉

主

主父偃之後或單姓主氏今同州有此姓

萬

漢有萬章長安人急就篇萬段卿 段類稿卅七作改

宇文 遥華韻癸集十引得玉璽下作自謂天授鮮卑以天子璽文乃氏宇文

出本遼東南單于之後有普迴因獵得玉璽以爲天授鮮卑俗呼天子爲宇文因號宇文氏或云以遠係炎帝神農有嘗草之功俗呼草爲俟汾音轉爲宇文 類稿五十四引俗呼天子爲宇文作謂天爲宇呼草上有比字蓋北字之誤

河南洛陽　後魏拔拔陵陵爲前燕駙馬元菟公生系位至後魏內阿干生二子䆃阿頭䆃生肱顥泰周文帝泰西魏大丞相大冢宰安定公生覺毓邕震直憲純盛達通逌閔帝覺生康紀王明帝毓生賢畢王武帝邕生贇贊贄允兌文宣帝贇生衍術靜帝衍禪隋周四代五帝二十四年震宋公直衛王憲齊王大冢宰生貴質實員趙王儉譙王純陳王通冀公逌勝王顥贈邵公生什肥導護什肥生冑邵公導幽公生廣護太師大冢宰晉陽公生連杞公生元寶（案北周書作光寶）　阿頭孫興大宗伯生洛封介公洛生裕裕生延延生離戢戢生庭立並襲介公立生邈御史中丞平昌公弓丞拔拔陵陵少子自原目原元孫勤後魏比部尙書生賢賢生漳（案唐世系表漳作璟）漳生弢隋禮部尙書弢生儉紹儉生節唐侍中節生嶠萊州刺史

嶠生融黃門侍郎平章事融生寬巒審覽戶部員外郎生炫
刑部郎中絡水部員外拔南環後魏大司徒居武川生中山
普陵中山內史太官順陽公生逗頹孫永生深安化公周京
兆司會中大夫生孝伯明達孝伯少冢宰生歆元瑜白澤歆
右衞將軍生思純州刺史白澤生仁簡夏州都督明達太僕
卿生悅珍悅孫永貴周大司徒許公生忻愷忻隋上柱國生
運唐左領軍生儉懷志懷義儉比部郎中懷志洋州刺史懷
義生楷左軍將軍愷隋工部尚書安平公生儒童童孫有意
膳部郎中兗州刺史珍孫虬南安公虬孫業唐太僕少卿普
陵曾孫和生神舉神慶神舉周幷州總管生誼誼生斑職方
員外生儆戶部郎中神慶隋梁州總管汝南公曾孫璪蔡州
刺史孫顥美原令生阜準準辰州刺史

濮陽宇文　本武川人姓費已頭氏（案唐世系表作費也頭氏）厲鮮卑佚豆歸（案北周書作侯豆歸）後從其主姓亦稱宇文氏後魏時代爲沃野口軍主豆歸元孫盛盛生歸述靜歸生定及唐德州刺史定及生規光祿少卿孫影（案唐世系表影作寶）好時令宿均州刺史述隋右翊大將軍生化及智及士及化及隋太僕卿簒逆與智及並爲竇建德所殺士及唐中書令蒲州刺史郢公靜生福及福及孫全志工部員外堂姪順虞部員外生憲憲生巘

中山　唐虞部員外和州刺史宇文守直本河南人後居中山

武安

漢將白起封武安君因氏焉漢有千乘侯武安恭

武城

風俗通趙平原君勝封武城因氏焉

武强

漢二十八將王梁封武强因氏焉

武仲

臧武仲之後

武羅

夏武羅國之後

甫奚

英賢傳晉厲公大夫甫奚叔施之後龍驤將軍甫奚置

豎侯

左傳晉有豎侯獳宋大夫豎侯息

羽弗

十姥

伍

楚大夫伍恭恭當作參生舉，舉生奢，奢生尚員，員字子胥奔吳其子又為王孫氏適齊類稿三十六引

○虎

風俗通漢有太守虎旗其先八元伯虎之後類稿三十七

○鄔

鄔郡太守司馬年之後因以為氏同上

改爲羽氏 類稿五十七引王下有號字無之後二字下作支孫因以為氏

主父

趙武靈王主父之後 子孫以為氏漢有主父偃 據辯證廿三引補

庾采

莊子庾采楚之後

十姥

杜

祁姓帝堯裔孫劉累之後在周爲唐杜氏成王滅唐遷封于杜杜伯爲宣王所滅杜氏分散魯有杜泄是也古有杜康據祕笈新書增 六國時有杜赫 魯有類稿三十七新書七作適魯者

京兆 漢御史大夫周本居南陽以豪族徙茂陵子延年又徙杜陵延年孫篤入後漢文苑傳篤曾孫畿河東太守生恕

弘農太守生元凱晉荊州刺史征南大將軍當陽侯長子錫曾孫悊生楚秀秀元孫果後周尹興太守當陽侯次子尹尹六代孫顒西魏安平公始平公攢後魏度支尚書生士峻士琳士峻孫環之比部郎中楚州刺史士琳孫延福生元迡元道元逞元迡房州刺史生行成有鄰行成生春宋昌春吉州刺史右庶子有鄰侍御史贊善大夫元道將作少監生昆吾仲連昆吾坊州刺史仲連太原令元逞左庶子須王傅攢弟勝孫周則周夏官上士生利仁超利仁兵部郎中超左司郎中義興公果隋兵部尚書兄瞱隋懷州刺史生吒淹吒隋昌州司馬生如晦楚客（案唐書如晦傳祖果此作果兄瞱之後與史不合）如晦吏部尚書左僕射侍中蔡國公生構荷構慈州刺史荷駙馬尚衣奉御襄陽公楚客工部尚書蒲州刺史淹御史大夫知政事吏

部尚書安吉郡公生敬同愛同敬同中書舍人東陽公生從則工部侍郎從則生自遠昌遠志遠自遠生佐大理正案唐世系表自遠生繁繁生佐與此不同佐生元穎元絳元穎協律郎平章事西川都督案唐書元穎傳元穎以學士承旨同平章事此協律郎三字疑有脫誤生審禮京兆少尹元絳生審權平章事浙江節度生讓能彥林弘徽讓能太尉弘徽吏部尚書彥林中書舍人生用礪昌遠生倚左衛將軍志遠生倬儋愛同兵部員外易州刺史安平公顒雍州刺史贈太尉生景秀景仲景恭景仲生孝彝孝獎孝弁案唐世系表景仲生整整生孝彝等與此不合孝彝曾孫惟慎案唐世系表曾孫作孫監察御史孝獎撫州刺史孝弁生元琰左金吾將軍景秀後周渭州刺史生懿隋禮部侍郎殿內監甘棠公懿生乾福乾右乾祚乾福生崇允嗣及崇允成州刺史生正儀正心正儀生望之溱州刺史正

心生昇南榮案唐世系表正心生齊之齊之生南昇南榮與此不合昇京兆功曹南榮
長安主簿嗣及青州刺史乾祐生續主客郎中續生知讓知
謙知讓生慮忠慮生隋果州刺史忠生濟給事中京兆尹知
謙天官員外邢州刺史乾祚曾孫操案唐世系表曾孫作孫殿中御史
生陳陳生行敏常州刺史荆益二長史南陽襄公生崇懿恆
崇懿宫尹丞判左司員外生希望太僕卿隴右節度恆分判
刺史生位佋佑任供巨卿位考功郎中湖州刺史生液佋詹
事司直任河南兵曹參軍佑左僕射平章事司徒岐公太保
致仕生師損式方從都師損工部郎中司農少卿式方昭應
令生悰駙馬平章事須公案唐書悰傳悰封邠國公此須字誤淮南西川節度
悰生裔休儒林從都駕部員外生牧顗牧中書舍人生承澤
晦辭德祥晦辭左補闕德祥御史中丞禮部侍郎顗淮南節

度判官供洪州長史巨卿兼監察御史顒少子景恭鄜州刺史慶成公生德祐（案唐世系表顒少子景恭生惪裕與此不合）殿中少監安衆公生敬則敬則生元同元志元振元同萬年尉生彥先率更令元志考功郎中杭州刺史生逢時緯孝輔參謨嶠逢時生伯卿緯殿中御史生繼信刑部員外杭州刺史孝輔大理丞生虔興賢應鸞清虔大理司直清檢校員外生師仁師義師禮師仁吉州刺史生湘參謨陝州司倉生寅倫寅京兆法曹倫水部郎中澧州刺史嶠監察御史元振生諒誠長廣公整承漢文學篤十二代孫闢渭州刺史整隋左衞將軍生揩揩生元義元逸元景元義侍御史元逸司門郎中元景密州刺史整姪德致眉州刺史漢陽公敦延年之後至後魏末陽太守登孫艮周熊州刺史生敦隋鄭州刺史敦生弘弘生爽駕部

郎中爽生進當陽侯少子躋新平太守生胄苻秦太尉生疑
秦祕書監疑生銓後魏中書侍郎
襄陽　當陽侯元凱少子耽晉涼州刺史生顧西海太守生
遜過江隨元帝南遷居襄陽遜官至魏興太守生靈啟乾元
靈啟生懷瑪懷珤懷瑪六代孫文範唐中書舍人御史中丞
懷珤蔡州刺史生岑疑巖從岸前幼安從梁西荆州刺史岸
梁州刺史前江州刺史前生中規孝友友孫行紀行繹行紀
曾孫某河南尉荆州刺史巖梁州刺史兄弟父伯並梁州有
傳孫懿宗唐吏部員外乾光孫叔毗周峽州刺史生廉卿憑
石安石魚石黄石憑石生依德蓬州咸安令生易簡考功員
外安石生賢倉部郎中魚石生依藝鞏縣令依藝生審言膳
部員外審言生閑武功尉奉天令閑生甫檢校工部員外甫

生宗武宗武生嗣業貧無以給葬收拾乞丐云甫歿四十年啟子美柩祔于偃師悼六代孫恆隋水部郎中生安期唐亳州刺史安期生利賓雍州司法

中山　與京兆同承魏僕射杜畿後家中山裔孫弼北齊徐州刺史生甤隋治中御史生公瞻臺卿公瞻隋著作郎生之松之亮之元之松唐許州刺史之亮司勳員外生休纂延昌休纂淄州刺史延昌孫朗太子洗馬臺卿北齊黃門侍郎

濮陽　狀稱與京兆同承杜赫之子威世居濮陽陳留太守杜亮生保保生伽伽生義博案唐世系表亮生伽伽生保保生義博與此不合義寬義博生端人案唐世系表端人作仁端端人生元揆天官員外生希彥右補闕太子洗馬生華萬檢校郎中義寬滕王諮議生無忝慎言承志無忝生兼授兼極案唐世系表兼授作兼愛兼極作兼拯孫順休兼殷

中御史兼極少子鎮起居郎荆州長史建平侯〔案唐世系表載荆州長史愼行又據元載作杜鴻漸碑文亦云大父愼行爲荆州長史此下應有愼行二字〕生鵬舉安州都督生鴻漸中書侍郎平章事衛國公生收威封鼎收戸部郎中廬州刺史生翁慶鼎丹王長史承志天官員外生暹昱暹黄門侍郎平章事禮部尚書生孝友孝孫孝恭孝友御史中丞殿中監昱給事中孝恭孝孫並無位〔案唐世系表孝孫無官孝恭殿中侍御史〕

洹水　狀稱與京兆同承延年後石趙時從事中郎杜曼始家鄴後徙洹水七代孫君賜隋樂陵令生正元正藏正倫正儀正德正藏唐長安尉生僑僑生咸損咸工部郎中正倫中書黄門侍郎同三品度支員外尚書中書令襄陽公

京兆　唐武衛將軍杜德仁右補闕杜梃生正初正元正元奉天令隋復州刺史杜文瑶並云義興公杲同房坊州刺史

杜元侃元孫暹右羽林將軍將作少監鄜州刺史兼御史中
丞杜晃並云始平公房
陝郡　後魏廣武太守杜德云當陽侯之後曾孫貢陁生善
賢賢意善賢縣州刺史賢意涪州刺史
安德　狀云延年之後徙平原唐司勳郎中杜文紀生愼盈
國子司業文紀孫照烈虞部郎中
扶風郿縣　唐宗正少卿杜令怡孫沔崔
偃師　狀云本京兆人唐禮部侍郎嗣光孫溱之兵部郎中
溱之生長文溱之堂姪確河中節度
規生莊莊生夙成殿中御史夙成生自虛元軌疊州刺史大
通次子孝紀生頲主客員外潁生愔司階愔生詠有才名修
武德實錄

杜從政河東人鹽州刺史兼御史大夫杜彥先

河南 後魏書官氏志獨孤渾氏改姓杜氏

魯

周公子伯禽封魯至頃公三十四代九百餘年爲楚所滅子孫以國爲氏漢魯賜碭人也後漢中牟令魯恭魏有魯芝

扶風郿縣 魯芝官至荆州刺史又晉光祿大夫魯褒

新蔡 魯恭十代孫澄永嘉亂居江州新蔡五代孫裴齊衡州刺史生益之梁義陽太守生廣達陳侍中齊將軍綏越公生廣陳子諒子諷子謨子諒廣荆州司馬子謨幽州錄事參軍

古

風俗通古公亶父後因氏焉晉平公時舟人古乘蜀志廣漢

大典父作甫

洪刻姓纂卷六第卅八頁九行後闕八行即庫本之半頁

成都　魏初杜雄入蜀因家焉子輔

河東　狀云延年後屯田員外杜頌名犯諱又給事中杜賓王又補闕杜顔右驍衛将軍杜賓客生右庶子台賢刑部郎中杜敏並云京兆人

齊郡　狀云延年後皇太子太保行臺尚書令吴王杜威賜姓李氏生德雋右驍衛将軍宿國公

醴泉　檢校右僕射節度杜希全生叔良兼御史中丞全弟希進右神策将軍又振武都護兼御史大夫

以下接杜從政二行

功曹古牧

河內　北齊中散大夫古起起子道隋兵部侍郎案古道子傳父起魏大中大夫道子仕齊歷官檢校御史司空田曹參軍此以起爲北齊中散大夫起子道隋兵部侍郎俱誤

河南　官氏志吐奚氏改爲古氏大典一〇八九九古字韻引元和姓纂

祖

子姓殷後殷王祖甲祖乙祖丁支庶因氏焉殷有祖己祖伊漢有祖所治家涿郡范陽祖太沂裔孫訥祖逖生約並見晉書後漢太常邈十三代孫詢禕詢元治家誤類稿卅七作始

扈類稿卅七云風俗通趙有扈輒

夏時姒姓國也漢有扈輒又上郡太守扈育廣陵太守扈商

京兆　魏有扈累晉有射聲校尉扈懷

河南　官氏志扈地干氏改爲扈氏

南昌　唐匽臧之後元昌倉部員外

五

本伍氏避仇去人氏焉蜀五梁晉始興太守五允

堵

左傳鄭有堵寇堵叔堵俞彌堵汝父又音者魏志張燕本姓
堵

普

官氏志後魏獻帝次兄爲普氏改爲周氏

苦

晉郤犨亦號苦成叔子孫氏焉風俗通苦成越大夫漢苦均
爲會稽太守苦音庫

鼓

洪刻姓纂卷六第廿九頁八行詢元下闕八行元應作玄孫晉義陽太守耶訥從祖弟也玄孫曠廷尉卿生溫敏溫生紹紹生慶曾孫崇儒北齊鴻臚卿臨川公生孝孫孝基孝壽孝孫唐吏部郎中太常少卿生光孝基給事中司農少卿孝壽孫流謙秘書郎順五代孫德瑋撫州刺史生敏敏生季真後魏鉅鹿太守生瑩右僕射生孝徵北齊左僕射生君彥

京兆　狀稱與范陽同出沂後魏有祖平從孝武入關官至武州刺史生大通大通生孝義元規元軌元以下接規生莊三行

左傳鼓子鳶鞮之後以國爲姓又見姓苑

浦

晉起居注有尚書令浦選辯證廿四引作浦詳或曰浦選

補

見姓苑

五鳩

世本云楚鳩氏國語楚昭王時有五鳩蹇

五里

其先齊諸田漢武帝徙之諸田以門秩次第爲族田廣田孫田登爲第二代人案此下疑有脫誤

五鹿

左傳云少昊氏因官氏焉案左傳無其文五鹿衞地趙有將軍五鹿盧

吐萬

代人代爲部落酋帥

河南　周鄧州刺史通生緒永壽公弟纘右武侯將通已見

萬氏注

吐奚

後魏古弼代人本姓吐奚名華後爲司徒賜姓古名弼

吐賀

後魏吐賀氏

吐突

代人令中官右監大將軍吐突承璀

吐難

改爲難氏

古成

風俗通卽古成之後隨音改焉漢有廣漢都尉古成雲姚興給事中黃門侍郎古成詵右將軍古成知晉袁弘集有南海太守古成彥開元中雲陽尉古成蘉

古野

山東古野氏赤狄別種其後氏焉

古孫 辯證廿四引曰賈孫氏後訛爲古孫氏音亦訛變

姬姓王孫賈之後亦隨音改爲古孫氏 據氏族略增改

苦成

晉卿郤犨食采苦成因氏焉潛夫論苦成城名在鹽池東北

苦久

後燕步兵校尉苦久和 案後燕錄作若久和此非苦久和

仵城

晉州稽胡晉初賜姓呼延居西州後魏正始年呼延勒爲定州刺史於定陽賜姓仵城因住南汾州仵城縣音訛轉又爲

賀悅

魯陽

妘姓國也在魯陽爲魯所滅子孫氏焉潛夫論芊姓楚公族有魯陽氏

祖南

風俗通與社南皆齊倡也漢高惕娶共風祖南氏

補祿

英賢傳補祿子著書一篇言法家事

吐谷渾

十一薺

米

出西域米國 類稿卅四引

禰

平原後漢人 同上引

○邸

風俗通漢有三郡太守邸杜 類稿卅四

○洗

又音線南海人見姓苑 同上 逸華韻壬集四引 云洗音線

魏晉之際鮮卑慕容廆兄吐谷渾率部落止青海之西國號吐谷渾或歸中國因氏焉

古口引

改爲俟氏

普六茹

周書楊忠姓普六茹疑與普陋茹同

十一薺

禮

左傳衛大夫禮孔禮至漢新市長禮長

平原 後漢禮震受尚書于歐陽歙

啟

夏后啟之後以王父字爲氏後燕有將軍啟崙 案啟崙急就章作啟篇

十二蟹

解

晉大夫解狐之後其先食采于解因氏焉漢有御史大夫解延年司隸校尉解光鮮狐類稿卌作解揚鮮獵

濟南　晉雍州刺史解系系弟結結孫旆唐御史大夫濟南男解琬鴈門人徙家魏州職方員外郎解忠順魏州貴鄉人

河南　後魏官氏志解毗氏

解琵羅

改爲羅氏

可足渾

前燕錄慕容儁皇后可足渾氏又有散騎常侍可足渾恆後燕城陽太守新汲侯可足渾健生譚新平公渴燭渾可足渾

疑並與可朱渾同隨音轉耳

可朱渾

出自代北又居懷朔隨魏南徙河南後魏都官尚書樂陵公可朱渾昌生道元北齊太傅太師扶風忠烈王生孝裕長威孝裕北齊大將軍生貴公貴公生君招長威生定遠唐右領軍右常侍懷州刺史生懷儼懷敏案北史道元子名長舉襲父爵此誤道元魏臣云北齊亦誤

十四賄

隗

春秋時翟國隗姓子孫因氏焉

天水成紀　漢末隗義弟崔崔兄子囂更始御史大夫鄧禹承制以爲西州大將軍專制涼州朔方事光武征隗會卒王

十五海

∘亥

戰國策晉有亥唐

河南　官氏志侯亥氏改爲亥類稿廿八

∘攺

秦大夫有攺產同上



元立其子純明年降

汝陰　晉有隗紹善易

十五海

海

見姓苑

采

黃帝封其子于右北平采亭因氏焉

北平　漢渡遼將軍采皓見英賢傳晉東莞太守采耿至隋

漁陽郡主簿采强狀云耿之後也生宣明公敏宣明給事中

刑部侍郎生懷敬懷敬吏部郎中宗正少卿生庭芝蘭芝公

敏黃門侍郎生泰眷右金吾將軍相州刺史

宰

十六軫
閔
仲尼弟子閔損字子騫魯人 類篇三十八引

周大夫宰周公孔之後以官爲姓仲尼弟子宰予字子我魯人也漢有司空掾宰直

宰氏

范蠡傳云陶朱公師計然姓宰氏 案徐廣注計然姓辛氏名鈃其先晉國之公子也此作姓宰誤爲複姓又誤 字文子葵邱濮上人

宰父

仲尼弟子有宰父黑

倍利

斛律部別帥倍侯利代人後封孟都公 案倍侯利即斛律金之高祖蓋後又分爲斛律氏

## 十六軫

軫 眞上聲 辨證廿四引作春秋貳軫國後為氏

左傳軫國在楚之東南楚屈瑕將盟貳軫注云二國也

十七準

尹

少昊之子封于尹城因氏焉風俗通云師尹三公官也以官爲姓漢尹咸尹賞尹齊後漢尹敏晉尹奉（姓下類稿卅八引有周有尹吉甫一句）

天水　姚秦謨謀主尹緯又西海太守尹玖生猛晉昌太守又居京兆六代孫惠唐寧州司馬生恩貞刑戶二部侍郎御史大夫戶部尚書天水公生中和中庸中言中和庫部郎中國子司業中庸平原安定等三郡太守信王傅司正中言京兆府司錄後魏燕郡太守尹思曾孫景同浙州刺史生徹隋梓州長史生元備左武侯郎將

河閒　稱尹敏之後魏趙州刺史尹盧曾孫軌隋貝州刺史

上蒙公生勢唐嘉州刺史生仁弘仁德仁弘潞州司馬長樂公生元叔元貞元凱元貞生日昇鄭州刺史光祿少卿元凱左史鳳閣舍人仁德吳王戶曹生元繹元超元徽子羽子產子羽洛陽丞宣州別駕子產灃州刺史元徽比部郎中楚州刺史後魏太子洗馬尹翼六代孫朗生正理左拾遺商州司馬正義度支郎中宋州刺史

樂城　後魏太學博士尹珍孫式隋長寧王長史生文憲中書舍人給事中生奭祠部郎中給事中又禮部員外尹知章絳州翼城人尹格之後又有古尹姓之戎居瓜州案古今人表有堯師尹壽又左傳作允姓之戎

## 允

允格之後類稿卅八云又古允姓之戎居瓜州

補 十九隱

○隱 吳志有廷尉監隱蕃云魯隱公之後以謚爲姓類稿卅八

尹午

楚大夫甯尹午之後又楚大夫尹午子叔

二十阮

阮

有通華藏庚集九引作在△殷有阮國在汧渭之閒周文王侵阮徂共見毛詩子孫以國爲姓後漢有巴吾令阮敦據秘笈新書增 汧類稿卅八作岐

偃

少昊孫咎繇生于曲阜是爲偃姓國語云舒庸舒鳩並偃姓也

圈

風俗通云楚鬻熊之後一本云姓卷氏鄭穆公之後秦末爲博士避難改爲圈氏

二十阮

宛

左傳衛有宛春鄭有宛射犬漢有下邳相宛遷吳興太守宛芳 類篇卅八引

苑

狀云殷武丁子文受封苑因氏焉或有音怨非也左傳齊有苑何忌 同上引

陳留　後漢末有圈稱字幼舉撰陳留風俗傳又有圈宣明郭林宗傳有陳人圈文

卷

琅琊　陳留風俗傳云陳留太守琅琊卷焉本姓圈氏因避仇改去口

娩

古萬字入姓見纂要文

湛師 湛偃之誤

出自嬀姓陳悼太子偃師爲公子招所殺裔孫以王父字爲氏 或曰周人食邑偃師氏焉今河南偃師即其地也 據辨證二十五引補 本書嘗有或曰又曰例

元和姓纂卷六

二十三旱

罕

鄭穆公子喜字子罕生子展生子皮以王父字爲氏子皮名虎類稿卅八引

# 元和姓纂卷七

唐林寶撰　　陽湖孫星衍　　歙洪瑩同校

二十一混

## 本

姓苑有本氏

二十三旱

## 罕夷

左傳晉大夫罕夷之後

二十四緩

## 管

文王子叔鮮封于管因氏焉管夷吾字敬仲仕齊又管至父

燕有管少卿案世本管氏自莊仲山生敬仲夷吾夷吾生武子鳴鳴生桓子啟方啟方生成子孺孺生莊子

二十四緩

滿

風俗通荆蠻有瞞氏音舛變為滿氏

漢有滿昌 輯稿卄八引



盧盧生悼子其夷其夷生襄子武武生景子耐步耐步生微

北海 管少卿九代孫管寧魏大中大夫晉有南夷校尉管

彥

平原 漢末袁譚將東安太守管統魏少府丞管輅字公明

纂

姓苑云義興人

河南 官氏志纂連氏改爲纂氏

琯

何氏纂要云人姓

二十五潸

阪上

上黨屯留人其先居阪上因氏焉見傅餘頠複姓錄

二十六產

簡（與本書合為一條）羅輯本據辨證補

左傳晋大夫狐鞫居食采續邑因號續簡伯漢有簡卿（類稿廿八引 辨證廿五引前二句因號作號為）

棧°

見姓苑

任城 魏志有棧潛（類稿卅八）

二十六產

產

國語注云祝產己姓

彭城 姓苑云彭城有產氏

棧

見姓苑

任城 魏志棧潛

簡（見上）

周大夫簡師父之後

二十七銑

典

見風俗通

陳留　魏志有都尉典韋生滿

洗

又音線南海人見姓苑

二十八獮

展

魯孝公子展之後孫無駭生展禽又展喜展莊叔並其後也

梁善畫人展見乾

河南　官氏志輾遲氏改爲展

蹇

左傳秦蹇叔後漢小黃門蹇石 類稿卅八下有風俗通漢有蹇蘭為交趾刺氏

雋

見姓苑

二十八獮

單

周成王封少子臻於單邑為甸內侯因氏焉襄公穆公靖公二十餘代為周卿士 類稿卅八引

衍

風俗通云宋仲衍之後 類稿卅八

渤海　漢京兆尹雋不疑之後

免

左傳衞有免餘亦音問漢免乙爲上郡太守

善

善卷古時高士見呂氏春秋（古類稿卅八作堯）

鮮陽

漢有揚州刺史鮮陽進士孫滔散騎常侍

二十九篠

蓼

咎繇子之後

太原（案蓼國杜預注在安豐蓼縣通志作壽州霍邱此太原乃蓼氏望出太原非其故地）　皐陶之後

封蓼以國氏焉唐有羽林將軍晉陽公蓼崇業

烏俗

伯益仕堯有養鳥獸之功賜姓烏洛氏支孫又以路洛爲氏

史記曰大費子太廉爲烏俗氏誤作洛

三十小

趙

孫造父類稿卅八新書六作至造父

帝顓頊伯益嬴姓之後益十三代孫造父善御事周穆王受封趙城因以爲氏衰盾之後分晉爲諸侯都邯鄲王遷爲秦所滅子代王嘉嘉子公輔主西戎居隴西郡天水西縣　公輔十三代孫名融後漢右扶風大鴻臚融曾孫密晉南蠻校尉生疑茂隋左僕射蒲州刺史生元恪元愷元叔元楷元恪隋兵部侍郎元愷唐長安令毛州刺史元叔隋工部員外元楷兵部郎中殿中監武强公生崇道崇嗣崇素崇孝崇基符

璽郎生慶逸逸生演大理司直演生偹令言令言生佩玗珣玘玗鳳翔少尹珣少府監玘通事舍人崇道太僕少卿鄧州刺史崇嗣虞部郎中商州刺史生揆夷州刺史崇素水部郎中司農少卿崇孝鄧州刺史芬兄士亮（案上有脫文）生方改海唐職方郎中太僕少卿生本道本質道生思謙琮珽琮晉陽令珽義王之友生懋伯河南尹懋伯生素璧本質泗州刺史密次子嶷六代孫超宗後魏岐州刺史生仲懿尚書左丞仲懿生煚金城公左僕射冀州刺史煚生信丞正臣正臣生德皆唐殿中丞超宗弟令勝後魏河北太守孫懷訥廣州刺史總管懷化公生慈景慈皓慈景駙馬兵部侍郎華州刺史生節尚衣奉御慈皓巴州刺史生持滿左衛郎將

下邳　漢丞相趙周之後十二代孫歆魏廣陵太守元孫裔

晉平原太守以宋武外祖贈金紫光祿大夫生正倫宋領軍正倫生伯符丹陽尹七代孫綽唐左領軍將軍生璡屯田郎中魏州刺史瓌駙馬右千牛衛將軍壽州刺史女爲中宗妃追冊和思皇后子欽仁

金城　與天水同前涼有趙頵

扶風　漢太常大夫趙禹今無聞

平原　後漢太傅趙憙之後本南陽宛人徙平原裔孫奉伯後魏洛陽令生彥深北齊尚書司徒太傅宜陽文獻王生元將仲將叔將公方仲將隋吏部尚書生義綱唐戶部侍郎叔將卬州刺史生尹平祕書郎公方隋大理正生仁溥義高

河閒蠡吾縣　本名頴川亦趙王遷後漢京兆尹廣漢之後徙河閒裔孫全穀本名鍾唐金部員外洪州都督

中山　稱本自天水徙中山曲陽今定州鼓城縣後周信州

長史趙達孫協生寶符寶符生不器不器生夏日和璧冬曦
安貞居貞彙貞顗貞兄弟七人舉進士自寶符至冬曦安貞
孫鄭又五代進士冬曦中書舍人國子祭酒生湛屯田郎中
國子祭酒生鄭安貞給事中居貞比部員外吳郡太守採訪
使生昌工部尚書華州刺史顗貞員外職方郎中安西都護
協孫大疑不疑考功員外生艮公太子舍人
新安　稱自天水徙焉後周有肅生軌軌生弘智唐黃門侍
郎兄弘安度支郎中
南陽穰縣　稱自天水徙焉後魏有太常卿趙鑒生榮隋庫
部侍郎生德昌唐主客員外德言生景仁泰景好時令生敭
先殿中侍御史敭先生驊比部郎中祕書監致仕驊生宗儒
給事中平章事刑部尚書仁泰南和令生愼己愼庶愼己部

城丞生駰京兆士曹參軍生涉渾涉侍御史生傪伉仲傪監
察御史伉昭應尉生璘璜璡渾大理丞生儹佶佶兼監察御
史愼庶殿中御史

酒泉 隋右武侯大將軍趙才才生趙興唐左金吾大將軍
生文皎左金吾大將軍文翽營州都督文翽生昌戶部員外
皎孫連膳部郎中

陝郡河北縣 狀稱後漢大鴻臚趙融後七代孫瑤後魏河
北太守因居焉瑤六代孫仁本同三品左丞生誼諫誼左司
郎中孫景門下侍郎平章事生元亮諫羽林將軍

汲郡 本自天水徙焉唐宜祿尉昭夷子趙貞固生徽主客
員外生需左司郎中

河東 狀云自天水徙焉唐監察御史趙君煦曾孫良器良

弼中書舍人生密邑董復縱袞密檢校戶部員外都水使者河南少尹復中書舍人生元陽眞長元陽滁州刺史眞長監察御史縱戶部侍郎生公昌季黃君煦兄孫珍和州刺史生匡贊匡洋州刺史贊戶部侍郎生虔

長平　狀云自天水徙澤州唐有玉鈐將軍趙廉生承恩鴻臚卿

信都　尚書左丞趙涓生博元博宣博文博宣監察御史

諸郡趙氏　尚書左丞華州刺史趙昇卿林汝人戶部郎中趙謙光汲郡人司水部員外趙自勤河南人膳部郎中賓客起居舍人趙晉並河東人給事中趙文湖州刺史趙脊徵陽翟人殿中監趙計河東人兵部員外趙子卿長安人虞部郎中趙履冲下博人司封郎中趙昂馮翊郃陽人利州刺史趙

儋絳州人檢校工部尚書黔中節度沂國公趙國珍黔中人弟國玉改名孝先檢校員外趙鼎生震監察御史司農卿趙履溫萬年人范陽節度使趙含章醴泉人

矯

左傳晉大夫矯父漢將軍矯望

扶風　後魏矯愼扶風人

北海　郭頒世語北海高士矯慮

蟜

顓頊元孫蟜牛之後舜祖也禮記有蟜固

繞

左傳秦大夫繞朝之後

小王

左傳衛大夫小王桃甲之後

小施

禹後姒姓有小施氏見史記

擾龍

劉累之後漢有侍御史擾龍羣又擾龍宗爲侍御史詣董卓白事不解劍卓撾殺之

趙陽

漢少府趙陽鴻治孟氏易

表黎

改爲黎氏

三十一巧

鮑

三十二晧

○浩
漢書青州刺史浩賞 類稿廿九

姒姓夏禹之後有鮑叔仕齊食采於鮑因氏焉敬叔生叔牙曾孫國代爲齊卿 鮑叔類稿卅八新書七遥華韻庚集十引均作鮑敬叔 遥華韻引云夏后裔封鮑

東海剡縣 漢太尉昱子德始居東海永嘉亂過江居丹陽德裔孫泉梁信州刺史泉弟隋均州刺史平遠孫安仁唐滁州刺史

襄陽 狀云宣之後開元有鮑思遠生防京兆尹口部尚書

河南 官氏志云俟力氏改爲鮑

絞

左傳有絞國在隋唐之南以國爲氏

三十二晧

棗 雜類稿卅九引作地 遥華韻辛集一引棘子成後下作文士傳棘氏避仇改棗氏

本姓棘棘子成之後因避難改焉後漢棘元潁川長棗祗爲

陳留太守生趙趙生據字道彥太子中庶子生腆高

老

風俗通云顓頊子老童之後左傳宋有老佐論語老彭卽彭祖也或云老氏老耼老萊子之後

保

周禮保章氏因官爲姓呂氏春秋云楚保甲 類稿卅九楚下有〻字

昊

風俗通云昊英氏之後一云少昊之後

浩星

漢有浩星公治穀梁李廣傳有浩星公又浩星賜元國所善 案趙充國傳有所善浩星賜元乃充字之訛

浩生

孟子齊賢人浩生不害

老成

老成子賢人裔孫老成方仕宋爲大夫著書十篇言黃老之道

老萊

老萊子古賢人著書類稿五十七古作楚

老陽

神仙傳秦有老陽子白日昇天

老城當作考城老城氏即老成氏也辯證廿六引作考城

老城氏或爲考城氏考城子古賢人也著書述黃老之道列子有考城子幼學於尹先生

三十三哿

三十三哿

奇朱渾

出自原誤倒代北又居懷朔隨魏南遷類稿五十九

左

齊氏 公族有左右公子因以氏焉魯有左邱明楚左史倚相

齊國臨淄縣 邱明之後魏左雍爲侍御史生思官至祕書郎神仙傳有左慈齊氏類稿卅九引無氏字

南陽沮陽縣 後漢左雄尚書令唐宣州都督戴國公左難當宣州人云其後也

我

風俗通云我子六國時人著書號我子

左人

仲尼弟子左人郢魯人見史記

左史

古者左史記言因氏焉楚有左史倚相後以官爲氏據辨證廿六引補

左尹
楚左尹郤宛之後穀梁有左尹子息
可沓
梁河南王可沓振
可地
改爲延
三十四果
火拔
北蕃酋領也
三十五馬
馬
嬴姓伯益之後趙王子奢封馬服君子孫氏焉奢孫興趙滅

三十五馬

○假

陳留　漢有假倉治尚書〔類稿卅九〕

之徙咸陽〔之字衍類稿卅八新書七引並無〕
扶風茂陵　漢馬權爲將軍生阿邏〔案漢書阿邏作何邏〕通通封重合
侯生昌昌生況余援余生歆融融南郡太守援子廖女爲明
德皇后生章帝歆十一代孫默後魏雍州治中生思歡歡生
祚祚生重隋京兆府長史生匡武匡檢匡武瀛州刺史襄城
公匡檢生克忠咸陽尉克忠生構措構鴐部員外湖州刺史
生會擇擇兵部員外河間太守生著署〔案唐世系表作昔〕著署生逢
監察御史歆十二代孫岫西魏上柱國扶風公孫懿爲唐均
州刺史襄陽公後魏平州刺史馬榮之狀稱南郡太守融後
生熙熙生亮亮生琮亮會孫正會左武衛將軍鄯州都督生
暹晁晟晟生璘檢校左僕射涇原節度生盱晞瞎盱代州都
督皓左神武將軍暹光祿卿生昂江陵令琮曾孫知廉尚食

○治

衛大夫有冶廑魯有冶治同上



奉御

京兆　狀云融後北齊治書御史馬觀國元孫頠唐兵部員外自周齊代居憲府舊號御史馬家頠生光粹光淑粹生矩該眞矩該生安南都護光淑左司郎中宋州刺史生僖

鄴郡　後魏章武太守馬晃元孫昊陁唐監門將軍荆州長史生大通大均大通孫頴營州刺史大均甘州刺史生崇臺左羽林將軍生瓊慶州都督瓊生銳鉉錫銳揚府司馬鉉兼中丞生淑錫諫議大夫虢州下缺

茬平　北齊茬平令馬暹因家焉生瑗本郡戶曹主事生周中書高唐公周生載恂載左丞吏部侍郎生觀覬覬吏部郎中生元振元拯恂河南令丹州刺史

臨安　唐嵐州刺史大同軍使馬季龍狀稱歆後生炬炫燧

炬生當右諭德炫刑部侍郎工部尚書致仕燧司徒兼侍中北平郡王生彙暢彙太僕少卿暢少府監生繼祖

西河　隋太子洗馬馬隋孫元素太府卿生元直金部員外元直生汕汕檢校郎中生翊增

廣陵　唐吏部侍郎祕書監常山文公馬懷素生觀觀生繼

諸郡馬氏　唐左驍衛將軍馬文舉長安人左衛武軍馬四達檢校員外馬丹華陰人馬吉甫馬光嗣正平人兄秦客右常侍

## 賈

遥華韻卒集二引作周大夫賈伯周康王封唐叔虞少子公明于賈春秋晉滅賈賈季狐偃之子射姑文公六年奔狄

唐叔虞少子公明康王封于賈後爲晉所滅以國爲氏又云本自周賈伯之後據祕笈新書增

長樂　漢長沙王太傅賈誼洛陽人十代孫龔居武威龔孫

詡魏太尉生璣長樂令隸相州裔孫琚後魏潁川太守生昭申申生廉廉生均清河南郡兵曹均生言道言忠言忠吏部考功員外生曾閔剡曾中書舍人禮部侍郎生深至深職方郎中徐盧夔岳四州刺史至中書舍人禮兵二侍郎京兆尹右常侍生孫泉州刺史璣曾孫國後燕代郡太守曾孫叔願後魏散騎常侍聘齊使孫慈明北齊華山王諮議生仲璣唐滄州魯城令魏尙書賈興元孫雲霽唐合州刺史代居坊州中部縣生成元珪元敏案元敏下疑脫元珪二字資興令元敏舒州牧

宛句　誼九代孫秀玉後漢武威太守又家武威王曾孫演演孫眞晉兖州刺史宛句後又徙宛句眞元孫思祖後魏龍驤將軍元孫暨北齊太守生武隋鄱陽郡司空生敦實顗滄洛等州刺史生宣譽敦實司封大夫右庶子生承恩伯業伯

起伯饒伯招伯卿膺福通理承恩洛州武州均州司馬生弇全全越州刺史浙東觀察伯業庫部郎中生茂宗膺福兵部郎中左常侍

洛陽　狀稱誼後梁中軍長史賈弘生勰北齊青州刺史孫憲生處靜處澄處靜成州長史生慶言刑部郎中滑州刺史慶言生晉恆處澄生元禕元禕生季鄰季良奉天尉季良生岌檢校員外岌生稜穜稜大理評事季鄰長安主簿生嵓嶷

河東　晉有散騎常侍賈弼生匪之宋太宰參軍希鑑齊外兵郎撰永明氏族稱生執梁少府太傅講學撰姓氏英賢傳北齊鉅鹿太守賈延慶云其支族也延慶曾孫德達唐大理丞生楚珪歸州刺史

廣平　狀云稱賈翊之後北齊國子助教猶曾孫元彥唐太

學博士生元贊大隱元贊太學博士大隱中書舍人禮部侍郎生幼知日新

樂陵、賈誼之後唐沁水丞賈元琰生耽左僕射司空平章事生瞵疇睬睬太子中允疇司農主簿

河內野王 中書舍人登陝郡庫部郎中賈彥璋

濮陽 工部員外賈彥璿弟彥璉評事水部郎中賈昇刑部郎中賈虛舟侍御史賈仁英魏郡人侍御史賈令恩河東人右常侍御史大夫賈隱

夏

夏后氏之後以國爲姓又陳宣公孫御叔亦爲夏氏徵舒其後也遙華韻辛集二引此條文多增竄末多夏黃公商山四皓七字

馬師

世本鄭穆公有馬師之官馬師頡馬師朔馬師黥列仙傳有馬師皇

馬適

趙將趙奢號馬適君因氏焉案此系當改入馬服姓下漢功臣表有畢侯馬適建當增入此脫又誤以馬服君改馬適君

馬矢

莊子有馬矢子

虵咥上音野下音錢都結反 案此姓注文原本缺

夏侯

夏后之後至東婁公封爲杞侯至簡公爲楚惠所滅弟他奔魯魯悼公以夏侯受爵爲侯因氏焉後去魯之沛居譙遂爲郡人漢有太僕夏侯嬰譙國人嬰孫夏侯建建三代孫竗才

魏征西將軍轉博昌侯生霸仕蜀雍州牧鄗侯七代孫詳左僕射豐城公生亹亹生審端唐祕書監梓州刺史審端生德昭吉州刺史德昭生遵業遵本又後魏左光祿夏侯道謙爲譙郡太守子孫因家焉弟叔明檢校右僕射劍南東川節度生昪原御史大夫昪生仲仲生昊彭州刺史

夏父

左傳魯大夫夏父弗忌宋大夫夏父徵

夏后

史記禹爲夏后因國氏焉

夏里

漢四皓夏里黃公河內軹人

社北

三十六養

○黨
左傳晉大夫黨氏之後 類稿廿九

○養
楚有養由基孝子傳有養奮梁有養彭舒

○强
苻秦錄有强永强帛姚秦有强超强斌西陽侯强京並畧陽人也並同上

風俗通云凡氏於職社北五鹿有社北大夫因氏焉

沛郡 漢有社北郡爲羣上計

三十六養

蔣

周公第三子伯齡封蔣子孫氏焉國在汝南期思縣宋改爲

樂安漢有蔣詡蔣朗新書祕笈

掌 類稿廿九之後下有音掌二字

魯大夫黨氏之後揚雄與劉歆書云林閭蜀郡掌氏

琅邪 晉有琅邪掌同

燉煌 前凉有遂興侯掌據

仉 音掌案此卽爪字反爪文也

人姓梁州有仉啟

案第三兄為長孫氏長孫當依魏書官氏志作拓跋

案紇骨氏下當據魏書官氏志增孝文改為胡氏一句

案上黨王長孫道六字當衍魏書長孫嵩封北平王謚宣生頹謚安王頹生敦謚簡王敦生道謚順公道生悅又嵩從子道生封上黨王謚靖嵩



鞅（央上聲）

見姓苑

賞

江南有賞氏

驃（皮養切）

姓苑云人姓

長孫

河南洛縣[陽]（類稿五十八引憐作隣 以蒿宗室之長作以拓拔皇枝之長）後魏獻帝拓拔與憐七分其國兄弟各統領之第三兄爲長孫氏孝文帝以蒿[嵩]宗室之長改爲長孫氏長兄爲紇骨氏次兄普氏孝文改爲周氏太和中詔代北人並爲河南洛陽人道武時有上黨王長孫道北平王長孫嵩上黨靖王道生後魏司空旃旃生觀（見案魏書道生子抗抗子觀此作道生旃旃生觀蓋與唐世

當道武時位司徒封公太武時進
王遷太尉其父仁在昭成時道生
當太武時位司空封王是道武時無
上黨王長孫道也道爲嵩之曾孫
當宣武孝明時由北平王例降爲公
亦非上黨王也道生官司空其子抗
官少卿未襲爵卒此作旃又云後
魏司空蓋四字屬上謂道生也空下
當脫一生字又道武時尚有長孫
肥封盧鄉公降藍田侯謚武子孫
傳爵史僅云代人蓋亦魏宗室與
嵩同支者

系表同誤爲殿中尚書生䄲西魏尚書令太師生子裕紹遠澄攜
亟案魏書稚凡五子子彥子裕紹遠士亮季亮又子彥本名儁此所載與唐史同與魏書異又澄亦觀之子此作䄲子
與唐表亦不合儁誤作攜子裕西魏右武侯將軍平原公生兕後周絳州
刺史平原公生熾晟敞義莊熾隋戶部尚書饒陽公生代案唐
世系表名安世此避唐諱爲代代生祥刑部尚書御史大夫孫孝紀左司員
外郎晟隋右驍衛將軍唐贈司空齊獻公晟女爲太宗文德
皇后晟生无乃无敞无憲无忌无逸无憲生安業唐左監門
將軍无忌吏部尚書侍中中書令右僕射司徒太尉趙國公
在相位三十四年生沖渙濬溫淨淑案唐世系表淑作儆澤沖祕書駙
馬孫元翼宣州刺史渙中州刺史濬淨並奉御淑成州刺史
儆宗正少卿汴州總管生无虎右監門將軍義莊荊州刺史
紹遠西魏大司空上黨公生監案周書作覽此作監周大司徒薛公隋

宜州刺史生寬龕操清案唐世系表清作洪唐晉州刺史寬生昭鄧州刺史昭生仲宣庶幾仲宣孫鑄倉部員外郎庶幾生勗西河太守龕房州刺史曾孫子哲信安太守右金吾大將軍操金部郎中歸州長史生憲誼鑒詮憲屯田郎中德州刺史誼睦州刺史生詠屯田員外郎鑒曾孫湯詮駙馬尙輦奉御稺三子燈周秦州刺史義文公生嶸緯軌始愷嶸生績績生和人司農少卿緯曾孫貞隱太常博士軌元孫端梁州司農生縯全緒縯長安令全緒右金吾將軍宋州刺史生雅正駙馬愷生順德澤州刺史驃騎將軍邳襄公元孫有鄰和州太守順德姪瞧駙馬黃州刺史稺第四子攜後魏尙書令平高公生毗隋工部尙書絳公稺五子巫周秦州刺史淸都公生大敏唐職方員外大敏生希範司門員外北平王嵩後魏太尉五

代孫慶明後名儉周僕射荊州總管鄶公生平徹平隋工部尚書襄陽公生師禮唐膳部郎中徹生文則庫部郎中集生讓光州刺史敦生師黃門侍郎師生訥言

北海　梁買執姓氏英賢傳云北海長孫氏左王魚家後

上官

楚懷王子蘭爲上官邑大夫因氏焉秦滅楚徙隴西之上邽漢右將軍安陽侯桀生安桑樂侯女爲昭帝皇后拜車騎將軍以反誅裔孫勝

天水　蜀太尉上官勝生二子曰茂曰先茂案下有東郡上官先元孫迴此應作先徙居東郡作茂誤徙居東郡

京兆　上官茂裔孫壽後魏蘽城公生思愼思愼生昇後周秦州刺史生政隋西郡太守義淸入政生懷仁唐右武將軍

舒州刺史政少師案政已見前此有脫誤裕安州刺史安義生翼伯翼伯生義同義同生宗素宗素生式

東郡　上官先元孫迴後周定襄太守孫弘隋比部郎中江都總監因居揚州生儀西臺侍中平章事二子庭芝庭璋庭芝周王府屬生怡容庭璋太子僕射生經野經國經緯經緯生詔侍御史

## 壤駟

風俗通息公子邊為大夫氏焉案此有脫誤漢有光祿大夫宜陵侯壤駟射案家語孔子弟子有壤駟赤秦人

## 爽鳩

辯證廿七引云少皞氏司寇曰爽鳩氏封為諸侯居齊地以地為氏羅輯本有

左傳爽鳩附庸國伏羲後風姓也

## 養由

三十七蕩

○蕩 宋桓公子〻蕩生公孫壽生蕩意諸以王父字為氏 輯稿卅九

放 尚書堯臣放齊 同上

楚養由基之後

三十七蕩

党 本出西羌姚秦將軍党耐虎自云夏后氏之後代居羌豪又史平男党娥子孫居同州

馮翊 後魏寧州刺史北地公党弘六代孫仁弘唐陝瀘等州刺史廣都公生敬元濮州刺史監門將軍婺州都督党孝安職方郎中党睦並同州人

華陰 姚秦羽林監党成後徙華陰

汻 音晃呼浪反

姓苑云人姓

廣

三十八梗

○冷

冷淪氏之後音訛為冷氏 類稿四十

○省

左傳宋有省臧 同上

杏

姓氏急就篇云杏氏見姓纂



風俗通云廣成子之後

廣成

神仙傳廣成子古仙人居崆峒山黃帝造焉

三十八梗

丙

齊大夫丙歜之後漢功臣表有高苑侯丙猜傳封八代

魯國　漢丞相傅陽侯丙吉代居于魯晉大夫丙豫食采于

丙因氏焉齊有丙意茲漢士丙丹

北海朱虛縣　魏有丞相徵士丙原字根矩孫後周信州總

管丙明丙明生粲唐監門大將軍應國公高祖與之有舊以

姓妃諱賜姓李氏粲生寬太常卿寬生孝昱案唐書李元紘傳元紘父道廣祖寬此于寬下止載生孝昱脫道廣一人紀王戶曹孝昱生承業承嘉承業絳州

刺史承嘉御史大夫戶部尙書道廣殿中監平章事益州長史金城侯生元綜元繹元紘元緘元綜屯田郎中荆州長史生舒工部郎中舒生莒元紘戶吏中書三代郎平章事戶部尙書致仕生有孚有容有功元緘鄆州刺史

景

芊姓楚公族也漢初徙山東豪族于關中令好畤華陰諸景是也楚有景風史志有西湖人景養類稿四十引華陰作華陽楚有句作齊誤楚之有景差漢有景風

廣陵　後漢景鸞善詩易辟不起見儒林傳

平陽　後燕錄有平陽州景安

河東　唐河南少尹景延廣案此與五代之景延廣非一人生彬

郩

晉郩豫食采于郩因氏焉類稿四十引晉下有大夫二字末有齊有郩意茲五字

秉

漢有秉寬

猛

左傳猛足〔案左傳作猛獲 類稿四十作左傳宋有猛獲〕

永

見姓苑

梗陽

秦宣太后弟封梗陽君因氏焉漢有駙馬都尉梗陽肇晉有梗陽丞阜漢有侍御史謁者梗陽貞

邴意

齊大夫邴意茲之後望出千乘博昌〔據辯證廿七引補 羅輯本有〕

三十九耿

。頴

四十靜

左傳鄭大夫頴考叔爲頴谷封人

類稿四十下引左傳頴考叔純孝三句及公孫閼二句不知是否姓纂原文

耿

殷時侯國爲晉所滅因氏焉尙書祖乙圮於耿是也據祕笈新書增

四十靜

靖

風俗通單靖公之後以謚爲姓一云齊田氏之族靖郭君之後中山著姓略云河東裴公續娶散騎常侍章公中山靖延康之女

陳留　隋有靖德立與裕處仁等爲八俊

井

穆天子傳周有大夫井利又天子爲井公博左傳虞大夫井伯漢司徒掾井宗

類稿四十引漢下有〻字

四十四有

四十四有

○鈕
東晉鈕滔吳興人 類稿四十

○㮌
風俗通漢有高㮌長㮌宗

○壽
風俗通吳王壽夢之後吳大夫壽於姚漢末兗州牧壽良

○酉
風俗通傳云（當作）酉氏黃帝之後見國語魏志有酉收陳留人

○姜
姜里獄官子孫氏焉見纂要

○臼
左傳華氏家臣臼季 華廣韻作華

○舅
晉大夫舅犯之後亦作咎 並同上

有

風俗通有巢氏之後仲尼弟子有若魯人漢有祿 案姓氏急就篇云風俗通漢光祿勳有光今本風俗通無此句亦無有祿之名 類稿四十引祿上重一有字

柳

周公孫魯孝公子展展孫無駭以王父字爲展氏生禽食采柳下遂姓柳氏魯滅仕楚 案大典作楚狂今從祕笈新書 秦幷天下柳氏遂遷于河東 類稿四十新書七引生禽作展禽

河東解縣 秦末有柳安惠裔孫也始居解縣安曾孫隗漢齊相六代孫豐後 案豐後漢人此脫漢字 光祿勳六代孫僧習 案唐世系表豐六世孫軌晉吏部尚書生景猷晉侍中二子耆純耆太守號西眷二子恭璩恭後魏河東郡守南徙汝潁遂仕江表曾孫緝宋州別駕宗安郡守生僧習據此則僧習乃豐十二世孫也此本作六代孫僧習與唐書不合 後魏尚書右丞生鷟慶虯檜鷟鷟生帶韋周黃門侍郎帶韋生祚續祚

生震範幹震郢州刺史生俊棣州刺史範尚書右丞生齊物（案唐世系表祚生齊物齊物生範範生喜此以範爲祚子齊物爲範子與世系表不合）睦州刺史生喜喜生賁弁（案唐世系表弁下有淡字）中行宗弁殿中侍御史生道倫（案唐世系表道倫作弁孫）淡字中庸洪府戶曹幹工部員外生渾儒渾孫奕昇州刺史儒戶部郎中孫翊膳部員外續儀曹郎中慶後魏右僕射平齊景公生機弘且肅勃機隋納言建安簡公生述遜逵遲述隋兵部尚書遜職方郎中生允莽允隴州刺史曾孫叔瑞端（案唐世系表作叔璘瑞州刺史）州刺史生應規兼殿中御史允孫光庭祠部員外薊州都督（案唐世系表光庭弟充庭蘇州都督）逵考功郎中遲禮部郎中且隋黃門侍郎生變則綽楷融亭變都官郎中生（案此下脫子房二字）子寶子房戶部侍郎則生奭中書令河東肅公奭生知人水部員外綽膳部郎中楷濟州刺史融生子敬子夏融

孫元寂主客員外撫州刺史子敬生約房州刺史子夏生從心從裕從裕生察躬躬生鎮侍御史鎮生宗元禮部員外亭岐州刺史太常卿生子陽子貢子陽生誠言誠言生渙澤渙中書舍人澤華州刺史子貢孫良器冀州刺史肅隋吏部郎中生大隱台州刺史虬周中書侍郎生鴻漸蔡年止戈待價鴻漸五代孫暉靈州刺史蔡年生謇之諤之頴之挺之謇之隋黃門侍郎生威明慈明然明威明吏部郎中慈明職方郎中孫弼貝州刺史慤辰州刺史都督曾孫立然明施州刺史諤之生保隆膳部郎中頴州（案唐世系表頴州當作頴之）屯田員外孫存業徧州刺史生栖朝（案唐世系表無朝字）嫣州刺史挺之中書舍人止戈孫建（案唐世系表建係止戈五代孫）金部郎中待價孫言恩祠部郎中檜生雄亮亮生贊都官郎中曾孫鄭卿咸安太守贊次子據五

代孫懷表生該謨該生岑岑生澄溫潭溫光祿少卿潭駙馬太僕卿生晟右金吾大將軍晟生暈韓王傅杲駙馬謨衛州刺史曾孫紳柳州刺史昂周內史隋禮部尚書文成公生調行臺丞敏案唐世系表作後魏車騎大將軍汾州刺史懿生敏隋上大將軍武德郡公從祖弟道茂生孝斌斌生客尼五臣寶積客尼生明偉義川令明偉生正己正禮正己孫甫正禮邠州司戶生子華案唐世系表子華作子兼子溫子金子平子華池州刺史子溫丹州刺史生公綽公權公綽湖南觀察兼中丞公權案公權太子太保此有脫文子金南鄭令明亮曾孫惟則檢校員外生湛和州刺史案唐世系表明諶和州刺史係五臣子寶積職方員外生明逸刑部員外明肅度支郎中東春卓過江生輔恬傑奮輔生平歸北孫敬起生昶粹昶孫詵生杲仁崇禮崇禮房州刺史生固節仲矩粹七代孫季華恬生元景淑

宗淑珍案唐世系表恬生憑憑生叔宗叔珍元景司空淑宗生彥緒齊尚書彥緒生惔憕忱怡惔梁僕射曲江公生昞暉映昞生表周內史大夫隋大將軍元孫湛右金吾將軍暉梁吏部尚書生顧言隋祕書監漢南公顧言生遜遜生尚眞司門員外映生莊頔陳度支尚書頔曾孫慶休生識渾識屯田郎中徵不起渾兵部左常侍平章事惲梁侍中生偃憕梁侍中吏部侍郎尚書淑珍生慶遠季遠慶遠梁侍中雍州刺史雲杜侯生津梁兵部尚書津生仲禮敬禮仲禮梁州刺史西魏侍中生元或元曾孫滿案唐世系表滿作行滿諫議大夫給事中或隋侍書御史生紹左庶子曾孫晦文州刺史或元孫如芝衡州刺史季遠梁中書侍郎生遐周侍中霍州刺史生莊隋黃門侍郎生慶孫慶孫生楚賢光祿少卿杭州刺史楚賢生溫洽沖洽孫昪長安

令生元輔應沖左常侍太子賓客平陽公修國史傑孫雙虬文明虬生崇文明生元章仲仁季和案唐世系表元章仲仁季和俱作雙虬子元章生景賓景鴻景賓元孫季誠金部郎中揚州刺史景鴻生儉隋書有傳仲仁曾孫崇貞太原令季貞生賁長安丞季和生贇冀州刺史七代孫貞案唐世系表季和曾孫貞望江州刺史此作七代孫江州刺史又太子學士柳彥昭云僧習子虬後生芳職方郎中芳生登冕登祕書省少監冕吏部侍郎福建觀察使濮陽狀云本河東人杭州刺史柳德又生萬齒齒生翼之馮翊諫議大夫伉其後

俞勑久反

吳興　漢有俞東未詳所出姓苑吳志孫韶伯父河本姓俞吳人也晉將軍俞縱案廣韻不載此字正字通俞即玫字變體作俞然案玫乃古文好字廣韻集韻

倶不言人姓又丑好音亦不同似非一字又姮音紐人姓今高麗人有之疑卽釦字之變

咎

風俗通云湯司空咎單左傳咎舅犯字也類稿四十作咎犯卽舅字

灸

見姓苑

棸側紂反

晉有棸儔今江南襄陽並有此姓

羑

古牖字羑里殷秋官子孫因氏

酒

周禮酒正因官氏焉見纂要文

有扈

夏初諸侯國也

有偃

臯陶偃姓之後有偃子臯爲晉士官

右師

世本宋武公生公子中代爲右師因氏焉漢有中郎將右師

譚

右歸

潛夫論宋右歸氏子姓也

右尹

楚公子辛爲右尹子孫氏焉

右史

右史記事因氏焉周右史戎見世本

四十五厚

后

后土之後漢有少府后會 類稿四十引廣韻作后倉



右宰

左傳衛大夫右宰穀因官爲姓

右將

漢下鄜侯右將萬周駱越人

九方

列子秦穆公時九方皐一名歅善相馬

壽西

左傳楚人壽西宜僚亦見莊子 案左傳無壽西字誤

臼季

齊公子臼季之後魯有臼季宣孟

四十五厚

苟

國語黃帝之後漢有荀實荀參

河南　山陽荀實世居河南漢有少府儒晉兖州刺史荀晞字道將弟荀純靑州刺史唐監察荀敬恩懷州人云其後

隴西　荀秦衞將軍荀長之後庫部郎中荀言云其後

口

羌種也今同州有此姓

耦

風俗通宋卿華耦之後漢有侍中耦嘉

廣平　姓苑云廣平有耦氏

郈

風俗通魯大夫郈昭伯食采於郈因氏焉

毋丘

四十七寑

◦瞫

後漢書武落鍾離山黑穴有瞫氏類稿四十一

◦枕

姓苑云下邳有枕氏同上

其先食采毋邱因氏焉

河東 後漢末將作大匠毋邱興生儉魏幽州刺史奔吳拜鎮北將軍幽州牧譙侯生甸

四十七寑

沈

周文王第十子耼食采於沈因氏焉今汝南平輿沈亭卽沈子國也秦有沈郢徵丞相不就據祕笈新書增郢十二代孫戎

吳興 武康縣漢光祿勳海昏侯沈戎後居會稽烏程吳興分烏程爲吳郡孫景見後漢書晉沈袞宋沈慶之梁沈約並景後也景生産産生晃規晃孫謙謙生勉勉生琛琛生祚楚祚生邵之慶之慶之生文昭文昭生毅齊五兵部尚書孫巡生君理君攸君高君理陳侍中僕射女爲隋煬帝后君高孫

悅唐將作少卿餘杭公生嶷和州刺史嶷生璟瑱瓚璟屯田郎中瑱水部員外諫議大夫瓚都水使者慶之生文季後魏平南將軍六代孫法牧唐譚州長史慶之宋司空始興公生文秀宋左僕射六代孫揚庭唐金壇令孫勉寂晉光祿勳生宣宣生懷遠宋侍中遠元孫越賓發發生曇慶宋祠部尚書六代孫大禮唐濮陽令琛次子楚五代孫君攸陳衛尉卿生叔安唐刑部尚書吳興公生訓之道之眷之雋之訓之生成業漢荆州刺史道之生成福簡台廬等州刺史叔安堂姪緝荆州刺史勉次子盤盤七代孫弘周司水大夫弘周孫士衡唐陝令生介福餘慶介福主爵員外生易直易直大理正女爲代宗妃追尊睿聖皇后生德宗易直子震濟震祕書少監生房右金吾大將軍濟生華殿中監華生翬駙馬餘慶庫部

員外生從近右司郎中翼州刺史孫對規生郢晉冠軍長史郢孫叔生僧朗演之僧朗元孫不害陳尚書左丞孫齊家唐祕書郎生朝宗婺州武義主簿朝宗生旣濟克濟旣濟進士唐翰林學士生傳師弘師述師傳師進士吏部侍郎生樞詢樞進士諫議大夫商州防禦使詢進士浙東觀察澤潞節度生仁衞進士旣濟次子宏師進士不祿述師長子許十一代孫案梁沈約乃景後此十一代孫孫上應有景字脫林子田子林生映映生約梁左僕射特進隱侯約生旋旋生象戎案梁書約祖林子生璞璞生約約生旋旋生實此以璞作映以實作象戎與本傳不合次子齊十五代孫恪陳侍中曾孫賁唐大理評事給事中薛王傳沈務本稱寂孫挺生利賓大理評事利賓生忌忌生建迴逵逵閬州刺史國子祭酒修史學士沈伯儀稱彥後孫浩僊浩源浩僊殿中丞浩源武功尉生廙庠廙

生周明琚珂珂京兆功曹庠監察御史生瑱比部郎中澧州刺史沈萬石稱彥後生客卿陳刑部尚書生孝澄隋婺州別駕授徒五百人三徵不起孫虬之樂平令生迺番陽令迪生竦大曆六年進士左庶子生宗本師言師黃中黃左黃宗本蘇州司倉師言沂州錄事參軍師黃廣州度支使中黃大理司直生棲遠棲逸左黃監察御史生延蔚棲遠庶子知制誥翰林學士賓客致仕梁徵詳定禮儀戶部侍郎棲逸拾遺延蔚著作郎國子博士正諫議大夫平章事生君諒諒六代孫崧案唐史君諒相武后此平章事應即君諒生崧字衍崧系諒元孫此作六代與世系表不合進士

鄴郡內黃　狀云本吳興人唐下邳令生眞怪案下邳令失名怪字亦疑怪生佺期佺交案唐書作全交字宣佺期中書舍人太子詹事生之象東美唯清東美給事中夏州都督佺交濮陽尉

審

漢辟陽侯審食其爲右丞相沛郡人右類稿四十作左

魏郡　後漢末袁紹將審配

枕

姓苑云下邳人

沈尹

楚有沈尹戌沈尹赤沈尹壽沈尹射子孫以官爲氏

四十八感

昝

何氏姓苑云昝氏蜀人也晉中興書云桓溫將昝堅唐有昝

愼盈

湳

晉氏羌有南德氏□□姓氏急就章

沓盧

改爲沓

坎氏

英賢傳云宋附庸有坎氏

四十九敢

啖

前秦錄將軍啖鐵類稿四十引錄下有〻字

河東　大曆水部郎中啖彥珍會昌中進士啖鱗避武帝廟諱改澹改下有爲字　遥華韻辛集五引作避唐武宗諱澹氏　嘉錫案姓纂作於憲宗元和時不應下及武宗會昌閒之事諸書所引皆後人羼入非林氏本文當刪去

五十琰

冉

高辛氏之後一云大夫叔山冉之後

魯國　仲尼弟子冉耕字伯牛冉雍字仲弓冉求字子有又冉孺並魯人未詳所出

雲安冉氏　盤瓠後冉髦之種類也代爲巴東蠻夷酋帥陳有南康太守巴東王冉伽軫軫孫安昌唐潭州都督安昌孫實河州刺史娶江夏王宗女生祖雍刑部侍郎祖雍生太華華子愔　冉髦類稿四十引作冉駹

## 染

石趙錄云石季龍將染閔魏郡内黃人或作冉氏篡石趙號魏三年爲慕容儁所滅

## 奄

風俗通云國號也尚書云成王既踐奄左傳秦大夫奄息其

補 五十三賺

○減 急就章有減罷軍 類稿四十一

○湛 後漢有司農湛重晉荊州刺史陶侃母湛氏新淦人 同上

後也

歛 姚秦錄將軍歛方歛岐並南安人皆羌酋也 類稿四十一作有將軍歛憲餘同

檢 漢末句章尉檢集見姓苑

⿱彡且 彡音陜且了且反合二字爲⿱彡且音陜 唐上元中有左金吾大將軍闞西節度使

五十三檻 四

撖 胡感切 今河内懷州多此氏

五十五范

范

帝堯劉累之後在周爲唐杜氏周宣王滅杜杜伯之子隰叔奔晉爲士師曾孫士會食采于范遂爲范氏越有范蠡魏有范座項羽謀臣范增居巢人（通華韻辛集五引作陶唐裔劉累夏御龍氏商豕韋氏周唐杜氏下同　士會下作食采隋改范今濮州范縣）

順陽　南郡屬縣也漢渡遼將軍平陵侯范明友之後居順陽晉涼州刺史范晷生廣雅雅生江兗州刺史江生甯中書侍郎甯生泰宋國子祭酒泰生晏睦太子詹事侍郎

錢塘　明友裔孫馥後漢尚書僕射避董卓亂過江居錢塘縣平吳臨海太守平五代孫暐之宋建安太守五代孫義頵周王司馬生弘基弘頵弘基國子博士生安親安仁安親房州別駕生怦愉愔憕怦大理評事生傳規愉戶部員外生傳慶太僕少卿安仁生巨源源生傳氏宏頵祕書少監博州刺史

汝南　金鄉范式之後

代郡　漢博士范滂之後

河內　狀云滂之後唐春官尚書范履冰姪冬芬宣州刺史

燉煌　狀云范汪之後職方郎中范季明代居懷州云自燉煌徙焉晉范宣陳留人梁范雲南陽人

元和姓纂卷七

一送

○衆

魯大夫衆仲之後　類稿四十二

# 元和姓纂卷八

唐林寶撰　陽湖孫星衍　歙洪瑩同校

## 一送

仲

高辛氏才子八元仲堪仲熊之後以王父字爲氏一云魯桓公子慶父子孫號仲氏又𠊱爲湯左相子孫氏焉漢有廷尉仲定少景唐司門員外郎仲子陵成都人　類稿四十二引號下有仲孫亦爲四字𠊱上有仲字　漢有仲尼弟子仲由字子路九字　辯證廿九引亦作仲𠊱

貢

仲尼弟子端木賜子貢之後以王父字爲氏漢有御史大夫貢禹　同上引賜下有字ゝ

仲孫

慶父子孫號仲孫氏左傳齊有仲孫湫韓子有仲孫章

仲行
左傳秦三良仲行之後世本宋有仲行寅晉大夫有仲行氏

仲梁
魯大夫仲梁懷見左傳後魯有仲梁閔

仲顏
魯有大夫仲顏莊叔齊有大夫仲顏據

仲熊
楚公族有仲熊氏

洞沐
漢有洞沐孟陽治易

宋
二宋

子姓殷王帝乙長子微子啟周武王封於宋傳國三十六世至君偃爲楚所滅子孫以國爲氏楚有宋玉據秘笈新書增宋義宋昌世新書七引作代

廣平　昌爲漢中尉始居西河介休十二代孫晃生恭徙廣平利人侯孫藥師生毓恭弟幾給案唐世系表給作洽恭前燕河南太守毓生艮北齊東郡太守艮生乾子皓乾生大辯唐邛州司馬大辯生守恭守愼守儉守恭遂安令生楚璧兵部郎中杭州刺史守愼襄陽尉生庭璬庭瑜庭璘庭璬庫部員外庭瑜度支郎中司農少卿庭瑜生陌常州刺史庭璘兵部郎中深州刺史守儉洛州刺史生鼎兵部侍郎案唐世系表鼎兵部郎中荆州長史鼎生悅工部員外郢州刺史悅生稷子皓孫陽元洛陽尉景孫孝王北平王文學撰關東風俗生俠幾後燕衛將軍司

馬生榮國曾孫丹案唐世系表丹作弁後魏吏部尚書生紀紀生欽道欽仁曾孫務本唐藍田令生元撫襄州司戶元撫生璟侍郎左丞相廣平文貞公生昇尚渾恕延華復衡昇祠部員外太僕少卿隨州刺史生實渾駕部郎中御史中丞恕都官郎中生袞太常丞延太原少尹華大理評事生儼佶倚儼蘇州刺史佶河南尉倚虢州刺史衡檢校左常侍生俊榮國七代孫慶孫慶孫大理正給後魏七兵尚書孫謨生欽瓊欽曾孫正文唐祕書郎瓊生仲羨燕渤海太守曾孫延慶生長威季緒長威北齊御史中丞孫正言洛州司馬季緒生本立立生卓然比部員外益州長史

燉煌　漢有宋諒諒裔孫後漢淸水公繇曾孫遊道繇六代孫壽唐同州郃陽縣令

弘農　狀云昌後自西河徙弘農唐太常丞宋仁囘生果毅生之問之望之悌之問戸考二員外生昌藻之望改名之遜荆州刺史之悌太原尹益州長史河南劒南節度生若水若恩御史中丞若水丹徒令

樂陵　狀云本望出廣平唐嶲州都督宋君明生揵弼揵固安令生宣遠弼生考玉比部員外君明堂兄渭河陽令生思敬思敬生詢吏部郎中左常侍詢生晦諫議大夫同州刺史晦生泛泫泛汝州刺史

扶風　唐秦州長史生元爽元獎爽尚書左丞秋官侍郎揚洛二州長史生迯監察御史元奬晉原尉生遥适遥禮戸吏侍郎左丞魏汴州刺史适左補闕遥生東里東里生華

河南　周廣化令宋道狀云本廣平人曾孫義桐柏令生溫

璡溫瑗溫瓘溫璩溫瓘戶部侍郎鄭州刺史溫璡太原少尹

生寂溫瑗侍郎御史生蹇溫璩梓州刺史

京兆　後漢侍中宋弘之後今無聞晉宋甄宋琨唐都官郎

中宋質給事中生樽虢州人殿中御史宋務先洛陽人司農

少卿宋遵貴中書舍人宋則並京兆人工部郎中宋元昉江

夏安陸人生之順戶部員外殿中侍御史貝州刺史宋慶禮

邯鄲人殿中御史虔微邯鄲人

統

見姓苑

三用

用

風俗通古有用國見毛詩漢有高唐令用虯名士錄有高唐

用案毛詩有用國未詳高唐用下亦有脫字類稿四十二作高士用羽

雍郜華韻辛集六引云郜雍曹滕周文王子封雍伯雍門周鼓琴見孟嘗君雍糾鄭大夫桓十五年雍廩齊人雍鉏宋人雍子楚人

風俗通周文王第十三子雍伯之後以國爲姓今或音雍州之雍漢雍齒沛人

四絳

絳

絳縣老人之後類稿四十二上有晉人二字

巷

毛詩周巷伯之後

五寘

賜

仲尼弟子端木賜之後以王父名爲氏

○騎

史記燕將有騎劫類稿四十二

五寘



刺

左傳鄭大夫刺張姓苑云其先封刺鄉因氏焉案左傳鄭大夫郟張郟古洽切今作刺誤也刺俗刺字

義

風俗通云義伯陽卿也漢有南陽太守義縱

河東　義縱代居河東封岸頭侯晉有上庸都尉義欽

智

類稿作知入平聲云知武子晉卿也名罃字子羽荀盈字伯夙知罃之子是曰知悼子荀氏知林父曰中行氏弟首曰知氏又卷四十二云左傳荀林父之孫荀罃别食智邑又爲智氏

今有河東智氏漢有零陵太守智嗣永樂大典卷一萬三千四百九十四智字引元和姓纂漢零陵太守智嗣望出河東天水陳留

戲

潁川　見姓苑又音僖魏志有戲才

譬歷辰

代人改爲辰氏

六至

○次

次非荆之勇者見呂氏春秋亦作佽 類稿四十二

懿

風俗通齊懿公之後姚秦有吏部郎中懿橫 同上

## 六至

季

陸終氏之子季連之後一云魯桓公子季友之後亦爲季氏 遥華韻辛集八引作陸終第六子季連

漢功臣表戚圉侯季必傳封四代

壽春　姓苑云今壽春有季氏漢河東太守季布弟心宋有季高大曆右常侍季廣琛 遥華韻引云　魯國　周八士季隨季騧

摯

風俗通摯疇古諸侯國毛詩周有摯荒 案摯荒未見毛詩義疏 類稿四十二國下有也見二字

京兆　長安魏太僕少卿摯模代居京兆生虞晉太常卿光祿勳晉書有傳

駟

左傳鄭穆公子騑字子駟之後以王父字爲姓漢恩澤侯表

鄡侯駟鈞齊哀王舅

稚

商後見史記 氏族略

冀

左傳冀國今晉州冀氏又晉大夫郤芮食采冀邑亦爲冀氏芮生缺唐侍御史冀元珪太原人子仲輔職方郎中 案姓氏急就篇仲輔作仲甫 類稿四十二又字上有是也二字

祕

漢功臣表戴侯祕彭祖傳七代孫西秦錄有僕射祕宜 案西秦錄宜作宣 類稿四十二無孫字

肆

風俗通宋大夫肆臣之後

萬里謹案永樂大典一四三八五冀字韻引元和姓纂又字上正有是也二字郤作郄

漁陽　漢有漁陽太守肆敏子孫居之

利

漢有利幾又仙人利眞元漢陽人風俗通云漢有利乾爲中山相

河南　官氏志吒利氏改爲利氏

遂

左傳有遂國齊人殲于遂因氏焉其後並以遂爲姓

貳

左傳楚屈瑕將盟貳軫並小國也今在隨州之南漢東今隋州有二氏 類稿四十二小國也下有後秦錄平陽太守貳塵一句　案當在二氏下

翠

急就章有翠鴛鴦其先楚景之後避難以其祖名氏焉 案顏師古

注作景翠之後改翠氏



類稿四十二作楚景翠之後

匱

見姓苑

廬江　今廬州有此姓

備

見姓苑

季孫

魯桓公子友之後子孫號季孫氏生行父文子文子生宿武子武子生紇悼子公若公鳥紇生平子意如平子生斯桓子季魴侯季寤斯生肥康子

季連

晉有唐邑大夫季連齊出自陸終第六子季連之後

季融
世本楚鬭廉生季融子孫氏焉
季隨
世本周八士季隨之後宋有季隨逢見左傳
季騧
周八士季騧之後
季夙
潛夫論晉靖公孫季夙之後
季嬰
世本晉樓季嬰之後
季尹
楚有季尹然齊有季尹平

七志

○忌

風俗通周公忌父之後以王父字為氏類稿四十二

○嗣

風俗通魏嗣君之後同上

四飯

四飯缺之後紂賢人

地駱枝

改爲駱氏案官氏志作他駱拔

七志

異

今溫州白水有此姓氏族略水下脫鑾字

意

見姓苑

侍其

漢廣野君酈食其元孫賜以食爲氏曾孫武平帝時爲侍中改爲侍其氏焉

北海　侍其武先元（案漢有侍其元矩疑卽此人）避王莽亂家北海七代孫裔魏尚書左丞生邕邕生仁實晉廬江太守孫旻宋武昌太守

寺人

宋寺人惠牆之後（辯證二十九引作惠牆伊戾後）

事父

宋事父氏子姓也

意如

魯季孫意如之後

八未

魏

周文王第十五子畢公高受封于畢裔孫萬仕晉封於魏至

犨絳舒代爲晉卿後分晉爲諸侯稱王至王假爲秦所滅子孫以國爲氏昭王生公子無忌忌孫無知無知五代孫歆

鉅鹿　曲陽侯漢鉅鹿太守歆居鉅鹿五代孫慶案唐世系表慶作宣漢封北海公宣孫紞紞長子儔爲東祖次子植爲西祖也

東祖　儔孫藪生儵意暨儵曾孫蘭根後魏僕射生少政政生孝機孝該孝液孝機唐水部員外生嵩德刑部侍郎嵩德生濬溫洵洵祠部郎中睦州刺史孝該元孫瓊京兆功曹孝液孫慤京兆功曹意七代孫宗敏刑部郎中生恆歸州刺史洵堂孫臯改名懿文邵州刺史生中庸暨生荀臺六代孫求已吏部員外郎中書舍人生嗣萬金部郎中嗣萬生羔羔生鸞景北齊司農卿鸞景生彥卿彥深彥理彥元彥卿元孫承休壽州刺史彥深隋著作郎孫歸仁一名克己吏部侍郎同

州刺史彥理孫寶言生智本光本智本生亮虔州刺史光本
生靖庫部郎中秦州都督靖生少賓少游少游刑部尚書京
兆尹生友讓友順友直友恭友信友讓京兆司錄友順太常
博士友直京兆兵曹彥元生浦刑戶二侍郎生正見正動正
見庫部郎中生杳太常博士正動生傳弓監察御史
西祖　植晉御史中丞生虔虔生綏攀綏六代孫惇生彬文
將彬生之遏皇州錄事參軍生全恕全恕生禮禮生綽緄緘
綽生孟馴叔敖仲犀叔虯季龍孟馴左武將軍叔敖生正臣
兼監察御史仲犀比部員外華州刺史江陵長史荆南節度
生正雅殿中御史叔虯京兆戶曹生弘簡弘遠弘簡戶部郎
中緄萬年尉生叔驥萬成萬成檢校員外全恕姪欽構監察
御史文將曾孫連城左拾遺攀元孫子建後魏益州刺史生

收北齊僕射生八表收姪曾孫保家監察御史生行元長安尉地官尚書兼納言鉅鹿公魏元同稱東祖意之後生廓案唐世系表廓作士廓隋禮部侍郎御史生乂唐濮陽令元同生愔懍恬協愔著作郎生長裕季隋季邁長裕河南法曹生充霓尤季隋膳部郎中季邁長安尉懍御史主簿生方回方進廣業方回淄州刺史方進左御史大夫生允修案唐世系表允作元修作循允生叔正兼監察御史修郴州刺史廣業生安昇荊州刺史案唐世系表廣業昇州刺史生甫此生安二字疑衍生甫恬給事中鄭州刺史生嶠嶠生黃裳開州刺史元同堂姪確案唐世系表元同五子其五爲確此作堂姪與唐表異唐司議郎

清河　無知元孫諶漢清河太守因家焉裔孫充西魏開府儀同三司孫進唐右二府統軍進堂弟文博觀州刺史

宜陽　本居濟陽今已絶

任城　無知曾孫不害生漢任城太守案此下有脱名因家焉不害孫相漢丞相高平侯裔孫舒晉司徒族詠之宋荆州刺史今絶

宋城　唐中書令右僕射齊公魏元忠生昇晃昇太僕少卿晃泗州刺史

## 費

類稿四十二引夏禹之後下有雙行小註云蜀譜云益州諸費有名位者多不類姓纂之文

史記紂幸臣費仲夏禹之後楚有費無極漢有費直

江夏　蜀丞相費禕巴郡太守費觀禕孫晉巴東令穆之生恬晉江夏相魚復侯恬七代孫弘規唐主客郎中合肥男又居盧費愔晉西中郎將五代孫唐辰州刺史允斌晉費試成都人

汝南　後漢費長房之後

瑯琊　費直之後

河南　官氏志費連氏改爲費氏

## 尉

類稿四十三作鄭大夫尉翩之後

鄭有尉止尉翩先賢尉繚著書號尉繚子

河南　官氏志北方尉遲部如中華諸侯也魏孝文改爲尉氏尉托奇枝爲庫汗莫賀弗案魏書無可考疑有脫誤六代孫後周長公侯兕案周書長樂郡公俟兕生迴及綱此長字下脫樂字俟誤作侯生迴綱迴太師相州總管蜀國公生寬誼綱後周大司空吳國公生運安允安允安生耆福唐庫部員外

## 貴

風俗通云陸終之後漢廬江太守貴遷

常山　晉武帝才人常山貴氏生東海越王石趙録有司空中郎將貴霸

旣

風俗通云吴夫槩王之後子孫因避仇改爲旣氏漢有安南長史旣涼

緯

見姓苑

魏强

魏武子支孫莊子快生强爲魏强氏

蜚廉

史記秦嬴姓有蜚廉氏

九御

御

周禮有御人職因官氏爲左傳有御叔漢有御長倩者丞相公孫弘故人官下類稿四十三有命字辯證三十引同

怨

楚大夫怨金此疑是鑢字下注誤入於此詳見後

據

見姓苑云人姓

鑢

見姓苑云人姓類稿四十三云楚大夫有鑢全　全辯證作金是也

茹

類稿八云見姓苑

河南　官氏志普陋茹氏改爲茹氏又蠕蠕入中國亦爲茹氏音去聲

十遇

○孺

魯有孺悲欲見孔子見論語三類稿四十

御龍

劉累之後漢有侍御史御龍君

庶其

邾大夫庶其之後今沛人 宋本辯證引今下有為字

庶長

秦爵也因氏焉左傳庶長無地

十遇

遇

風俗通漢有東安太守遇沖

東莞 姓苑云東莞有遇氏

樹

河南 姓苑云今河東有此姓

河南　官氏志干氏改爲樹（案魏書樹洛干氏後改爲樹氏此脫二字）

附

後漢段熲將附都唐監察御史附德意

絮

姓去聲漢書張敞傳有京兆捕賊掾絮舜謂敞爲五日京兆敞殺之（氏族略）

鑄

風俗通鑄國也堯後也在濟北虵邱縣左傳臧宣叔娶于鑄後世以國爲氏

務

堯有務成子見易傳列仙傳務光夏時人（類稿四十三堯下有時字）

喻

見姓苑亦音樹

**南昌** 姓苑云南昌有喻氏東晉有喻歸撰西河記三卷

## 具

左傳晉有具丙

**魏郡** 後漢宦者中常侍具瑗

## 任

見姓苑云八姓

## 傅

殷相說之後築於傅巖因以爲姓北地人漢末傅氏居南陽

秘笈新書

## 樹機

西河鮮卑種魏詰汾長子疋孤部落徙河西傳六世樹機能

有涼州

樹黎

後魏有蠕蠕別帥樹黎勿地來降

務成

呂氏春秋務成子堯師也又新序子夏曰舜學于務成附

趣馬

英賢傳楚趣馬厥之後後漢有南陽郡功曹趣馬思

具封

鄭公子具食采開封因氏焉鄭大夫具封狐八

十一暮

路

炎帝之後黃帝封其支子於路春秋時路子嬰兒是也案春秋路

十一暮

○固

晉平公時有舟人固來（類稿四十三）

○布

風俗通趙有布子晉陶侃別傳有江夏人布興

○瓠

淮南子古（原誤右）有瓠巴善鼓琴（並同上）

子嬰兒之路作潞今上黨路縣漢大中大夫路溫舒（類稿四十三引路縣下有子孫以路為氏六字）

平陽　漢扶離侯路博德始居平陽今隸貝州裔孫嘉晉安

東太守孫藻生纂纂生濤後魏青州刺史生綽神寵綽後魏

陽平太守生寄奴侍愛（案唐世系表濤生寄奴侍慶據此則寄奴乃濤孫也愛作慶）思令

侍愛安州刺史思令生君儒北齊員外君儒生德準（案唐世系表德準作德淮）

唐相州刺史生勵言勵節勵言兵部員外曹州刺史生

欽正欽古勵節刑部郎中華州刺史生欽訓聳令（案唐世系表德淮子勳行聳令）

神寵後魏恆州刺史五代孫文逸（案唐世系表當作六代）唐中司

馬（案唐中司馬唐世系表作中州）生敬滄敬澄敬渾敬湛敬潛敬湛維州倉

曹生暢敬潛中書舍人生廣心大理司直廣心生常兼監察

御史隋青州別駕路元伯構（案此疑有脫誤）藻次子纂六代孫也生

操唐棗陽令操生邃元寂元眞元隱元隱元萬年主簿生恆

恂憕愉恒戶部郎中太僕少卿恂左補闕生鈞銛鍠鈞河南功曹生惟衡兼殿中御史惟明監察御史銛生寰江西觀察兼中丞京兆三原稱與勵行同承藻藻子建建六代孫兗隋兵部侍郎（案唐世系表兗作克）生文昇唐平夔秦三州刺史生元濬（案唐世系表元濬作元叡）元哲元濬司勳吏部二郎中廣州都督生幼玉監察御史（案唐世系表幼玉生齊暉齊暉生畿季登此作幼玉生季登畿中缺一代畿作幾）生季登幾幾監察御史生長興季登諫議大夫生羣羣生嚴獄叡少子晚金果州刺史元哲生太一太原令太一生梁客劒客梁客岳州刺史生黃中（案唐世系表梁客生伷伷生黃中此缺一代）伷劒客改名嗣恭戶部尚書廣州都督生應恕憑應宣歙觀察恕太子詹事鄜坊節度使生異化州刺史異生楷司農卿憑侍御史

潁川 石趙有揚州刺史路水襄城陳留安定並舊望云溫

舒之後

東陽　梁天監十八州譜路氏一卷東陽鉅鹿譜舊望

河南　後魏官氏志設眞氏改爲路

## 露

類稿四十三云風俗通漢有上黨都尉露平

露伯夏殷侯國也子孫以國爲氏焉露氏譜越王句踐七代孫閩君搖漢封東甌王搖別封其子爲露余侯因氏焉初居會稽吳郡涉分會稽爲吳郡遂爲郡人吳丞相露雍弟徽侍中又居鹽官徽十代孫越陳黃門侍郎生允唐著作郎撰國史餘杭公生琮尚書左丞天官侍郎平章事生潤俊潤祕書監俊齊安太守宋倉部郎中露訓稱與琮皆周丞相徽後六代孫纘鄆州刺史又吏部尚書露少連著作郎露沈並吳人

案唐書無露琮又吳志無露雍或因上路氏家譜牽連及之

步

左傳晉大夫步揚之先食采於步因氏焉又有步昭步毅本郤氏仲尼弟子步叔乘齊人

臨淮　吳丞相臨淮侯步隲生闡丞相吳志有傳

河南　官氏志步鹿氏改爲步氏

庫

風俗通古守庫大夫因官命氏漢文景時有倉氏庫氏後漢竇融傳有庫輔庫義庫侯（類稿四十三引輔義侯庫均）

河南　官氏志庫傉後改爲庫氏

顧

顧伯夏殷侯國也子孫以國氏焉顧氏譜云越王句踐七代孫閩君搖漢封東甌搖別封其子爲顧余侯因氏焉漢初居

會稽祕笈新書風俗通有上黨都尉顧平

度

古掌度支之官因以命氏西京雜記漢成帝時侍郎庾安代居山陽類稿四十二引 遥華韻庾集六引作古學制度官

潞

國語潞泉潞偏皆赤狄隗姓也

慕容

高辛少子居東北夷後徙遼西號鮮卑國于昌黎棘城至涉歸爲鮮卑單于自云慕二儀之德繼三光之容或云以冠步摇步摇冠音訛改爲慕容氏

昌黎　涉歸生廆廆生皝皝生儁號前燕初都棘城弟垂號後燕都中山弟德號南燕都廣固徙東郡三燕七主共五十餘年郢子恪前燕太原王生楷騰瑾曾孫恃德北齊義安王

孫孝幹唐易州刺史郁孫紹宗北齊僕射武威公生三藏隋金紫光祿大夫孫知廉侍御史知晦兵部郎中汾州刺史知晦生珣吏部侍郎珣生損渝州刺史三藏再從孫善行萬年丞條史琚生白耀榮案此疑有脫文慕容五代孫沖仲

慕利

後魏有吐谷渾主慕利賢與慕容氏同祖也

慕輿

鮮卑慕容氏音訛爲慕輿氏辯證三十引此下文尚多似是姓纂原文當補入或作小註

庫狄

鮮卑段疋磾之後避難改姓庫狄居代北後遷中夏

河南　後魏上洛太守庫狄陵生保眞保眞生峙周宣州刺史生嶷徽崧徽生璠益州總管樂戍公崧生仁志千牛郎中

仁志生益利益利生履溫庫部郎中庫成

風俗通云本亦苦城也方言音變爲庫城燉煌實錄廣平太守庫成防從孫殖

素和

鮮卑檀石槐之支裔後魏有尙書素和跋弟毗右將軍素和突後魏書云以本白部故號素和孝文改爲和氏

河南　大曆太子左學士素和顏

路洛

伯益支孫又以路洛爲氏晉路洛賈見史記

步大汗

出自塞北遷中土河南周南夏州刺史新興侯步大汗提生勢勢生威唐蔚州刺史安邑男案北齊書步大汗薩隨尒朱入洛齊受禪改封義陽郡公

庫傉管

改爲庫氏前燕錄有岐山公庫傉管泥生律後燕太師安定王又有西河公庫傉管樂大司農庫傉管紇

庫六斤

改爲斤氏

大洛稽

改爲稽氏

破六韓

其先代人隨魏南徙河南後魏金紫光祿大夫破六韓祥生常北齊司徒平陽導昇北齊儀同林松王生金藏唐岐州別駕後魏又有莫鴛侯利嚴破六韓渾生枝枝生景隋東武公景生蕃唐宋州刺史始興男匡矩案呼廚貌後爲潘六奚後又訛爲破六韓破六韓常

十二霽

○桂 風俗通漢有揚州刺史桂褒唐永寧令桂仲武吴人類稿四十三

○棣 王莽有大司馬棣並並字原脱據辯證補

○麗 晉匠麗氏之後

○蒂 王莽傳有中常侍蒂惲並同上惲字原脱辯證云或作甍音帝漢王莽傳有中常侍甍惲

乃孔雀之子此云祥誤

破也頭 與費也頭同

破落那 大宛之後改爲那氏

十二霽

惠 周惠王支孫以謚爲姓戰國惠施爲梁相交趾太守惠乘太類稿四十三國下有之字交趾上有漢有二字

僕惠根

瑯琊 惠根孫暠爲北海太守子孫因居瑯琊後漢有揚州刺史惠整吳人吳侍中惠謙晉陵太守惠松宋步兵校尉惠纂

昋音桂

或作炅漢衞尉昋橫彭城漢上計掾昋景雲見姓苑

城陽　後漢陳球碑城陽炅橫被誅有四子守墳墓改姓炅

氏一子居徐州郡雲之先也姓昋氏一子居幽州姓桂氏一

子居華陰姓炔氏字皆九畫以避難也魏志呂虔傳胡陸有

炅母郡雲類稿四十三作即曇

計

國語計然爲越大夫范蠡師云本葵丘濮上人姓辛字文子

其先晉國公子也風俗通漢計子勳爲司空掾云類稿四十三作之公子上有亡字

薊

神仙傳薊子訓不知何許人

勵

風俗通後漢魏郡太守義陽侯勵溫見功臣表史志以孫秀奔魏改姓勵氏

税

税姓廣韻及宋本姓氏書辯證均在十三祭此誤應移入彼韻

盛弘之荆州記云建平信陵縣有税氏昔君王巴蜀案荆州記作蜀王欒君此脫蜀王見廩君兵强結好飲宴以税氏五十人遺廩君

類稿四十三作昔蜀王欒君王巴

羿

左傳有窮后羿篡夏后相之位

秋

王莽大司馬秋竝見姓苑

第五

出自齊諸田之後田氏漢初徙奉園陵者故多以次第爲氏

京兆長陵　後漢司空第五倫字伯魚生頡將作大監匠倫

曾孫種兗州刺史又護羌校尉第五訪亦京兆人
上元黃門侍郎平章事第五琦生峰平申峰台州刺史平京
兆兵曹申兼御史中丞

第八

陳留　風俗通亦齊諸田之後田廣弟英爲第八門因氏焉
王莽時講學大夫第八矯

荔菲

西羌種類也隋有荔菲雄涇州人唐彭州刺史荔菲案此下脫名通志亦闕名曰某生寶應節度荔菲元禮寧州人

十三祭

衞

周文王第八子康叔封于衞傳國四十餘代秦末國滅子孫

十三祭

○制　漢初有樂工制氏 類稿四十三

○厲　風俗通齊厲公之後漢有魏郡太守義陽侯厲溫吳志孫晧以孫奔魏改姓厲氏

○世　風俗通秦大夫世鈞漢有世龍又世碩 原誤作碩 著子書 並同上 是華韻辛集九引風俗通云世寵漢九江尉

○銑　齊有銑司徒 同上

以國爲氏漢丞相建侯衛綰

河東安邑縣　狀云晉太保衛瓘生恆恆生玠裔孫隋虞州刺史神泉公盛盛生孝節唐左武衛大將軍

安邑　後魏步兵校尉衛臥龍亦稱玠後五代孫知敏唐給事中吏部郎中汝州刺史生固損弘敏三從弟元經蘄州刺史戶部郎中衛幾道徙京兆水部員外衛惟艮亦安邑人虞部員外巴今陝虢觀察衛次公御史中丞循王傅衛晏子中行今禮部員外國子司業衛密子開元衛偡弟倚生象侍御史並河東安邑人大曆檢校戶部尚書荊南節度使衛伯玉三原人

芮

左傳周司徒芮伯周姓國也芮伯萬之後爲晉所滅漢鉅鹿

十四泰

○藹

晉南海太守藹奐 類稿四十四

太史

齊太史之後 類稿五十六引

太守芮强吳郡太守芮珍丹陽人今望扶風 辯證廿引望下有出字

彘

左傳士會支子士魴食采於彘邑在平陽北故號彘恭子

裔

見姓苑

祭北

國名也女為舜妃黄帝史官子孫因氏焉馮翊衙縣人 案姓氏辯證引作癸北

十四泰

蔡

周文王第十四子蔡叔度生蔡仲胡受封蔡後為趙所滅子孫以國為氏晉有蔡墨秦相蔡澤漢功臣表肥如侯蔡演演

元孫義義元孫勳後漢爲長安邳長後徵不起勳曾孫攜
濟陽考城縣　攜生稜質稜生邕質始居陳留分爲濟陽因
爲郡人質元孫克從祖謨晉永嘉同過江克六代孫點梁司
空安豐公孫秦客唐金部郎中客姪眞請蘄州刺史大業後
梁左（案此下有脫文）戶部尚書生克恭秦府學士太子洗馬質元孫
克生晉司徒謨謨元孫興宗吏部尚書生樽樽孫凝凝子曷
和
南陽　魏有蔡睦晉有蔡秀秀八代孫麗梁瑯琊太守元孫
杭唐左武侯長史
朔方　漢末丕爲五原太守因居之裔孫招元孫澄唐左衞
郎將
丹陽　狀云質後唐司勳郎中希寂

艾

晏子春秋齊大夫艾孔之後卽左傳裔款也風俗通寵儉毋

艾氏南燕有牙門艾江又東平太守艾詮

北平　唐御史大夫艾敬直

河南　官氏志侯斤去斤並改艾案魏志侯伏斤氏改伏侯伏斤改斤

賴

左傳賴國爲楚所滅以國爲氏漢有交趾太守賴先蜀零陵

太守賴文唐光祿少卿賴文雅

南康　唐祕書郞裴本汀州人後魏虔州案此下有脫文

大

風俗通大庭氏之後又大塡大山稽黃帝師大穎爲顓頊師

案古今人表穎作款禮記曰大連東夷之子穎類稿四十四作款

會

鄶仲之後避難去邑爲會氏風俗通云陸終之子乙之後漢武陽令會相類稿四十四乙之上有會字　會相作會炳　宋本辯證引作會相

太

尙書文王四友太顚之後今咸陽有太氏宋本辯證引有太作多此

帶

六國時有帶他見姓苑

兌

見姓苑

太傅

因氏焉宋本辯證引作改爲太傅氏

漢有太子太傅疏廣曾孫彥則避王莽亂於太原因氏焉

太陽

風俗通衞大夫太陽速晉有太陽狀爲卿案左傳爲戲陽速

太士

太士氏永嘉人建安太守太士靈秀今松陽有此氏

太師

商有太師摯周有太師疕案玉篇無疕字疑卽疵字

（辯證三十二引作疵）

太伯

周古公之子吳太伯之後

大羅

周禮大羅氏掌鳥獸其後以官爲氏秦有將軍大羅洪

大季

世本鄭穆公生大季子孔志父之後案杜預世譜士子孔生大季士子孔穆公子也此誤

大臨

衛大夫大臨

蔡仲

蔡仲胡之後趙將有蔡仲其

會庌氏

衛靈公子虺生饘爲會庌氏氏族略

十五卦

解北

改爲解後魏别帥解北莫弗幡豆建

十六怪

祭音債

左傳周公第五子祭伯子孫以國爲氏鄭有祭仲足周有祭

○噲

十七夬

燕王噲之後孝子傳有噲參類稿四十四

公謀父 類稿四十四引鄭大夫祭仲字仲足始為祭封人因以為氏王以諸侯伐鄭鄭伯禦之祭仲為左拒

蒯

風俗通云晉大夫蒯得之後見左傳禮記漢有蒯徹涿郡范陽縣　漢書齊辯士蒯通本名徹與漢武帝同名遂改又有上庸長蒯躬後漢末有蒯越字異度官至光祿勳生宗蘭陵丞宗生恩 遂改類稿四十四引作史家追改之

介 類稿左傳下有晉字宋本辯證引同

左傳有介之推琴操作介子綏神仙傳吳有介琰介象

十七夬

快

漢書齊人快欽治尚書

元和姓纂卷八

十八隊

◦鄁

古鄁國在今衛州北以國爲氏類稿四十四

# 元和姓纂卷九

唐林寶撰　陽湖孫星衍　歙洪瑩同校

十八隊

背

古鄁國在今衛州或作背以國爲姓

內史

風俗通周內史叔興之後因官氏焉周又有內史過

十九代

代

代君翟國也在常山之北今代州是也趙襄子所滅其遺族以代爲姓史記趙有代舉漢有京兆代武類稿四十四趙上有爲字京兆下有尹字

能音耐

姓苑云長廣人狀云楚熊摯之後避難改爲能氏

京兆　唐京兆少尹能延休鄠縣人上元中眞州刺史檢校刑部尚書河北招討使能元皓生昱炅炅太僕少卿

## 佴 如代反

晉山公集有佴湛

## 戴

宋戴公之後以謚爲姓宋大夫戴惡漢有信都太守戴德九江太守戴聖後漢有司徒戴就晉有戴逵宋有戴法興齊有戴僧靜

濟北　戴涉之後

譙國　戴逵之後逵弟逯大司農廣信侯

吳興長城　晉有戴洋入方術傳

二十一震

。信

風俗通魏公子信陵君之後 類稿四十四

。印

鄭穆公子印之後以王父字爲氏 類稿四十四引

。愼

魏郡斥邱　狀云戴德之後裔孫景珍後魏司州從事景珍生胄唐吏部尚書參知政事生道國公仲孫不仕仲孫生至德右僕射道國公生良紹

外

河東桑泉　狀云涉後唐司勳員外郎戴林琁生頎水部員

載

左傳有載國漢有載戴

二十一震

晉

周武王第三子叔虞封唐唐有晉水因改爲晉傳國二十代爲韓趙魏所滅子孫以國爲姓魏有晉鄙漢有晉寶爲樂安

相

風俗通愼到為韓大夫著愼子三十篇晉東陽太守愼條 類稿四十四



平陽　三輔決錄魏有晉文經漢有晉馮晉有尚書郎晉灼註漢書其先居平陽十代孫魏瓜州刺史廣至公暉居馮翊平東隋內史侍郎建平公暉孫䄄後周兵部尚書魏公衍元孫揆合州刺史案衍字之上有脫文

藺音吝

韓厥元孫康仕趙食采於藺因氏焉裔孫相如為趙上卿子孫仕秦隨司馬錯伐蜀因家成都類稿四十四引元孫下有曰字　裔孫上有康字

華陰鄭縣　魏末自蜀歸關中因居鄭縣裔孫維晉泰山太守維八代孫衡子仁志殿中監生嗣忠戸部員外暮左武侯大將軍楊國公

古蚉字案上脱一字

纂要文云八姓

二十三問

◦鄆

魯大夫食采於鄆子孫氏焉類稿四十四

◦訓

進

後漢有進延爲小黃門令見華嶠後漢書

遴音吝

風俗通遴到云韓大夫著遴子三十篇晉有東陽太守遴條

允寅去聲

風俗通允夏時侯國子孫氏焉

信都

風俗通云張敖尙魯元公主於信都因氏焉一云本申屠氏古信申音同故爲信都氏北齊有信都芳河閒信都芳明算術爲丞相倉曹貞元初李納將信都承慶爲靑州刺史

二十三問

奮

周禮有訓方氏以官爲姓 同上



畢奮之後一云苪伯奮之後以王父字爲氏孟軻門人奮章

扶風 後漢二十八將右將軍槐里侯奮修吳志丞相奮式前涼有奮寬開元有奮齊融 案所引人姓名皆以萬爲奮

河南 官氏志吐萬氏改爲奮氏隋有轂成公奮緒弟纘唐右武衞將軍

運

見姓苑

二十四焮

靳

風俗通楚大夫靳歙 案靳尚見史記楚懷王時人靳歙見漢書漢高祖時人應劭不應錯謬至此疑當作楚大夫靳尚漢有信武侯靳歙又汾陽侯靳強傳寫脫落其文耳 又汾陽侯靳強後漢末范令靳先後燕錄有太史令鴈門靳安唐金紫光祿大夫靳

二十五願

萬

畢萬之後一云芮伯萬之後以王父字爲氏孟軻門人有萬章漢有萬攀（遥華韻舌集三引有萬安國北史世首帥八字）河南官氏志吐萬氏改姓萬氏（類稿四十五引）

萬（又）

畢萬之後一云芮伯萬之後孟軻門人有萬章（以上見宋本辯證）漢二十八將扶風茂陵人萬脩字君游爲右將軍槐里侯生泣氏侯普普生扶柳侯親無子封脩曾孫豐爲曲平亭子熾嗣無子又封脩玄孫恭爲門德亭侯（辯證二十二引　羅輯本氏引至萬章止）

孝謨武功人吏部郎中靳恆館陶人又居汝南

二十五願

蔓

左傳楚有鬬成然食采於蔓後爲蔓氏（類聚四十五作又為萬氏蓋誤也）

獻

風俗通云晉獻公之後戰國有獻淵

建

風俗通云楚太子建之後漢有建公見元后傳

憲（宋本辯證引作周官司寇之屬曰布憲後因氏焉）

周之憲官司寇之屬也急就章有憲義渠（氏族略　類稿四十五屬也下有因以氏焉四字）

曼邱

尸子有曼邱氏齊有曼邱不擇

○酄

海西先賢傳酄援漁陽 類稿十五 原與平聲二十六桓諸字同列今從廣韻附於此

論

二十六慁

吐蕃大姓東祿讚生論欽陵論欽陵生贊婆贊婆生弓仁唐右武衛大將軍弓仁生成節成節生惟貞惟明惟賢惟貞右金吾大將軍生慘偕伾惟明檢校工部尚書鄜坊節度惟賢右羽林大將軍

頓

風俗通頓子國今南頓是也後爲楚所滅子孫以國爲氏漢有頓肅 類稿四十五作魏志有頓子獻漢有頓肅爲邵陽長

二十八翰

幹

見姓苑

二十九換

○觀 左傳云夏觀扈夏同姓侯國也至殷失國因而命氏楚有觀起觀從漢有南陽太守觀洋 類稿四十五

○漢 姓苑云東莞有此姓云漢高帝之後

幹獻

晉大夫范皋夷食采幹獻因氏焉

二十九換 類稿四十五引作段干木之後干木之子 去干爲段氏類稿辯證新書均引作去干字

段

鄭武公子共叔段之後以王父字爲氏戰國韓相段規三輔決錄云段氏李老君之自出段干木之子隱如入關去干爲段氏 案段干氏羅泌謂初邑段後邑干因邑爲氏魏世家有段干子田世家有段干朋風俗通以爲姓段名干木蓋以呂氏春秋干木富於義魏都賦干木之德自解紛之言誤之唐表遂謂封段爲干木大夫疎矣又木子名同爲趙相無隱如名此云入關爲段氏亦屬傳會且春秋時以段名者如鄭印段公孫段宋褚師段或其後以名爲氏亦未可知未必定爲共叔後也 文帝時段卬爲北地都尉會孫招生會宗貞會宗金城太守貞武威太守子孫始居武威九代至頎武威西涼建康太守段信稱太尉頎七代孫也信生連連生榮後魏定秦

○龔　後漢河南尹龔肅蜀志交阯刺史龔琛又寧州刺史龔頒並同上



二州刺史生孝先名詔案北齊書紹作詔北齊大宰左丞相平原忠
武王婁大張掖公案韶傳封爵無張掖公字且韶三子懿深亮亦無寶積元名當有脫誤生寶
積元尚書左丞刑部侍郎大理少卿生嗣元嗣道嗣基嗣元
地官侍郎鄭州刺史生崇謙嗣基東光令生崇簡右衛將軍
鄭州刺史崇簡生憕協怡憕少府監協太子舍人生孟嘗信
陵嗣道司僕少卿裔州刺史德操右監門大將軍案德操上有脫文
平原公五代孫楹大理司直隋朔二州刺史段嚴狀云信次
子後魏平東將軍基後生達隋吏部尚書東京留守達生瑋
唐殷州刺史瑋生懷節右武將軍曾孫成象生平仲尚書左
丞齊郡鄒平縣卯十九代孫紛案唐世系表十九代作十四代後魏晉興太
守五代孫偃師唐太子家令令貫河南偃師生志元左驍衛
大將軍生懷古懷藝懷簡案唐世系表志元生瓚瓘珪瓚生懷簡此作志元生懷簡中缺一代

懷藝坊州刺史少詹事瓘符璽郎朝邑令生懷昶懷晏懷晈

懷昶德州參軍生文昌案唐世系表懷昶生諤諤生文昌此作懷昶生文昌中缺一代左補闕長慶太和中書侍郎西川淮南京東三節度生成式珪成式宣州長史生懷本洛州太守禮部郎中蘇州刺史同居滎陽中牟狀云滎陽少子孝方之後

汧陽 司農卿贈太尉忠烈公段秀實本武威嶷右驍衛將軍郇坊州刺史

鮮卑韻書集本引卑下有種字

遼西 鮮卑檀石槐之後晉有段陸眷孫務勿塵居遼西令支生匹磾受欲鹿段案晉書段匹磾之父務勿塵死子疾陸眷嗣匹磾爲晉假撫軍大將軍死石勒之難惟末波存及末波死子牙立牙死其後從祖就陸眷之孫遼立此陸眷之孫務勿塵云云舛錯殊甚八代孫文振隋兵部尚書北平侯又原北海斯原生確綸確唐御史大夫生孝機中書舍人孝叡洛州刺史生庭瑜機生粹徵

粹化州刺史徵殿前侍御史綸工部尚書駙馬都尉紀國公生孝爽文振四從姪子榮周潤州刺史孫高唐廬州刺史

諸郡段氏　左金吾大將軍鄜坊節度段奇京兆人生岌嵩粤汾原節度檢校兵部尚書祐雲南狀云魏末段延沒蠻代爲渠帥裔孫憑入朝拜雲南刺史孫左領大將軍生子光子游子英子光試太僕卿長川王生秀試太常卿子英率府遂郡王神營州兵馬使

## 貫

戰國策齊有貫殊漢有貫高儒林傳貫公長卿後漢居延都尉貫友後趙貫志姓氏急就章（居延都尉類稿四十五作西羌校尉余脱尉字辯證三十二引姓苑作護羌校尉）

## 灌

風俗通斟灌氏夏諸侯也子孫以國氏焉漢丞相潁陰侯灌

嬰嬰孫賢汝陰侯案漢書賢封臨汝侯神仙傳灌叔本漢太僕卿灌夫父張孟常爲嬰舍人易姓灌氏列仙傳有灌光

爨

後漢河南尹爨肅見謝承後漢書蜀志交阯刺史爨琛案廣韻琛作深建寧大姓也又寧州刺史爨頠華陽國志爨習官至領軍昌寧大姓也

冠類稿四十五云列仙傳有冠生

姓苑云有此姓云冠高帝之後此乃漢字之注誤入此

冠軍

漢霍去病封冠軍侯支孫因氏焉

襄陽　漢有太傅東海王參軍冠軍夷案句有脫誤漢宋本辯證引作晉無東海王三字

三十諫

諫 羅輯本據辨證補漢有以下十二字

淳熙新安志一引元和姓纂周禮有司諫子孫以官爲氏漢有治書御史諫忠見風俗通今望出歙郡

周禮有司諫子系以官爲氏 類稿四十五諫下有氏字　系作孫　末多漢有持書御史諫忠見風俗通十二字　辯證三十二引亦作子孫

晏

左傳晏桓子名弱齊公族生嬰字平仲晏父戎晏父釐並其族也據祕笈新書增漢司隸校尉晏南漢書御史晏忠見風俗通南燕有晏漢 是南類稿四十五引作晏稱新書七引同　漢書以下乃諫字注誤入此

豢龍

古飂叔安裔子

三十一 襇

蔄 亡莧切

姓苑云人姓

三十二 霰

三十二霰

○縣 風俗通縣成父孔子門人見史記漢有甘陵相縣芝吴中書令縣默類稿四十五

燃女見反 見纂要今同州有此姓

練 見姓苑云人姓

見 見姓苑云人姓

薦 見姓苑云人姓

縣潘 衛大夫有縣潘氏

三十三線

卞

三十三線

戀

漢有戀祕爲南郡太守 類稿四十五

補 三十四嘯

銚

以郘反 宋本辯證引



出自姬姓曹叔振鐸之後支庶食采於卞因以氏焉魯有卞莊子楚卞和濟陰冤句人 案晉書卞壼之父曰粹壼之子眕盱瞻眈眕盱殉父難一贈散騎侍郎一贈奉車都尉瞻位至廣州刺史眈尚書郎姓纂既缺引忠貞又袠其世次至濟陰冤句爲忠孝之里而綴之卞和之下尤穿鑿不經 魏卞揖生統爲晉瑯琊內史生粹中書令子眕盱眈瞻又桓元長史卞範之宋卞彬 宋本辯證引作楚有卞和世爲冤句人支庶作支子 氏族略引作支庶楚下亦有有字

賤

風俗通漢左北平太守賤瓊

單

可單氏改爲單氏

眘

代北莪眘氏改爲眘氏

變

見姓苑云人姓

## 戰

後漢初戰兢爲諫議大夫

## 三十五笑

類稿四十五新書七引卿士上有周字　武公上有邵字下有邵伯二字

## 邵

邵公奭周同姓受封於燕傳國四十餘代其支庶爲卿士邵穆公武公邵廖邵昭公並其後也秦有邵不疑

汝南　漢汝南太守邵安唐都官郎中邵昇自安陽徙汝南弟炅考功員外

安陽　狀云稱信臣之後青州刺史邵休其先避事加邑爲邵氏晉邵奇壽春太守五代孫知新唐刑部郎中又殿中御史邵瓊之相州安陽人生摯説摯監察御史生中和説吏部

侍郎生渾滄

少

宋本辯證引作黄帝父少典之後一云少昊氏後　禮記下有〻字

少昊氏之後一云少典之後禮記少連善居喪東夷之子

召

召公奭之後或作召齊召忽漢功臣廣侯召歐又南陽太守召信臣生馴孫休案通志休作材　類稿四十五引亦作材

邵皓

世本惠公族羌子孫憲爲邵皓氏

召伯

左傳召伯奐氏族略作奭之後

少室

國語少室周趙簡子右也

校　三十六效

出自周官校人之後以官爲姓天寶河南士曹校傑

孝

齊孝公支孫以謚爲姓

淖

楚將淖齒略氏族　類稿四十五下有仕齊湣王四字

三十七號

部　類稿四十五云周文王第十子封於部其地在右原誤濟陰後失國以國爲氏晉有高昌長部玫

國名在濟陰以國爲姓

定安　唐殿中御史陝州刺史部弘基生貞鈗虞部員外郎

鈗卽中書令張柬之之甥也

㬥

㬥公周卿士見毛詩應劭風俗通云㬥辛周諸侯也漢書御史大夫㬥勝之字公子河東人

浩音告

今隰州刺史浩聿狀云郜氏因避難改爲浩氏聿子下闕

漕

漢書游俠傳漕仲叔西河人少子游亦以俠聞

嫪郎到切

秦莊襄太后有嬖人嫪毐

到

楚令尹屈到之後以王父字爲氏辯證三十三引此下有宋梁間有到彥之到溉到洽望出彭城太原十七字　羅輯本有

好大報反

三十八箇

賀若

代居玄朔隨魏南遷北俗謂忠貞爲賀若因以爲氏孝文時代人咸改單姓唯賀若氏不改 類稿五十九引

見纂要文

三十八箇

賀

姜姓齊公族慶父之後慶克生慶封以罪奔吳漢末徙會稽山陰後漢慶儀爲汝陰令慶普之後也曾孫純避漢安帝父諱始改賀氏孫齊吳大將軍齊孫中書令劭劭生晉太子太傅修修十二代唐太子中書舍人德仁德仁姪孫彭州刺史默德仁姪曾孫太子賓客知章生曾

河南　官氏志賀蘭氏賀賴氏並改姓賀

賀拔

與後魏同出陰山代爲酋長北人謂地爲拔謂其總有其地時人相賀因氏焉

河南洛陽　後魏有賀拔爾頭自武州爲河南人生拔拔生允勝岳允後魏太尉燕郡王尚書令勝太師瑯琊公岳雍州刺史關西淸水公岳曾孫儼唐右監門將軍孫延嗣度支郎中右金吾將軍爾頭少子生仁後魏太宰安定王孫賀拔一云給事中元正司門郎中長慶中進士賀拔蒽案賀拔其心與白敏中友善見唐摭言此作蒽疑誤

賀蘭此條乃賀若之誤有類稿所引可證其所舉人物亦皆賀若氏也

代居元朔隨魏南遷河洛魏以忠貞爲賀蘭因命以氏孝文時代人咸改單姓唯賀蘭氏不改遠祖達羅安樂王

河南洛陽　達羅統生敦誼周金州總管武都公生崇㢸東崇孫儼湖州刺史㢸隋陽州總管宋公生懷廓懷默懷武懷廓唐禮部郎中懷默穀州刺史杞公東周滎公生孝義唐尚

書左丞生景約景愼景約杞王司馬生惲愔惲生庭芝愔生誕誕生察給事中察生公遂景愼兵部郎中生詡隋靈州刺史海陵公

賀婁

代人本居漢北以國爲氏孝文改爲樓氏樓類稿五十九引作婁漢北當作漠北

河南　後魏鎭西大將軍廣陵王賀婁伏蓮生大拔蒙曾孫行本唐鳳州刺史梁公泉武安公寶後魏太子太傅廣平伯生景賢陽平公景賢生詮詮子幹隋鉅鹿公生積唐太子舍人

賀遂

本居元翔隨魏南徙孝文改房氏

河南　唐引仁府統軍賀遂豐生封渭源縣公貫盩厔案姓氏辯

証屋引條云唐雲麾將軍屋引弘生統軍豐豐生渭南郡公封從此有誤

賀悅

賀遂氏音訛為賀悅今關西有此姓焉後周柱國太尉李弼賜姓賀悅氏

賀術

魏初賀術祁居質安山因以為氏焉

賀谷

今關中有此姓氏族略

三十九過

播

風俗通播鞀武殷末之賢人案古今人表注曰自師摯以下八人皆殷末人

四十禡

四十禡

○霸

益部耆舊傳有霸栩 類稿四十六

○夏 羅輯本據辯證輯入謨列之三十九過

夏后氏之後 同上 宋本辯證引無氏字

斥 音柘

又充夜反今蔡州有此姓出爾雅

斥山 辯證三十三引 羅輯本有

華士

晉有隱者華士太公誅之 宋本辯證引 羅輯本有

華

宋戴公子考父說食采於華因氏焉華督據秘笈新書增華元華宣華亥並爲宋卿漢功臣表華毋害傳封四代又華成華嬰

平源高堂　華嬰元孫魏司徒博平侯華歆生表表生廙嶠廙生垣又華譚爲秘書監齊華寶隋孝義傳汲郡華秋

沛國譙縣　魏志華佗

謝

姜姓炎帝之允申伯以周宣王舅受封於謝今汝南謝城是也後失爵以國爲氏焉魯有謝息據秘笈新書增

射

三輔決錄云後漢末鴻臚射服天子以服爲將軍出征姓射名服不祥也改姓謝名咸子登授蜀郡太守授中郎將

柘

楚大夫以地爲氏急就章漢有柘溫舒

耸案廣韻音同嗄姓也

風俗通云新鄭人楊耸村在縣西二十五里

含

見姓苑

晉音亞

見纂要

舍利

北蕃酋帥有吐密支頡利後姓執矢氏生思力唐右驍衞大將軍定襄州都督駙馬都尉尙高祖女九江公主生紹德紹宗師仁歸眞也

尚

四十一漾

姜姓齊太公之後號太師尚父其支孫因氏焉後漢高士尚長　唐戶部尚書衡生振總尚長之後 類稿四十六引 原脫後字

○相

姚秦有相雲代居馮翊 類稿四十六

○賞 舊尚氏

姓苑云賞吳中八族晉有賞慶

謝邱

風俗通周宣王支子食采謝邱因氏焉漢書古今人表魯有謝邱章

下軍

左傳晉將欒黶爲下軍大夫子孫氏焉

亞飯

殷末賢人亞飯干之後

四十一漾

向

宋桓公向父肸肸孫戌爲左師子孫氏焉向爲人向盧鄭向宜並其後後漢有向長字子平 類稿四十六引桓公下有子字 氏焉下有向魋宋司馬向戌之曾孫十字

河內山陽　後漢侍中向栩五代孫秀黃門侍郎後漢又有

○望　風俗通云齊太公望之後（並同上）

相里　里氏居相城者又為相里氏莊子有墨者相里勤後漢中謁者相里乍（以上見宋本辯證三十四引）晉有相里夫（以上見今本辯證十四）

羅輯本只輯至相里乍止



向韶生雄琺雄晉河南尹琺生秀黃門侍郎宋有向彌並河內人（案琺生秀因上文脫誤）

汲郡　「唐戶部尚書向衡子振總向長之後」（此尚字注誤入此）

## 暢

（類稿四十六暢悅作暢氏其下云齊有暢惠明撰論語義注　唐戶部尚書暢璀尚書左丞暢悅璀子常當當進士擢第為太常博士悅子偃並河東人　本條顛倒錯誤不可解）

陳留風俗傳有暢悅河東人狀云本望魏郡「璀子當悅子偃

又詩人暢諸汝州人許昌尉

## 諒

後漢諒輔為洛陽令廣漢人

## 上尹

左傳楚上尹壽之後禮記楚上尹商陽（案左傳上尹禮記亦作工尹此誤）

## 上成

後漢書密縣上成公白日昇天

四十二宕

○抗 後漢有抗徐 太山都尉抗徐代居馮翊 輯稿四十六

○党 本出西羌姚秦有將軍党耐

上粱

莊子有上粱倚

上官

楚王子蘭爲上官邑大夫因氏焉 祕笈新書

尙方

傳餘頗複姓錄有尙方氏

匠麗

鄭穆公時匠麗寇之後著書八篇

唱盆

改爲溫氏

四十二宕

伉 音抗

宋本辯證引云風俗通漢有中大夫伉書 可正今本之誤

虎自云夏后氏之後代為羌豪

曠

風俗通云師曠之後 並同上

四十三映

競

楚大夫所食邑為競氏 宋本辨證引羅輯本有

晉有漢中大夫伉熹

四十三映

子展類稿四十七引作子居是也韻苑新書七作子輿蓋以意改其作子展者直是傳寫之誤耳

孟

魯桓公子慶父之後號曰孟孫因以為氏又衛襄公長子孟縶之後亦曰孟氏齊有孟軻字子展祕笈新書作輿秦有孟說

平昌安邱縣　孟敬子生滕伯伯生廖廖生軻居高密置平昌郡因為郡人漢孟觀二十二代孫說說生倕刑部郎中孫簡常州刺史觀孫珩又居相州珩十一代孫唐禮部尚書溫子晧曉晅暤晧本大令生遂曉左補闕晅生迢河陰令暤右丞京兆尹生通逖逢迪逖逢司農少卿迪大理少卿

東海　漢孟卿以學顯名

鉅鹿　後漢孟敏

武威　後梁孟禕

江夏武昌　吳侍中孟宗晉孟嘉弟陋案晉書孟陋爲孟宗之曾孫宋孟昶封臨淮公弟顗兄弟爲僕射

敬

陳厲公子敬仲之後以謚爲氏姓苑云黃帝孫敬康之後秦有敬丕子敎爲平陽太守類稿四十六引末有子孫因家平陽一句

平陽　敬敎子孫因官家焉裔孫歆漢末爲揚州刺史六代孫顒後魏北平太守曾孫顯攜北齊僕射永安公弟法明法筵曾孫仁絪生彥琮山松仙客彥琮唐愛州刺史山松澄城令生暉晈暉右丞侍中平陽王生讓誠詢諲讓侚舍奉御誠魯郡太守右威武大將軍詢比部員外郎仙客蔚州刺史法明曾孫君弘右衛將軍黔昌公孫昭道

河東　肰稱望平陽南涼袍罕太守敬歸七代孫播唐給事中監國使生非虞部員外播三從孫昭道監察御史生羽侍御史三從兄弟昶許州司馬生令則臨汾令令則生德粦德祕書郎生揖擢括撫揖太子家令生寰寓括字叔弓兵部侍郎御史大夫生騫密寬寬京兆尹生昕晦暭煦鶱建州刺史生性安大理評事撫太子舍人粦給事中生挺

廣平　敬歆後今無聞

## 慶

姓苑慶父之後慶克慶封慶封奔吳子孫徙下邳漢東平太守普治禮案陸德明釋文序目慶普治禮記漢東平太傅作太守誤又陳卿慶餘案左傳陳有慶虎慶寅慶餘未詳晉慶鄭漢末慶氏自下邳又徙會稽慶鴻洛陽人

慶儀後漢汝陰令孫慶酺子侍中賀諱姓賀氏案前賀姓姓纂云賀純避

四十五徑

正

宋正考父之後魏志永昌太守正昂 類稿四十七

漢安帝諱改賀氏 類稿四十七慶封下作封字子家齊相聘魯闕

此云質與前不合 慶鄭上有有大夫三字 姓苑下有公族二字 齊當作齊公族

竟

見姓苑有竟氏 類稿此下有楚人三字

慶師

見姓苑

四十五勁

鄭

周厲王少子受封於鄭是爲桓公在畿內今華州鄭縣是也威公生武公與晉文公夾輔平王東遷於洛鄭徙溱洧之閒謂之新鄭傳封十三代至幽公爲韓所滅子孫播於陳宋以國爲氏幽公六代孫榮號鄭君生當時漢大司農

滎陽開封 當時六代孫稺漢末自陳徙河南開封晉置滎

陽郡開封隸焉遂爲郡人稺孫興興生衆後漢大司農曾孫熙生秦渾渾魏少府生崇晉荆州刺史曾孫略前趙侍中生豁楚楚生溫燕太子詹事生三子睦恬蘭睦號北祖恬號中祖蘭號南祖睦七子白麟小白叔夜洞林歸藏連山幼麟因號七房鄭氏

## 盛

宋本辯證引至成也止下接今本三十四曰漢有司徒盛吉即盛之後以國爲氏吉裔孫後漢北地太守苞吳郡太守憲憲字孝章始居譙郡虞城　此可補類稿所引之闕

周同姓國也爲齊所滅穆天子傳盛姬姓之國也公羊傳云成降於齊師成者盛也諱滅同姓故言成也類稿四十七引姬下無姓字成也下有闕有司徒盛吉後漢有闕等字惜上下皆有闕文

廣陵　吳有盛沖晉有盛彥事母孝仕至中書侍郎又錢唐令疑唐左驍衞將軍滄州總管盛彥師

## 聖

見姓苑

正令

其先周官儀僕掌貳車正令因氏焉家語有正令赤秦人孫

子弟子 案家語無此名孫子弟子亦有脫誤

四十六徑

甯 宋本辯證引首有出自姬姓一句　食采於甯下有其地懷州修武縣是也季亹十一字　生跪下有以邑為氏四字　跪孫速下有謚莊子莊子五字無第二速字　俞生下有惠子二字　喜下有代為衛卿謂之六字

衛康叔之後至武公生季亹食采於甯弟頃叔生跪跪孫速速生武子俞俞生殖殖生悼子喜九世卿族案左傳魯莊公秦魯哀公四年衛甯跪救范氏春秋有兩甯跪杜預皆未詳其系又成公二年衛侯使甯相聘齊杜預注甯相甯俞子又成公十四年衛侯饗苦成叔甯惠子相即甯殖也杜預不註其系然則甯相乃甯俞之子未聞生殖也又襄公二十五年傳曰九世之卿族一朝而滅之杜預注甯氏出衛武公至喜九世姓纂止有七世皆參差不合齊有甯戚周有甯越 宋本辯證作齊桓公之相有甯戚周威王之師有甯越下接今本辯證三十四云唐貞觀所定青州齊郡四姓一曰甯氏又西原蠻豪有甯氏

安平　魏京兆太守甯康

（季子）案弟字上當有脫文春秋釋例世族譜言跪為武公曾孫則頃叔是季亹之子如云兄弟古無以弟承兄氏者且頃叔果為季亹之弟是亦武公子豈有公子繼其兄者乎

（季）案杜氏不言殖為相子當據姓纂此文以殖為俞子古人言世數皆連所出之祖數之如殖為相子則武公至喜當云十世矣

李慈銘越縵堂日記第三十七冊云左傳襄二十五年九世之卿族杜注甯氏出自衛武公及喜九世考古人世數皆連祖言之杜氏世族譜云武公曾孫甯跪文仲跪孫莊子

速以下武子俞成子相惠子殖悼子喜俱不言世數然
武子以下左傳杜注皆言其系（自注惟成十四年甯惠子與寗）而國語韋
注云甯莊子甯穆仲靜之子甯速則文仲之子為穆
仲甯莊子當衛懿公時而左傳莊六年衛放甯跪于
秦雷氏學淇謂當是文仲以時代言之跪當惠公初立
當懿公宗祖孫代仕亦事之恒如姓纂言則跪為武公
孫與杜氏言曾孫不合古無弟承兄之采邑為氏者
且頊叔為季亹弟亦是公子何得蒙兄之氏蓋弟上
有脫文頊叔當是季亹之子或弟是生之誤則跪是
武公曾孫杜氏於成二年甯相注云甯俞子於十四年
惠子止注云甯殖疑殖是相弟故姓纂謂俞生殖
當有據也如此則武公至喜正合九世洪氏瑩秦氏嘉
謨皆以殖為相子離武公數之非也嘉錫案李氏謂
姓纂與杜注不合是也謂頊叔當為季亹之子而疑
為今本有脫誤則非也古今姓氏書辯證及古今姓
氏遥華韻壬集卷八引姓纂皆作季亹弟頊叔
是宋元人所見皆如此姓纂所言世系雖不可盡據
然彼自采之譜牒本不必與傳注悉合至謂頊叔
亦是公子不當蒙兄之氏不知據辯證所引姓纂則
至甯跪始以邑為氏季亹頊叔固皆不氏甯也至謂
洪瑩以殖為相子離武公數之則洪氏校注中并無
是語不知李氏何所據而云然考姓纂所言世數武
公一季亹二頊叔三甯跪四跪之子五跪孫速六武子
俞七惠子殖八悼子喜九正合九世之數雖季亹非
大宗不當以弟為後別為一世然古人所謂九者皆約略
數之以極言其多汪容甫釋三九謂虛數不可膠執
其言極確洪氏以兄弟同世不數又除去跪之子一世遂
謂姓纂只有七世李氏又疑頊叔為季亹之子皆
非是

洛陽　晉甯欽

華陰　狀云祖後唐吏部侍郎甯允忠

河東　漢太僕甯成代居河東又餘杭令武

欽州　梁有愛州刺史甯逵居欽州甯頊曾孫師表師宗師
表唐領軍大將軍沈國公師宗孫愷諫議大夫撰國史

四十七證

乘馬

漢書溝洫志有諫議大夫乘馬延年又張掖有乘馬敷

四十八嶝

鄧

曼姓殷時侯國也春秋時鄧侯吾離朝魯後為楚文王所滅
子孫以國為氏鄭有鄧祁案左傳鄧析此作祁誤

南陽　後漢太傅高密侯鄧禹其先居南陽子震嗣次子訓女和帝皇后襲封昌安侯少子珍封夷安侯晉永嘉亂居丹陽陳亡入長安禹裔孫乾南陽城太守乾曾孫暠唐魏州刺史臨川公暠孫惲刑部尚書淮陽子生汪沖溫洋洋比部員外溫杭州刺史

安定　隲七代孫晉生武威太守因居安定始家焉子羌苻秦并州牧左僕射羌裔孫表唐兵部郎中南陽伯又居藍田素子元挺吏部侍郎元機兵部郎中又著作郎鄧行儼亦云羌後隲裔孫唐尚書右丞揚州長史景山代居洛陽

平陽　晉右僕射鄧攸字伯道亦禹之後兄子侒

長沙　太傅禹後晉有鄧粲荊州刺史爲桓沖別駕

陳郡　太傅禹之後晉有鄧嶽爲廣州刺史子遐號爲名將

魏書鄧淵傳安定人祖羌苻堅車騎將軍又翼河間相

四十九宥

廖叔

古廖叔安之後秦惠公大夫有廖叔 類辯證三十四引 羅輯本有

°俞

吴興 漢有俞連東不詳所出 類稿四十八

按俞音肖

°救

風俗通漢有諫議大夫救乙 同上

鄧陵

楚公子食邑鄧陵因氏焉鄧陵子著書見韓子

四十九宥

富

左傳周大夫富辰之後又魯大夫富父終甥之後亦單姓富鄭大夫有富子猶 類稿四十八引此下有漢闕脩傳有陳留太守闕允文闕等字

陳留 漢有富留人爲公田使者見風俗通陳留先賢傳有陳留太守富允又唐晉陽尉富嘉謨 遥華韻辛集八引作富允安

蘭陵 魏志富龔字熙伯伯生之後也爲尚書令著論語解

前燕錄富愷蘭陵人

廖 力救反

風俗通古有廖叔安左傳作飂蓋其後也漢有廖顗爲鉅鹿

太守

汝南　平輿人漢方士廖扶生孟舉仲舉

襄陽　蜀志有廖化爲大將軍中鄉侯襄陽人

武陵臨沅　後漢桂陽太守廖祁又蜀志廖湛廖立廖位至侍中長水校尉案蜀志廖立位至長水校尉廖字係立字之誤

副

「風俗通周公忌父之後以王父字爲氏」案魏志副呂氏改爲副氏又爲呂氏此言忌父後爲副氏當有脫誤

案此乃古志韻忌字下注不知何以誤置於此　類稿四十八云河南　後漢官氏志副呂氏改爲副氏

舊

見姓苑

河南　官氏志菀賴氏改爲舊氏案後魏志菀賴氏就賴氏俱改爲就氏無舊氏姓纂已載於就氏下此重出

就
見姓苑
河南 後魏官氏志菀賴氏爲就氏

晝
風俗通齊大夫食采晝邑因氏焉

右
晉屠擊將右行因氏焉

授
見姓苑

富父
魯富父終甥之後見左傳魯又有大夫富父槐

㕙尹

五十候

○候 周禮候人氏子孫因官爲姓翔鳥四十八

○漏 古掌漏之官因以爲氏

○勾 蜀志左將軍宕渠侯勾扶巴人上並同

案武陰當作武陽女上當增一勲字安帝當作章帝

楚大夫廄尹然之後

五十候

## 竇

姒姓夏少康之後帝相遭有窮之難其妃后緡方娠逃出自竇而生少康支孫以竇爲氏至周世爲大夫竇犨爲晉大夫仕趙簡子裔孫漢丞相嬰

扶風　竇嬰之先本居清河觀津後徙扶風平陵漢章武侯竇廣德女爲文帝皇后生景德兄子彭祖南皮侯兄子彭嬰魏其侯嬰七代孫融後漢大司空安豐侯生穆穆生勳勳生憲憲大將軍武陰侯女爲安帝皇后融生固裔孫武大將軍槐里侯女爲桓帝皇后魏晉以後竇氏史傳無聞

河南洛陽　狀稱本扶風人竇武被誅後入鴈門太守統北

奔鮮卑拓拔部爲沒鹿回部大人賜姓紇豆陵氏魏孝文改爲竇氏女爲元帝后六代孫漏頭蓬東王案唐世系表竇巖從魏孝武徙洛陽生三子那敦略略字六頭生五子興拔岳善熾又竇巖兒竇拓封遼東王蓬當是遼字譌並有脫文孫略生岳處穀岳處後周大司馬杞公女高祖太穆皇后生太宗穀生昭昭生彥彥生德明案疑脫德素一人沖德元德洽德明常州刺史德素工部郎中沖陝州刺史生義節虢州刺史生戒盈戒言戒言生萱蘭案唐世系表萱蘭作庭蘭庭萱蘭國子司業萱衞尉少卿戒盈靑州刺史生庭芝庭華庭芝陝州刺史庭華中書舍人生叔展申昱叔展右拾遺申給事中昱左司員外德元戶部尚書左相鉅鹿侯生懷恪懷質懷讓懷讓德州刺史生思仁金吾將軍懷恪湖州刺史懷質左僕射中山公姪崇嘉考功郎中德洽工部郎中穀少子招賢隋遷州刺史神武公孫德藏生

虛運虛奐虛運生恂華州刺史虛奐右屯田將軍生善西魏
華州刺史永富公善生榮定隋冀州刺史陳公榮定生抗慶
璡抗納言陳公生衍靖誕幹師綸師武師仁衍左武侯將軍
生孝儉孝威孝忠孝儉生畢太僕少卿孝忠蘭州刺史靖戶
部尚書封信都公生逵遜邃逵駙馬生松壽殿中少監遜兵
部郎中邃蔡州刺史誕刑部尚書莘公生孝慈孝立孝沖孝
臻孝誠孝果孝諶孝禮孝慈工部郎中德州刺史生希玠希
璥敬賓希玠禮部尚書少傅莘公生錫銳錫右衛將軍希璥
蓬州刺史生銓滑州刺史銓生賓兵部郎中河南少尹孝立
孫鎮左武衛將軍生顒項項洋州刺史孝臻夷州刺史生瑾
瑾生審言聞喜尉審言生畿權參權著作郎參中書侍郎平
章事吏部尚書生景伯兼監察御史孝誠溪州刺史孝果生

維鑾水部郎中孝諶潤州刺史贈太尉女睿宗昭成皇后生元宗孝諶生希瑊希球希瑰（案疑脱希琬一人）希瑊太子少傅幽公生鍊鋼鍊司農卿鋼將作監同正希球太子賓客冀靖公生鑑鑑生榮虞部郎中希瑰開府太子少傅畢公生鍔濬沔鍔駙馬祕書監同正生克恭濬涇王傅沔濟王傅生克艮克溫克艮駙馬希琬衞尉少卿生鋒太僕少卿鋒生昱昆昱隋州刺史昆鳳州刺史孝禮涇原令生瑋璉艮賓瑗瑋遂州刺史璉京兆少尹生紹綜繹繽緘級紹給事中荆州長史生寓繹駙馬衞尉卿績奉先令艮賓生林司封郎中瑗光祿卿生兟兟生乂太府卿同正師綸太府少卿生尚義尚烈尚義生瓚道州刺史尚烈生進右庶子進生蒙泉（案唐世系表泉作鼎）蒙太原令泉都官郎中師武生孝道孝約孝綽孝綽生景景生履廷履

信履廷梓州刺史生暄履信鴻臚卿慶生智純智弘智圓案唐世系表智仁蒲州刺史此脫名蒲州刺史智弘生懷玉懷袒懷玉婺州刺史懷袒生從之從光從昭從之左司郎光生靚覦戶部侍郎揚府長史智圓開州刺史璡禮部尚書鄧公生普行左監門將軍長史饒州刺史普行生總汾州刺史總生弘儼屯田員外寶熾周太保鄧公生恭州刺史軌曾孫克順將作少監恭少子琮晉州刺史生孝謙洛州刺史竇覽孫孝仁案唐世系表作孝汞濟州刺史孝鼎司勳郎中寶深生襲右武衛將軍襲生文表文表生季爽季安季安湖州刺史曾孫至柔爽開州刺史寶嶷孫德宗播州刺史寶誼孫有意案唐世系表誼生有意此作誼孫不合熊州刺史生元誨諫議大夫寶威內史令延安公生惲金部侍郎岐州刺史惲生炅炅生相棣王傅觀津公栩案唐世系表炅作炅栩作翊生

顒撫州刺史唐左衛將軍竇善衡云扶風鞏水部員外牟洛陽令羣御史中丞今開州刺史庠潼州刺史叔向從父弟彧廬州刺史生易直從直敬直興公易直兵部郎中御史中丞從直兼殿中御史彧堂兄子端房州刺史竇藥師云略後

寇

蘇忿生爲司寇子孫以官氏焉又云衛康叔爲周司寇支孫以官爲氏秦滅衛君角家於上谷八代孫恂

上谷昌平　恂後漢執金吾雍奴侯曾孫榮榮孫孟魏馮翊太守徙家馮翊元孫循之生讚讚生臻後魏七兵尚書汝南生儁西魏司空賜姓口引氏案魏書寇讚傳讚子臻官至弘農太守臻次子祖禮官廷尉尚書贈七兵尚書昌平男祖禮弟儁始賜姓若口引氏此以臻爲七兵尚書誤汝南二字亦有脫口引氏脫若字儁曾孫弘唐戶部侍郎武林公

馮翊　蘇忿生之後以官爲氏魏有散騎常侍寇閱閱生明晉河東太守明生朱安安生耶後魏建節將軍夏陽子曾孫勇周儀同通城侯勇生迪迪生志覽唐洛州功曹歸州刺史志覽生恩遠曹州長史恩遠生毗兵部郎中

河南　官氏志口引氏改爲寇氏

鬭

左傳楚若敖之後有鬭般生伯比伯比生鬭穀於菟字子文代爲楚卿有此姓

鏤

姓苑云今遼東有此姓

鄮

越人以郡爲姓今明州鄮縣是也氏族略

鬬文

英賢傳云鬬伯比之後支孫鬬文仕晉因氏焉氏族略作楚若敖生鬬文子因氏焉

鬬門

世本陳鬬父之後楚大夫有鬬門陽

鬬班

楚若敖强生鬬文子因氏焉

鬬耆

世本云子姓也

豆盧

類稿五十九引運孫下作北地王精入後魏北人謂歸義為豆盧道武因賜姓豆盧氏羅校云案金石録豆盧建碑跋引作慕容運孫北地王精之後魏道武賜姓豆盧氏

本姓慕容燕王廆弟西平王慕容運孫精之後

昌黎棘城　精生猶醜猶醜曾孫萇永思甯甯生勣勣生毓

繆

秦繆公之後以謚為姓或音作穆漢書楚有穆生為元王師 類稿四十八引

補 五十一幼

周隋並有傳永思生通通生寬唐禮部尚書芮定公寬生承業懷讓承業領軍將軍生欽望欽奭欽肅欽望內長史左僕射欽奭光祿少卿欽肅生靈昭宣州刺史靈昭生參同器友參右威衛將軍同京兆少尹友萬年令懷讓生貞松宗正卿中山公貞松生光祚光祚生建駙馬通孫方則生楷楷生元儼元儼生志靜志靜生曾元侯魏太宋襄城公五代孫達唐殿中監靈壽公生仁宗達堂姪曾孫子騫監察御史生陸渾元孫祥生讓曾孫挹挹生鄭鄖鄭生靜 羅校云金石錄豆盧建碑跋引精生醜、曾孫長生寧又周書豆盧寧傳長生永恩寧永恩生勣寧生讚

五十二沁

禁

姓苑云吳興人

五十四闞

闞

齊卿闞止之後

會稽山陰　闞駰撰十三州志吳侍中闞澤字德潤唐右領軍闞稜

五十六㮇

念

西魏太傅安定公念賢代人也子華台州刺史

五十九鑑

監

風俗通云衛康叔之後（辯證三十四引作衛康叔爲連屬監因以爲氏）

六十梵

氾

漢有氾勝之爲黃門侍郎其先周大夫食采於氾因以爲氏

燉煌　勝之後晉有郎中氾騰張掖太守氾彥天寶有刑部郎中氾雲南鄭縣尉氾叔敖並其後也

濟北盧縣　晉有氾毓字稚春七代同居晉武帝徵爲祕書郎不就著書七萬言

元和姓纂卷九

元和姓纂卷九

一屋

○穀

左傳（原脫傳字）有穀伯穀本在南郡當陽縣北子孫以國為氏（此下原有今隸荊湖路五字蓋小註混入正文）

漢有穀思為魯相（類稿四十九）

○濮

大夫食采於濮因氏焉（同上上脫一字）

○角

漢初商山四皓有角里先生後漢有角若叔（類稿五十）

○遬僕

漢校尉遬僕多見霍去病傳（宋本辯證引羅輯本有）

# 元和姓纂卷十

唐林寶撰　陽湖孫星衍　歙洪瑩同校

## 一屋

### 陸

齊宣王田氏之後宣王封少子通（少子通新書七引作達）於平原陸鄉因氏焉漢大中大夫陸賈子孫過江居吳郡吳縣陸賈裔孫吳丞相遜生丞相抗抗生晏景機雲耽遜弟吳選曹尚書（案陸遜弟名瑁此脫）生英英生聘玩玩元孫惠曉惠徹自玩至惠曉父子歷晉宋五代侍中惠徹生閑閑生厥完絳襄厥曾孫搢完生邱公雲公令公邱公生瑾琛瑾生遜之逖之逖之都官員外琛生仁公仁公生柬之元之（案唐世系表琛生柬之元之中間無仁公一世）柬之司諫郎中崇文侍書學士生彥遠元之生元方天官鸞臺二侍郎平章事元

方生象先景倩景融景獻景裔象先中書工部侍郎平章事生刑部尚書少保衮元貞公衮生泛澴廣偃泛祕書少監澴比部郎中廣沂州刺史偃工部員外景倩監察御史生溥天水太守少府監生康序應庶康檢校郎中庶福建觀察中丞景融吏部侍郎左丞工部尚書父兄三人繼處銓衡左右丞生沛渭沛屯田郎中景獻屯田員外生包易包工部員外易司門員外景裔兵部員外生滌元方弟彥恭曹州刺史雲公生瓊瓊生從典從典孫鑑有集令公曾孫餘慶尚書左丞太子詹事生琪璪璪汾州刺史兵部郎中生海長源海司門員外長源檢校尚書汴宋節度生行檢陸氏自漢魏至梁陳正傳十五人惠曉生任倕倕字佐公任六代孫去泰去泰起居集賢學士梁給事中陸鎮之續長子裯後惠曉七從子也生

晉晉生雍陳豫章王諮議雍生元朗字德明秦府學士國子博士兼太子中允吳郡男撰經典釋文德明生敬信敬義敬義蓬州刺史生宣悊遵楷遵楷祕書郎敬信兵部東臺二侍郎左侍御同三品檢校左相嘉興子生郢客郤卿越賓慶叶郢客生大鯤慶州都督郤卿生大訓大盈大均大訓右金吾將軍越賓陝州刺史慶叶屯田郎中雍州司馬鈞生湯後周大司馬陸通云玩後晉侍中萬戴爲劉義眞長史從宋武帝入關沒赫連生僑僑生政卽通父也通生長義讓讓隋光祿少卿生善宗駕部郎中德州刺史通弟逞周太子少保中都元都公陳盧陵太守陸之禮稱後漢潁川太守閎後生寶仁先元士元士虞部員外濟州刺史生貴愛陳永王記室陸慶稱褒後生士秀唐太子博士生謀道周文王學士生元感元

感生南金庫部員外齊度支郎中陸匡丞晉太常卿始後元孫敬唐蘇州刺史陸孜兄元孫善敬國子司業生鼎右補闕嘉興　開元有陸齊望官至試祕書少監生湑灃潤瀝淮渭侍御史灃殿中御史潤祠部員外瀝侍御史望族弟齊政富平令生侃如溧水令侃如生贇賞賡贊中書侍郎惠陵令陸侍詮並吳人詮生亘太常博士越宣二觀察生塽勳塽陝府觀察生鉅勳吏部郎中又歙州刺史陸參司封員外陸震大理司直陸羽並吳人元和初進士陸暢生懷姪孫肱湖州刺史長城人

河南洛陽　出自代北代為郡長大人號步六孤氏後魏孝文遷洛改為陸氏與穆奚于賀劉婁為北人八族征西大將軍東平王陸俟生麗頽歸駢驥麗司徒平原王生定國叡定

國殿中尚書東平郡王生昕之叡尚書令東平郡王生希道
希靜希質希道生士懋子彰（案此下疑脫士佩一人）士懋元孫寶積屯
田郎中冀州刺史生昭達子彰中書監生印駿沓鶱彥師兄
弟五人相繼爲黄門侍郎士佩五代孫伯玉中書舍人晉州
刺史希靜元孫乾迪嶲州刺史都督希質生瓘悉達歸歸太
僕卿曾孫騰周大司空生庸定公庸生逸融冰逸孫徹郢州
刺史生欽嗣左監門將軍鄆州刺史欽義忠州刺史融隋洛
州刺史生立素右庶子立素生爽兵部郎中爽生瞻瞻生景
祥雒尉景祥生據司勳員外據生士佳士修士佳三原令士
修殿中御史冰生義方營州司法義方生頌改名慤國子監
祭酒右常侍鄭公生璟正卿同正騏孫隋中書舍人生法言
正言法言隋承奉郎撰切韻正言孫大同遂州刺史復後魏

太保建安王七代孫堅左右丞相刑部侍郎祕書監生綰綜績綰贊善大夫生鄭綜生邳績檢校郎中生復禮復禮部尚書禮膳部員外

穆

宋穆公之後支孫氏焉楚元王友有穆生或作繆音同

河南　代人本姓邱穆陵氏代爲部落大人爲北人八族之首後魏以穆陸奚于比漢金張許史孝文遷洛陽改爲陸氏以位盡王公勳著當代下司州一同四姓侍中太尉宜都王崇生遂留觀遂留生忸頭比部尚書忸頭生蒲坂虞曹尚書蒲坂生韶冀州刺史韶生遵季北齊東郡太守遵季生伽唐殷州刺史伽生弘遠隋侍御史弘遠生固禮固信固禮綽州刺史生思恭稷州錄事參軍思恭生元休安陽令元休生寍

審寍祕書監致仕生贇質員賞贇御史中丞宣歙州觀察質給事中撫州刺史員御史生栖梧泗州刺史兼丞賞太常少卿審監察御史生贇口部員外贇生詳諶諶改名仁裕宣武節度檢校兵部尙書生延業諫議大夫固信蘭州刺史生思順思泰思順生子元子元生準殿中御史汾州司馬思泰生昊周昪昌昌生寂著作佐郎類稿四十九引改為陸氏作改為穆氏

## 麴

漢有麴譚生閟避難湟中因居西平改姓麴氏類稿四十九引首有麴氏之後四字

西平　閟居西平十一代孫嘉仕沮渠氏後爲土人所歸立爲高昌王後魏授瓜州刺史金城公五代公主案有脫文其孫麴伯雅附隋唐宇文泰叛貞觀中侯君集平之其主麴智茂歸降拜右金吾大將軍金城公勑改名智勇其弟天山公智諶

生崇裕右監門大將軍交河郡王崇裕弟瞻司農卿常樂公

後漢末又有麴演麴義

金城　晉有左僕射麴允

## 祝

黃帝祝融之後周武王封黃帝之允于祝因氏焉鄭有祝聃衞有祝鮀或以祝史之後以官爲姓案世本祝任姓禮記封帝堯之後于祝惟唐世系表謂出自姬姓黃帝之後若祝聃祝鮀則俱以官爲姓非姬姓也類稿四十九引或以作或謂新書七同

中山　後漢司徒祝恬中山人

長沙　祝恬孫廣魏始平太守又家焉始平祝廣居始平九代孫綝唐陝州司馬綝生欽明刑部尚書同三品魯公子莛兄子駰

河南　官氏志比盧氏改爲祝氏

伏

伏羲之後子孫氏焉與任宿須句顓頊同祖類稿四十九引伏羲下有風姓二字遥華韻癸集二引作風姓伏羲裔

濟南　漢有伏生名勝治尚書遥華韻引云秦博士伏生名勝濟南人年過九十口以傳授本經尚書漢文帝蒲輪徵不至　案此所引不知是姓纂本文否

平昌安邱　勝七代孫理高密太守生鳳湛湛後漢大司徒鳳五代孫儀生大鴻臚策策曾孫滔晉遊擊將軍曾孫曼容齊率更令河南太守伏虔注漢書案伏虔今作服虔

宓類稿注云亦作伏

風俗通宓康公之後以國爲氏史記仲尼弟子宓不齊字子賤魯人類稿四十九作宓羲之後史記云云今轉為宓氏　案類稿與服字注互混

鞠遥華韻癸集二引作生鞠有文在其手曰鞠

后稷生不窋生而有文在手曰鞠支孫氏焉裔孫鞠武爲燕太子丹傅風俗通漢尚書令譚或爲鞠氏音訛轉改

大典一九七六四伏字欵引欵埏作欵史

無孫字

平原遂箏韻引作吴興

平原　鞠譚代居平原南燕有司空鞠仲中書侍郎鞠注

東萊　漢尚書令鞠譚後支孫又居東萊唐有冀州刺史鞠稜女鄭繇祖母也或亦姓鞠氏

鹿

趙大夫食采五鹿因氏焉漢有巴郡太守鹿旗

巴郡　鹿旗子孫因家焉

濟陰　後梁有樂郡太守鹿蘊見十六國春秋元孫悆西魏光祿大夫河內公自西平徙濟陰孫善隋長春宮監河內公生願裕注願唐司農少卿定陶公洼巂州司功

河南　後魏官氏志鹿桓阿氏改爲鹿氏

叔

八凱叔達之後或云晉大夫叔向之後東觀漢記將軍叔壽

〔三〕案子當作牙杜氏春秋釋例世族譜叔牙孫叔仲惠伯名彭生惠伯孫昭伯名帶即叔仲帶昭伯子穆子名小昭伯孫定伯名志此當作叔牙之後叔牙孫叔仲彭生彭生生亥後下脫叔牙二字彭生下脫彭生生三字耳據通志公孫茲生得臣彭生茲即叔牙子戴伯得臣即叔孫莊叔也可以補世族譜牙後脫一代之缺此云彭生生亥可以補世族譜彭生後脫一代之缺又檀弓正義引世本云僖叔牙生武仲休休生惠伯彭生今本皆止彭字下同盖脫彭生生皮為叔仲氏則彭生得臣卜引二木盖茲弟也皮亥名亦異叔仲皮見檀弓亥盖皮之昆弟皮之子為子木子碩鄭注必有本

叔子之後孫叔仲彭生亥〔三〕案通志公孫茲生得臣彭生一得臣爲叔孫氏彭生爲叔仲氏亥生帶帶生仲叔仲職及寅代爲魯大夫類稿四十九引首有魯公子叔牙之後又八字漢記下有光武時壯武五字

## 木

端木賜之後因避仇改姓木氏晉文章志木華字元虛作海賦嘗爲太傅楊駿主簿又有木概著戰國策春秋三十卷見七錄

## 肅

周文王子郕叔之後成肅公以謚爲姓案通志曰郕叔武未聞謚此當是周卿士成肅公之後梁吳郡太守西豐侯肅正德一云古肅愼氏之後歸化中國改爲肅氏

## 卜

辯證引云周禮卜人因官爲姓風俗通曰氏於事者巫卜陶匠是也春秋魯有大夫卜齮魯莊公車右卜國仲尼弟子卜商漢御史大夫卜式今望出衛國劉聰之臣有卜珝卜抽卜崇卜幹卜泰辯證三十五用殘宋本校補

周禮卜人以官爲姓仲尼弟子商字子夏魯人

河南　漢卜式商之後也以田畜爲事官至御史大夫開元中卜長福獻續文選三十卷杭州富陽縣尉辯證又云後魏須卜氏改爲河南卜氏唐開元中有處士卜隱之又富陽卜長國用宋本補

宿

伏羲氏風姓之後左傳云任宿須句顓臾風姓也又有宿南國在東平無鹽縣以國爲姓後漢宿仲談又有宿祥類稿四十九引無南字

雁門　宿祥一作禕爲雁門太守因家之前趙有宿察

河南　官氏志有宿氏大姓宿六斤氏爲宿氏

谷

漢衛司馬谷吉世居長安生永大司農後魏谷楷昌黎人

魏郡　唐晉陽尉谷倚狀云谷永之後詩入正聲集與吳少微富嘉謩爲友世類稿四十九作代　遥華韻類集一引云魏郡上谷人

沐

類稿四十九作纂要有此姓本亦出於端木云云

漢沐寵爲東平太守肰云端木賜之後避難改爲沐氏

東平　沐寵之後因官居焉

河間　魏略沐並河間人孫文流爲護軍石趙僕射沐堅

竹

孤竹君姜姓殷湯封之遼西至伯夷叔齊子孫以竹爲氏

東莞　後漢竹曾爲下邳相又擬陽侯竹晏並東莞人

服

服義之後仲尼弟子服不齊字子賤魯人今轉爲宓氏亦作伏

類稿引作周內史叔服之後以王父字爲氏漢有江夏太守下闕　服義當作伏羲蓋有兩說也

祿

類稿四十九作風俗通云殷紂子武庚子祿父之後以王父字爲氏　宋本辯證引云出紂子祿父後

風俗通云殷紂遠裔悉西魏光祿大夫河內公自西平徙濟陰孫善隋長春宮監河內公生願裕注裕唐司農少卿定陶

公注祿州案注嶲州司功此誤風俗通云殷紂子武庚子祿父後以王父字爲氏今涇陽有此姓又吐番酋長有祿東贊

竺

本天竺胡人後漢入中國而稱竺氏竺因爲漢侍中

瑯瑘莒縣 侍中西平侯固之後代居瑯瑘有竺俊恢銓覽宋竺蘷並云莒人

鬻

祝融之後周文王師鬻熊受封于楚著書子鬻拳其後建平見姓苑

書類稿四十九作邁

禿

國語祝融後八姓己董彭禿妘斟曹芊周滅之矣賈逵云禿彭姓別族

郁
見姓苑國語魯相郁貢子孫氏焉

玉音宿
黃帝時公玉帶造合宮明堂見尸子後改爲玉氏漢司徒玉光府字文伯

夙
古夙沙氏之後夙沙衛閹寺之屬宋本辯證引之後下有為氏二字

潚
漢雁門太守潚河趙稿四十九作漢雁門有潚河因以地為氏

牧
黃帝臣力牧之後漢有越巂太守牧根宋本辯證引之後下有孟子有牧皮牧仲一句羅輯本有

鄍

於六反見姓苑

屋盧盧當作盧

晉賢人著書言彭眄之法案此辯證三十五引賢人下有屋盧子三字云蓋盧晲名誤為盧也

屋南

代北複姓

屋引

代人隨魏南徙河南後魏行臺右僕射屋引業生通通生容

容生浴浴生永達唐梁王府統軍

叔孫

魯桓公子叔牙生茲號叔孫亦爲氏生得臣得臣生豹豹生

婼婼生不敢不敢生舒漢有叔孫通爲太子太傅生稷嗣君

魯國薛縣　叔孫通代居開元大理司直叔孫通元孫觀生

興案此有脱誤

河南　後魏獻帝命叔父之後爲乙旃氏後改爲叔孫氏道武時有壽光侯叔孫建生俊將軍安城公元孫金毗隋太府少卿曾孫文懷唐瀛州刺史

叔夜

周八士叔夜之後楚康王時大夫有叔夜子莊見國語

叔帶

英賢傳趙叔帶之後齊大夫有帶子莊爲莊公御

叔向

世本晉羊舌肸字叔向因氏焉

叔敖

八凱之後公羊有叔敖段爲景王大夫

叔達 辯證作叔逵

八凱之後公羊有叔達段爲景王大夫 辯證三十五引作八凱叔逵之後周大夫有叔逵焉　焉字疑誤

叔服

英賢傳云周太史叔服之後晉武公大夫有叔服之要

叔夙

世本羊舌職生叔夙爲叔夙氏

叔魚

晉大夫羊舌鮒字叔魚因氏焉

獨孤 類稿五十五引本姓劉氏下有當後漢北蕃有右賢王劉去卑之先尚漢公主因從母姓劉氏廿四字　代北類稿作在北有

其先本姓劉氏後魏代北三十六部有伏留屯爲部大人居雲中和平中以貴人子弟鎮武川因家焉伏留屯之後有俟尼生庫者後魏司空生信大宗伯衞國公第二女唐元貞皇

后生高祖金石錄二十三獨孤使君碑跋引云陁生延壽延壽封新蔡公　羅輯本脫上句注云碑作新蔡男當以碑爲正

祝其

風俗通宋戴公子祝其爲司寇因氏焉見世本漢有淸河都尉祝其承先

祝固辯證三十五引作衛祝固之後漢有侍御史祝固遥

左傳晉有祝固氏漢功臣祝其侯祝固舒

祝史

衛有祝史揮因官姓焉下邳今有此姓宋本辯證引作衛祝史揮之後因官爲氏

穀梁類稿五十六俶下有字元始魯人亦六字　卷作篇

魯有穀梁赤治春秋傳子夏門人也尸子云穀梁俶傳春秋十五卷案顏師古說穀梁名喜今下邳有穀梁氏據氏族略增

濮陽

陳留　後漢外黄令牛述以濮陽潛爲主簿吳長沙太守濮陽逸生興孫休時爲衞將軍平章軍國事丞相外黄侯吳書張紘從外黄濮陽闓受詩禮春秋大曆嶺南判官檢校刑部員外濮陽灌大曆進士濮陽守

## 斛律

代人代爲部落統帥號斛律部因爲氏焉

河南　後魏武川公斛律于孫舉滑州刺史下邳公孝卿隋戶部尙書武陽子生弘義禮本禮備禮文禮備唐吏部員外生觀國禮文蔡州司馬生貽慶庫部郎中少府監後魏又有斛律倍利侯（案北齊書作倍侯利）朔州刺史敕勒部人率衆內附生那瓌（案北齊書倍侯利生幡地斤幡地斤生那瓌此闕一代）爲第一領人酋長生金北齊大司馬右丞相咸陽王生光羨武都（案武都乃光之子詳下文此二字衍）光字

明月左太尉左丞相咸陽王長子武都太保羨生豐洛州刺史荆王案本傳羨字豐樂荆山郡王五子世達世遷世辨世酋伏護此作羨生豐誤

斛斯

其先居廣漢代襲莫弗大人號斛斯部因氏焉

河南　後魏比部尚書斛斯延生郭郭生椿尚書令太傅常山文宣公生徵徵生周齊州刺史岐國公孫成生道仲道濟道仲唐蘄州刺史

禿髮

河西鮮卑也與後魏同出聖武帝詰汾長子疋孤神元時率其部衆徙河西六代孫樹機能立盡有涼州之地子思復韃生烏孤僭號西平王稱南涼都廣武弟利鹿孤傉檀三主十八年爲乞伏熾盤所滅傉檀生賀歸後魏太武賜姓源氏

夙沙

英賢傳炎帝時侯國也因氏焉左傳齊宦者夙沙衛

冄里

漢商山四皓綺里季之後案四皓有冄里先生疑里季乃冄里先生之誤

陸終

祝融子陸終之後辯證三十五引多有陸終氏王莽曾孫鴻興與東平陸終氏有惡三句羅輯本自王莽起

福子

齊大夫福子丹見國語

牧師

漢禮依周禮令主養馬後世因以爲氏

宿勤

後魏帥宿勤名達

木蘭

姓苑木蘭氏任城人

宿六氏

改爲宿氏

獨孤渾

改爲杜氏

二沃

沃

風俗通殷太甲子沃丁之後

吳郡　神仙傳沃焦吳人

督

類稿四十九大夫下有華督二字　又云風俗通漢有督瓚晉有督戎欒盈臣　末句似有脫誤

宋大夫之後以王父字爲氏漢督瓚見風俗通

巴郡　後漢巴郡蠻酋有督氏同羅朴鄂度夕龔爲七姓

僕

周禮僕人後匈奴降者僕多封渾梁侯

河南　官氏志僕蘭氏改爲僕

禣

廣信郡多此姓云本姓陸避事改姓禣

鵠

後漢巴郡蠻酋羅朴都鄂度夕龔凡七姓案後漢書巴蠻七姓都作督襲作龔無鵠氏惟姓氏急就篇及通志俱作姓出姓苑東海人

三燭

續

晉大夫狐鞫居食采於續又姓續氏是爲續簡一云舜七友

三燭

○逯

風俗通後漢大司空逯並並字原脫據辯證補

石趙有逯明唐夏官郎中逯仁傑類稿四九

○燭

左傳大夫燭之武之後同上

續牙之後漢初功臣表續相如封丞文侯

上黨　石趙有太子少保續咸又河東襄陽並有此姓

束

晉書云疎廣之後孫孟達避王莽亂自東海徙沙鹿山南田因去疋爲束氏之後孫遙華韻類集一引作曾孫

陽平元城　漢隴西太守束混子龕爲馮翊太守生晳字廣微晉尚書郎兄璆亦知名

曲

晉穆公封少子成師爲曲沃支孫氏焉漢代郡太守曲澄△

陝郡　貞元中陳許節度曲環陳許人曲澄類稿四十九引作曲謚

粟

漢治粟都尉因官爲姓魏志袁紹魏郡太守粟舉

四覺
濁
漢書貨殖傳有濁氏賣脯 類稿五十

蓐

風俗通蓐收之後

項

風俗通顓頊之後

續祁

晉祁奚舉子自代父子相續因爲氏焉漢有續祁孟陽善易

四覺

樂

宋微子之後戴公生子衎字樂父子孫以王父字爲氏曾孫樂呂呂孫喜字子罕燕有樂毅毅孫臣叔高祖封爲華成君

裔孫恢

南陽淯陽　恢子乾自趙徙南陽五代孫方方生廣字彥輔

晉尚書令信陵公生凱益州刺史六代孫運隋咸陽令撰諫苑生質禮部戶部二尚書

京兆　狀云廣後唐御史大夫同三品樂彥瑋子思晦中書侍郎

卓

史記蜀郡卓氏本趙人以鐵冶致富徙臨卭即鐵山鼓鑄至僮千人田池射獵之樂擬于人君據秘笈新書增後漢太傅卓茂南陽宛人

角

後漢角善叔梁將軍角念姓氏急就章

學

見姓苑

朔

姓苑云南陽人

朴

見姓苑云東海人

樂正

周禮樂正因官氏焉孟子魯有樂正子春曾子弟子 案樂正子春曾子弟子見禮記孟子弟子乃樂正子克此脫

宋本辯證引氏焉下作魯人樂正子春師曾子樂正子克師孟子樂正裘師孟獻子

樂王

左傳晉大夫樂王鮒之後漢有郎中樂王幾

樂尹

楚昭王以鍾建爲樂尹

樂利

乞伏　西河鮮卑也與後魏同出匹武帝詰汾長足孤神元时率其部衆徙河西六代孫樹機能書盡有凉州之地子思後腱生烏孤僭號西平王稱南京都廣武弟利鹿孤傉檀三至十八年為乞伏熾盤所滅傉檀生賀歸後魏大武賜姓源氏

大典一九七八〇卷十二至下伏字韵引元和姓纂

五質

。密 風俗通密康公之後以國爲氏 類稿五十

。惢 師惢諸之後

。暨 吴志暨豔字子林吴郡人爲選曹郎至尚書唐天寶有暨晃弟昱暨佐時上元中准制改爲周氏 並同上

乞伏 乞伏國仁本鮮卑乞伏部首帥也晉孝武時僭號西秦王大單于 類稿五十九引

羅輯本有此門一條今改入上平聲二十三魂作爲門字注說詳彼條下

# 齊胡公支子爲樂利氏

## 五質

### 畢

周文王第十五子畢公高之後以國爲氏晉有畢萬漢繆侯畢 案漢書繆侯作瞭侯

東平 後漢末兖州別駕畢諶見魏志元孫衆慶宋兖 案唐世系表宋兖下有州大中正四字脫 東征將軍五代孫憬唐衛尉少卿許州刺史生構栩椅構戸部吏部二尚書生抗兵部員外吴郡太守江南採訪使栩大理正工部郎中生曜御史衆慶弟敬魏兖州刺史六代孫君威唐遊擊將軍

太原 狀稱畢諶之後唐滁州刺史畢誠生操操生正表正則正義正表生重華絳州刺史生彦雄正義大理正

新蔡　晉吏部郎中畢卓

漁陽　大將右庶子畢弘狀云畢諶之後

洛陽　畢萬之後

河南　官氏志云出連氏改爲畢

吉

黄帝之允伯儵之後一云尹吉甫之後以王父字爲氏漢有太守恪魏志吉茂晉魏興太守吉挹宋將軍吉幹

馮翊　漢同州刺史吉瞻瞻元孫琰唐絳華二州刺史

洛陽　唐易州刺史吉哲生頊天官侍郎平章事司勳郎中頊弟琚鄠縣令溫武部侍郎

淮陰　狀云挹後貞元戶部侍郎吉中孚

乙

（五）案乙瓌傳云云已見後乙弗氏下

殷王帝乙支孫以王父字爲氏類稿五十引作殷湯字天乙 萬里案大典二〇三〇九乙字韻引元和姓纂云子姓殷湯字天乙支孫以王父字爲氏前燕有護軍乙逸

襄陽　今襄陽有乙氏又燕鴻臚大典臚下有卿字乙歸揚威將軍乙愛皆代北種類也大典作皆北虜種類乙也

河南　官氏志乙弗氏改爲乙氏或云望出平原案北魏乙瓌傳其先代人世統部落瓌父匹知遣瓌入貢遂仕魏爲都督贈太尉進爵爲王子乾歸孫海曾孫瑗皆襲爵位通顯

## 帥

狀云本姓師氏避晉景王諱改爲帥氏

南陽涅陽　宋有帥覺授一云名昺著孝子傳臨川王義慶辟爲州祭酒不就入宋書孝義傳案南史作師覺授宋書不載

范陽　開元中幽州人帥夜光上三元異義三十卷集賢院試三元策十道及第詔直國子監

## 郅音質

（三十）案路史國名紀通志氏族略引風俗通俱作郅商時侯國也

風俗通云有時國也子孫氏焉見毛詩漢有濟南太守郅惲 案毛詩郅國未詳 類稿五十風俗通下有郅殷二字無見毛詩三字 郅惲當作郅都

河東 郅都之後

汝南西平 後漢長沙太守郅惲著書八篇子壽尚書令

栗

辯證引作古帝栗陸之後或為栗氏趙將有栗腹 今本辯證列入栗陸氏下據殘宋本知栗與栗陸本合為一條 宋本栗腹下有漢有長安富室栗氏一句即此後一條串引於前也

栗陸氏之後漢有高士栗融字客卿

長安 漢有富民栗氏長安人漢景帝栗夫人生臨江王

漆

魯相漆雕之後單姓漆氏 類稿五十雕下有開字

實

實沈之後

帙

纂要云人姓

漆雕

漢功臣昔侯漆雕胡害魯人昭帝時將軍

室中

漢書藝文志有室中周著書十篇王莽時室中公避地漢中

漢功臣表淸簡侯室中同

室孫氏

今棣州有室孫氏氏族略

乙弗

前燕有高麗王乙弗利後魏書云代統部落太武時乙弗疋

隨魏南遷遂爲河南人孝文改爲乙氏又有乙弗相周有乙

弗鳳河南疋之子瓌定州刺史西平王生乾歸秦州刺史孫

（十七）案疋魏書作匹知此下又作疋之盖疋爲匹俗字亦讀爲雅之疋字也此處疋下脱一知字下文疋之當知疋知疋知即匹磾知磾音近譯音無定字也

案河南二字當衍

案帝下當脫一令字

案疋亦匹之俗官氏志作匹婁

案內干下脫一女字

案具婁氏誤

瑗西兗州刺史生子文文生遺恩隋右庶子遺恩生武唐金州刺史義昌令後魏又有屯騎校尉乙弗朗西魏車騎大將軍中書令乙弗繪女弟爲文帝皇后

乙干

代人後魏獻帝弟姓爲乙干氏居武川

河南　隋儀同乙干慶生定貴郭王府統軍又後魏靈州刺史乙干若生暉暉生達宗達生法通宗生端威乙干赤沙代別將

疋婁

改爲婁氏後魏疋婁內干爲齊神武王高歡武明皇后生文宣孝昭具婁氏

叱奴

（十七）案叱伏列周書北史俱作叱列伏廣韵作叱伏列

（十八）案領下脫一人字魏齊有第一第二領民酋長唐避諱改人

改爲狠氏西魏開府叱奴興周文帝叱奴后生武帝又有光祿大夫叱奴祐

悉君△辯證宋本悉居氏下引曰西域人姓盖即此條今本誤居為君域為掖耳羅輯入佚文誤也

古西掖△國人

密革

見姓苑

叱伏列（十七）

周書云代郡西部人其先第一領（十八）酋長周侍中恆州刺史長安龜生椿大將軍案叱伏列龜周封長樂縣公此長安字脫誤

一斗眷

改爲明氏

乙速孤

六術

。述

魯大夫仲述之後 類稿五十

。恤

禮記恤由之後恤由之喪哀公使孺悲於孔子學士喪禮 同上

代人隨魏南徙河南後魏儀同乙速孤明生臺梁郡太守生貴北齊和仁公隋左庶子貴生安晟安晟生神慶唐衛率左領將軍神慶生行均行儼行方行儼唐廣州都督右武侯大將軍行均岐陽折衝生令從萬年令行方桂州司馬

六術

術

見姓苑

胍

古聿字見纂要文云人姓 案今廣韻無此字

八物

屈

急就篇補注一引因氏焉下云宋有屈穀韓有屈宜咎後漢屈豫屈充 遥華韻癸集三引食采屈下有昭屈景三姓公族七字 案所引有删節此七字蓋釋三閭大夫官名也

楚公族芊姓之後楚武王子瑕食采于屈因氏焉屈重屈建

屈到三閭大夫屈平字原屈正並其後也漢有屈燕汝南先賢傳有屈霸苻秦有屈伯產河南人吳尚書僕射屈晃大曆中職方郎中屈無易晉州刺史櫟陽尉屈同僊洛陽人

河南 官氏志屈六友氏改爲屈氏案魏志屈六友氏作屈突氏

茀

左傳有茀翰胡禮記恤由之喪哀公使孺悲之孔子學士喪禮案恤由哀公子此茀姓下當有脫誤

郰

漢有九江太守郰修

鬱

見姓苑

尉遲

〔一〕案下遲字衍。官氏志云：西方尉遲氏後改爲尉氏。

〔二〕案侯兜北史周書俱作侯兜，又言祐爲迥子，安爲綱子，隋鴻臚卿，此皆錯誤。且北史周書俱言侯兜子惟迥、綱兩人，此當作乙紇豆生侯兜，侯兜生迥、綱。迥周太師、大司馬、蜀公，生誼、寬、順、惇、祐。綱大司空、吳公，生運、安、勤、敬。運盧國公，安隋鴻臚卿。

〔三〕案州當作國，忠下當有武字。

與後魏同起，號尉遲部，如中華之諸侯。至孝文時，改爲尉遲氏。類稿五十六引侯下有國字

河南洛陽　後有託哥拔，五代孫乙紇豆，生侯兜、祐兜、樂。生迥、綱。案北周書尉遲侯兜生迥、綱，北史亦無尉遲兜樂名。安、允。迥，周太師、大司馬、蜀公，生寬、順。安，隋鴻臚卿，生耆壽。綱，大司空、吳案綱爵吳國公，此脫生運。運，盧國公。允生壽，庫部員外。案尉遲迥傳有從孫耆福，官庫部員外，當即允子安子名壽重出，疑誤。又司空、長樂公尉遲長命，生破侯、相貴。破侯，北齊尚書令、周汴州刺史、黃源公。相貴，左僕射、海昌王。又後魏平東將軍尉遲說，六代孫孟都，生羅迦。羅，隋代州西鎮將軍，生運。運生紹宗，左屯田將軍、油江伯，孫瓌，邛州刺史。迦，隋烏程鎮將軍，生敬德，唐右武侯大將軍、同州刺史、鄂州忠公，生寶林，司衛卿、右衛將軍，生修寂、修儼。

屈突

本居元朔徙昌黎孝文改爲屈氏西魏復本姓（類稿五十六引氏下有至字 魏下有又字）昌黎 後魏中書令下蔡子屈突遵生須右僕射須生恆右僕射濟北公曾孫長卿邛州刺史生通唐兵吏二尚書蔣公生壽韓幹詮倫延壽駕部員外夏州都督生仲翔叔齊季將仲翔豳州都督生旖浩淑潾旖生藏用淑生鄂準潾生郇鄖鄖生鉉錡季將婺相二州刺史倫工部侍郎生琦俊右監門郎中俊生紹先虢州刺史延曾孫陝監察御史通弟蓋隋長安令生遠操

屈侯

風俗通魏賢人屈侯史記漢有郎中屈侯豫

屈南

屈原裔孫仕後魏魏重複姓以自南來乃加南字或作屈男

不更

英賢傳秦公子不更之後或云秦大夫爵爲不更因氏焉齊脩公時不更茁爲執法也潛夫論宋大夫不更氏子姓之氏

不蒙 辯證三十七引作作下音夢唐武后末年有河源軍大使不蒙令卿與郭元振同迎吐蕃降人案自唐字以下不知是姓纂原文否

音夢西羌人後漢書不蒙娥使內附

不夷

世本宋不夷甫須之後

佛圖

晉書佛圖澄天竺高僧也本姓白氏永嘉中至洛

弗忌

晉大夫欒弗忌之後

勿忸于

官氏志云改于氏疑與勿紐于同

九迄

乞扶

改爲扶氏

十月

越

夏少康之後姒姓越王句踐裔孫王無彊爲楚所滅子孫以國爲姓氏

河南　官氏志越勒氏越彊氏竝改姓越

闞

風俗通云古闞者官爲姓王僧孺語云蕭遠娶下邳闞氏之

女

越椒

楚令尹公子嬰齊子重之後　辯證三十七引作越椒

越勒

後魏有越勒部因氏焉

越質詰

後秦錄有北梁州刺史平襄公越質詰歸

十一沒

兀

後魏改安樂王元鑒曰兀氏

杌

左傳檮杌之後

紇干

代人孝文帝改爲干氏

河南 貞觀有紇干承基貞元僕寺丞紇干遂其後也生俞

渭南縣尉

紇骨

後魏獻帝兄爲紇骨氏居代北

河南 後魏太府卿義山公紇骨容生預邱公靜靜生貴紇

骨大威唐利州侍中

紇單

改爲紇氏今有日者紇單珤

紇奚

改爲奚氏

沒鹿回
紇豆陵氏本沒鹿氏代人爲沒鹿氏孝文帝改爲竇氏
骨咄祿
改爲祿氏
突黎人
西域人氏
紇豆陵
代人孝文改爲竇氏
吐谷渾案金壺字義吐谷渾音突欲魂
吐谷渾歸化因氏焉
河南　唐右將軍吐谷渾景順
十二曷

十二葛

妲

紂妃妲己之後 辯證三十七引 羅輯本有

葛

風俗通葛天氏之允子孫氏焉夏時葛伯嬴姓國也亦爲葛氏漢有潁川太守葛興後漢有汾葛令襲梁國葛興之後丹陽句容　吳有葛奚爲鴻臚神仙傳有葛元元從孫洪字稚川晉散騎常侍領大著作抱朴子一百一十六篇又晉有葛由

河南　官氏志賀葛氏改爲葛

達

八凱叔達之後以王父字爲氏

葛伯

夏時諸侯爲殷所滅以葛伯爲氏

達奚

後魏獻帝第五弟之後爲十姓遠祖長寔公韋生司空斤亦單姓奚氏與穆于陸賀劉尉爲北人八族案魏宮氏志八姓中有稽氏非奚氏達奚以獻帝弟始改爲氏八姓乃太祖舊勳在達奚得氏先當以史爲正惟穆陵奚于四姓有之斤元孫武後周太保大冢宰鄭公也韋類稿五十八引作簞

達步

周文帝妃達步氏生齊王憲茹茹人

達勃

改爲袁

鶡冠

風俗通楚賢人以鶡爲冠因氏焉鶡冠子著書

褐餘

潛夫論云曲沃桓叔之後

渴單

改爲單氏

十三末

末

本姓秣氏避仇改焉今秣陵是其後

脫

姓苑云人姓

拔略

後魏官氏志拔略改爲蘇氏賀拔勝傳有都督拔略昶

末那樓

後燕錄有襄城公末那樓富

十四黠

○頡　十六屑
姓苑云蒼頡之後　類稿五十三

滑

滑伯周同姓國也爲晉所滅以國氏焉案僖公十三年經書秦人入滑傳稱滅滑而還成公十三年呂相絕秦云殄滅我費滑則滑爲秦所滅甚明此云晉滅疑有誤矣左傳鄭大夫滑羅

京兆　大曆有萬年尉滑廣

寮

見姓苑

滑伯

英賢傳曰姬姓因氏焉

陳留　漢有滑伯堪爲齊悼王中尉

十六屑

齧

十七薛

洩

左傳鄭大夫洩駕陳大夫洩冶類稿五十三

莊子齧缺堯時賢人學于王倪既通許由師之

節

周禮掌節上士子孫以官爲氏

鐵伐

赫連勃勃以其本宗支庶非正統者並爲鐵伐氏

鐵弗

改爲弗氏

十七薛

薛 類稿五十三新書七并引世作葉 師邑作沛邑 以國上有遂字

黃帝二十五子一爲任姓裔孫奚仲居薛至仲虺爲湯左相

代爲侯伯歷三代凡六十四世周末爲楚所滅公子登仕楚

懷王賜師邑爲大夫以國爲氏曾孫卬生薛公鑒案唐世系表卬生倪

倪生翁翁生鑒與此世數不合漢初獻滅黥布策受封千戶孫廣德御史大夫元孫永漢千乘太守案唐世系表卬元孫漢字公子官千乘太守此作永字不合八代子蘭徐州別駕爲曹公所害生永遂歸于蜀先主官至蜀郡太守齊歸晉爲光祿大夫齊生懿晉光祿河東太守懿生三子恢一名開號薛苞

河東汾陰　河東太守懿生三子一名開號北祖雕號南祖興號西祖元孫謹五子又號爲五房西祖大房洪祚絕

列

風俗通古帝王列山氏之後子孫氏焉鄭有隱者列御寇著書八篇號列子

悅

後燕錄云左僕射悅眞生壽南燕尚書

昌黎　悅綰鮮卑人清泉侯悅眞亦其族也（類稿五十三後燕錄左僕射六字在此條悅綰之上）

說（音悅）

姓苑云傳說之後以王父字爲氏

舌

左傳越大夫舌庸（宋本辯證引庸下有之後二字）

別

姓苑云京兆人

薛孤

代人隨魏南徙河南北齊恒農王薛孤康生買開府儀同三司新平王孫吳仁唐右金吾將軍朔方公生知素知檢知機知福知素桂州刺史知福靈州都督生元邏元憲

揭揚

漢功臣安道侯揭陽定之後今因官氏焉

列禦

鄭穆公時列禦寇之後（辯證三十八引下有著書八篇四字）

列宗

潛夫論楚公族列宗氏芈姓

啜刺

突騎施首領開元左武侯大將軍燕山王啜刺右失畢子歸仁襲燕山王突厥首領長壽中司僕卿同正榆林伯啜刺庶眞（案通志作啜刺眞無庶字）生元崇左威衛將軍同正樓煩男生懷尙衣奉御

悅力

後魏初有悅力延

十八藥
○若 古賢人若士 類稿五十一
○鄀 風俗通春秋時鄀國以國爲氏 同上

渴燭渾
改爲朱氏
十八藥
藥
見姓苑
河內 後漢南陽太守藥崧又有太尉掾藥穆蜀錄晉有藥崙牙門藥仲大曆有殿中監閑廏使兼御史大夫藥子昂
約
韓子云古賢人約續馬融妾約氏
若干
出自代北以國爲氏
河南 後魏荊州刺史晉陽公勸生猛周莒州刺史臨淸公

十九鐸

○博 闕四字通云漢有博一下闕 類稿五十 據辯證三十八當作風俗通云漢有博勞吉蓋相馬今望出淮上尚闕二字則不知何字矣

○笮 漢有笮融丹陽人見吳志 類稿五十二

生端整殿中少監瀛洲刺史金明男生弼勸亥子導生則唐
左武衛將軍

瞿相
魯大夫食采瞿相因氏姓苑云沛人

十九鐸

鐸
左傳晉大夫鐸遏寇楚將鐸椒 案漢書楚太傅鐸椒卽著鐸氏微者 漢書藝文志春秋鐸氏微三篇風俗通廷尉鐸政 類稿五十一通字下有漢有二字
絳郡 姓苑云今絳州有此姓

郭
周文王季弟虢叔受封于虢或曰郭公因以爲氏公羊傳云虢謂之郭聲之轉也左傳齊有郭最燕有郭隗後漢司徒郭

丹郭泰字林宗類稿五十一引郭隗下有郭隗燕昭公築宮而師事之致士先從隗始三句

太原陽曲　漢末大司農郭全代居陽曲生緼緼生準配鎮準魏雍州刺史生奕配城陽太守裴秀賈充並其壻也鎮尚書郎謁者僕射昌平侯鎮七代孫祚後魏左僕射東光文貞公曾孫士謙士倫士謙元孫佃駙馬士倫唐倉部員外贈深州刺史曾孫珍桂州都督

馮翊　魏雍州刺史準孫正因官馮翊居焉裔孫彥周兵部尚書孫福始唐綏州刺史夔城男

京兆　西魏右僕射郭嵩雍州刺史準八代孫也生衍隋左衛大將軍洪州刺史武山公生贇嗣本儉贇隋武强公生依宗依宗生襲慶襲業襲業生昧邱申州刺史昧邱生液駙馬都尉祕書監液生岫峋襲慶台州刺史生昧先昧賢昧先生

暠華味賢陳州司戶生雄儒華雄吏部郎中儒華校書郎嗣本職方郎中司農卿懷仁公生紹宗齊宗紹宗徐州刺史齊宗司農郎中懷州刺史曾孫商州刺史求校書郎儉生敬宗肅宗敬宗濮州刺史曾孫南金硤州刺史肅宗孫湨滎州刺史生佐殷曙佐殷劍州刺史曙兼殿中御史肅宗少子襲徵左拾遺

潁川　北齊黃門侍郎平章事舉案唐世系表郭待舉相高宗生二子秦初秦方此作北齊相未詳生秦方兄子秦初生潤納潤起居舍人納給事中陳留採訪使生賁謨霸納兄孫監察御史涼州都督陽翟公郭孝恪潁川陽翟人生待封左衞將軍待聘宋州刺史

華陰　隋大將軍蒲城公郭榮稱本太原人後居華州生福善唐兵部侍郎榮弟弘道同州刺史郜公生敬君廣慶案唐世系

表廣慶作廣敬敬君生依仁廣慶左威衛大將軍禮部尚書生昶慶州刺史云本尉氏太尉中書令汾陽王子儀云榮父叔進之後進曾孫通美原尉生敬之天寶中渭吉壽三州刺史生子琇子儀子瑛幼賢幼儒幼明幼冲案唐世系表敬之十一子尚有子雲子瑁幼謙子珪四人子琇生晊子儀生曜旰晞昢晤曖曙映曜太子少保生銳鋒鋒光祿少卿旰鴻臚卿同正晞工部尚書生鈞鋼鍊鍖錡録鑲鈞兵部員外鋼兼監察御史鍊太常丞錡京兆倉錄昢試鴻臚卿晤兵部郎中生銄鋗鉟鐈曖駙馬右軍常侍生鑄釗鏦銛鑄右庶子釗衛尉少卿鏦駙馬殿中監曙左金吾將軍映右庶子子雲左領軍將軍生昕檢校左僕射磧西節度子瑛延州司法生晛幼賢單于副都護生昉曉幼儒成都少尹生昈暄晠暉暄河南丞幼明少府監太原公生昫暱暭晧

晫煦鴻臚少卿晧兼殿中御史幼沖太僕卿太子詹事生暐
晦子珪幼謙早亡
中山彭城　唐中書侍郎平章事潁川男郭正一生忠通事
舍人
館陶　唐齊州刺史致仕郭善慶狀稱林宗之後生元振兵
禮刑三尚書平章事代國公生晟鴻臚卿左驍衛將軍生珹
膳兵二員外
曲沃　鎮後唐蒲州刺史子賤
河內　晉郭黔今無聞
武昌　晉有郭訥弟察生翻
略陽　後漢有郭整六代孫荷
廣平邯鄲　漢有郭縱以鐵冶富埒王公

河東聞喜　晉建平太守郭瑗生璞著作郎生鶩
燉煌　晉太傅左長史郭瑀
諸郡郭氏　唐左武將軍太原公郭知運生英傑彥英協狀
云本太原徙居晉昌協生嘉將作少監彥英檢校僕射劒南
節度光祿少卿郭仁勖馮翊人或云本党氏生茂禕茂禕生
崇禮崇默崇嗣崇禮濟州刺史生震觀豫震左司員外郎觀
拾遺豫生圖圖生降降鴻臚卿生同知同節崇默襄州刺史
生恆崇嗣生損庫部員外工部郎中郭虛己京兆人生恕彌
彥樞恕少府少監彥縣州刺史樞京兆兵曹右驍衛將軍北
庭都護郭虔齊州歷城人給事中郭鄰浚儀人主客郎中郭
奇洛陽人兵部員外郭詮櫟陽人司勳郎中知制誥郭慎徵
秋官郎中郭奉萬年人倉部員外郭文簡建興高平人生叔

暢右拾遺刑部員外郭洽祕書郎郭翰晉陵人邠州刺史郭懷魏郡貴鄉人生偲兄遹遠生修

# 霍

周文王第六子霍叔之後今河東有霍邑是其國也後爲晉所滅子孫以國爲氏 類稿五十一引霍叔下有處字 案乃度字之誤

河東 漢霍仲孺平陽人生去病光並爲大將軍去病冠軍侯霍光博陸侯唐澧州刺史霍德信駕部員外霍栖梧並平陽人

魏郡貴鄉 狀云光後唐御史中丞霍獻可

蜀郡新繁 唐河南尹霍廷玉

# 郝

出于郝省氏太昊氏之佐也帝乙時子期封太原郝鄉因氏

焉漢上谷太守郝夔後漢郝蘭（類稿五十一引省作肙　帝上有殷字　子上有王字）

太原　後梁太傅郝潔後燕從事中郎郝略桓溫參軍郝隆

唐太原尉郝昕並太原人

安陸　梁江夏太守郝廻自丹陽居安陸生破敵後周沔州

刺史新吳伯敵孫相貴唐滁州刺史生處俊處傑處俊中書

令甑山公子北叟司議郎南容祕書郎處傑鄜州刺史

京兆　盩厔有此姓

## 駱

（類稿五十一引爲氏下有闕文十餘字後有文武才闕三字廉補尚書郎不知是姓纂之文否）

姜姓齊太公之後有公子駱以王父字爲氏吳駱絡東陽人

又居會稽統會孫就（案通志就作勍）

梁泉　就晉秦州刺史因家上邽裔孫德後魏集州刺史又

居梁泉五代孫知義唐兗州刺史

河南　官氏志地駱拔氏改爲駱氏

閻

周之閽人（永樂大典作閻據氏族略作閽）守王宮者所以止扇闔扉謂之閽以爲氏急就章有閽弁訢漢有閽弁儒者太守田延年使部汾北後至廣陵相有治名（案爾雅衖門謂之閎注云左傳盟諸僖閎所以止扉謂之閎又左傳曰高其閈閎閎長杙即門橛也左傳釋文云爾雅本止扉之名顔師古急就章注閎氏引此則當爲閎無疑廣韻亦有閎氏惟閎弁訢尚作閽弁訢則因諸本之訛也氏族畧閽氏注引有治名下尚有唐有潭州橋口鎮副閽輔奴自云其望出河北十八字亦姓纂文當補）

索

殷人七族索氏之後（遥華韻癸集五引云殷人六族條徐蕭索長勺尾勺氏）

燉煌　晉索湛爲北地太守生靖尚書後將軍安樂亭侯生綝侍中吏部尚書

鄍

晉鄂侯之後子孫以邑氏焉漢初功臣安平侯鄂千秋沛人

## 薄

風俗通衞賢人薄疑沒高帝薄太后生文帝弟薄昭封軹侯官至車騎將軍子戎奴嗣子梁嗣天寶中大理評事薄芬樂陽人案漢書戎奴作戎奴孫梁此作子誤

## 莫

類稿五十一引藏用下有河南 官氏志邢莫氏改為莫氏

漢富人莫氏見游俠傳大曆中比部員外莫藏用案通志莫氏爲幕氏

## 幕

風俗通舜祖幕支孫以王父字爲氏見左傳案左傳昭公八年楚滅陳晉平公以問史趙對曰自幕至于瞽瞍無違命杜預鄭衆皆曰幕舜之先賈逵曰幕舜後虞思裴駰陳世家註以國語賈義爲長

## 作

周公之子胙侯子因避地改爲作氏風俗通云後漢涿郡太守作顥

**落**

風俗通云皐落氏翟國也以國爲姓見左傳漢有落下閎巴郡人撰太初曆

**錯**

今溫州有此姓氏族略

**絡**

見姓苑

**洛**

落下閎或作洛

**恪**

晉有郎中令恪啟

鐸遏

晉軍尉鐸遏寇之後宋襄公下大夫鐸遏章

莫者

西秦錄有衞將軍莫者羖羝西安太守莫者幼春尚書郎中

莫者阿胡

莫折

本羌姓代居渭州襄城縣

襄城　後魏秦州刺史莫折大題孫輝襄城公生恭陳虞部

員外郎生昆輝次子捍隋貝州刺史鍾離生謙直監門校尉

索盧

呂氏春秋禽滑釐門人索盧參後漢淮陽令索盧放

山陽　蕭景融娶山陽索盧氏

東郡　索盧放代居東郡後拜諫議大夫

落下

魯大夫食采落下因氏焉漢博士落下仲異

拓王

狀云本姓王樂浪人祖羆後魏伏波將軍鎮武川賜姓拓王氏焉

武川　羆生懋後魏少司寇安寧公孫伯益隋大府卿略陽卿孫奉嶲州都督永寧公

拓跋　類稿五十八北人下作以土爲拓后授爲跋故號拓受跋氏後從省爲拓跋

後魏書云黄帝子昌意之後受封北土黄帝土德王北人爲拓后跋氏後拓后跋氏從省文爲拓跋氏孝文帝遷洛陽改

爲元氏開元後右監門大將軍西平公靜邊州都督拓跋守寂亦東北番也孫乾暉銀州刺史姪澄峴今任銀州刺史

諸護

後魏西河胡諸護于內附

莫且婁

代人

莫侯婁

代人

莫多婁

代人隨魏遷洛陽類稿五十九引魏上有後字

河南　北齊有晉州刺史石城公莫多婁貸文生敬顯北齊司徒

二十陌

伯高

列子友伯高子進 辯證三十九引 羅輯本有

白

黄帝之後秦大夫白乙丙楚有白公勝楚平王太子建之子也 類稿五十二引 選華韻賢集六引黄帝裔白督氏

帛

吴郡人神仙傳有帛和 同上引

虢

周王季之子封虢虢叔子孫以國為姓 類稿五十二

百里

秦大夫百里奚其先虞人家于百里因氏焉 類稿五十七引

莫胡盧

代人孝文改爲陽氏

莫多那

代人後魏中山太守高邑公莫多那題今無聞

二十陌

柏

風俗通柏皇氏之後又柏亮父爲顓頊師柏招爲帝嚳師柏同爲周太僕左丞柏國在汝南西平縣爲楚所滅子孫以國爲氏漢有柏英爲大鴻臚秦大將軍柏直晉武帝柏夫人生趙王倫 類稿五十二同作冏無左丞二字

濟陰 王孫穪譜云蕭元益娶濟陰柏氏益兒子泉娶濟陰柏齊女貞元左威衛大將軍柏良器濟陰人生耆諫議大夫

元封進士婺州刺史

魏郡　柏子之後柏懷後漢魏郡太守因居斥邱十代孫季纂唐司農卿汝遂宣虞四州刺史武陽公

蜀郡　狀云柏子之後大曆中同州刺史柏貞節

## 翟

黃帝之後代居翟地國語云爲晉所滅齊翟僂新魏翟璜漢文帝廷尉翟公下邳人（遙華韻䉴集六引有春秋有國四字有字蓋脫一翟字）（僂類稿五十二作樓　邳作郅）

汝南上蔡　漢丞相高陽侯翟方進生義東郡太守後漢尚書翟酺會稽人晉翟陽潯陽人五徵不起陽六代孫晉林見隋書孝義傳大曆檢校工部員外翟立言唐有功臣殿中監汝南公翟無言

## 郤

晉大夫郤文生豹豹生芮芮生缺缺生克克生錡代爲晉卿又郤犨郤至並其族也案晉語郤叔虎朝公高誘註郤芮之父則郤芮父名虎不名豹或因避唐諱故世本云郤豹生義義生步揚步揚生蒲城鵲居居生至案世本步揚卽傳所稱步揚御戎至卽郤至晉語作郤昭子傳又稱溫季杜預注至郤克族子也成公十一年晉侯使郤犨來聘杜預注郤克從父兄弟傳又稱苦成叔十三年傳郤毅御戎杜預注郤至弟也傳又有郤稱郤乞郤溱杜預皆不詳其系姓纂記載缺失良多又原本俱誤郤作郄今改正

漢有侍中郤琠

濟陰　單父人晉尚書左丞雍州刺史郤詵子登

## 格

出自允格之後漢侍御史格班裔孫明案唐世系表明作顯仕後魏官至青州刺史

陳留　明曾孫處仁處仁生希元輔元希元洛州司法輔元官尚書平章事梁縣男生遵殿中御史

劇

齊大夫食采于劇因地爲姓燕將劇辛漢游俠傳劇孟洛陽人藝文志劇子著書

伯

風俗通云嬴姓伯益之後晉大夫伯宗生州犁仕楚

嚇△

當作赫　類稿五十二作赫

風俗通赫胥氏之後

伯成

風俗通伯成胥渠晉隱士諫議大夫伯成衡功臣表吾侯伯成延傳封六代成或作城王莽時伯成修獻符命

伯比

楚鬭伯比之後至懷王時有伯比仲華

伯昏

列子有伯昏無人無或作瞀

伯夫

韓子云伯夫氏墨家流也

伯夏

畢公高之後

伯宗

世本晉孫伯起生伯宗因氏焉

柏侯

柏成子高堯時諸侯因氏焉漢有尚書柏侯雋管甯從柏侯子安受春秋（宋本辯證引從下有南字蓋取下文南陽字移入於此而又脱陽字也　末有漢有尚書郎柏侯雋一句）

南陽　柏侯子安居南陽

白馬

風俗通微子乘白馬朝周因氏一云漢公孫瓚在幽州常乘白馬因氏焉

白石

神仙傳白石生中黃大夫弟子常煮白石爲糧

白狄

左傳白狄子之後神異記白狄先生馮翊人

白鹿

風俗通白鹿先生古賢人著書

虢射

晉大夫虢射叔之後漢桓帝時羽林左監虢射鏘桓辯證三十九引作昭烈

白楊堤

二十一麥
鬲
殷末賢人膠鬲之後以王父字爲氏類稿五十二

後魏有白楊堤度汗吐谷渾別帥率戶附魏

二十一麥

麥

見姓苑云高要始興有此姓隋麥鐵杖始興人自周入隋官至萊州刺史右衞大將軍宿國公

獲

風俗通云宋大夫猛獲之後子孫以王父字爲氏

革

漢功臣棗陽侯革朱（漢功臣表作煮棗端侯革朱 類稿五十二棗陽作煮棗）

麥丘

英賢傳齊桓公時賢人麥丘老人

二十二昔

二十二昔

○辟

漢書富人辟子方之後類稿五十二

石

衛大夫石碏之後又石駘仲衛大夫生石祁子見左傳禮記楚有石奢鄭石癸癸字甲父周石速漢石商石奮奮生建慶號萬石君

渤海　奮裔孫苞晉司徒樂陵公生喬統越峻儁嵩統孫瑛趙司空五代孫眷眷五代孫晷唐虞部郎中

平原　厭次人奮後晉司徒石鑒又駕部郎中石仲覽宣州人今居廣陵

上黨　晉石勒上黨武鄉羯胡也晉元時僭位稱王都襄國今荆州也子弘爲從兄季龍所殺自立子鑒遵並爲冉閔所殺後趙六王三十四年案石趙起晉太興元年終永和七年凡七主共三十三年

河南　後魏官氏志烏石蘭氏改姓石魏司徒蘭陵公石猛

猛生銓銓生眞素初平素生蕢蕢生儁遠詢石儁生士濟唐原州總管詢生金剛左司衛率初平元孫抱忠天官侍郎今居虢州

## 席

本姓籍晉大夫籍談之後也談十三代孫環避項羽名改爲席氏漢初徙關東豪族席氏後徙安定臨涇

安定臨涇　環十代孫廣後漢光祿勳元孫允魏酒泉郡守允元孫保苻秦尚書左丞生衡晉建威將軍寓居襄陽仕南朝四代衡孫固歸後魏湖州刺史靖安公元孫君懿唐侍御史懿曾孫建渙異晉建禮部尚書襄陽文公孫咎夔夔中書舍人生鴻又席法與裴叔業自南歸後魏拜幷州缺

校大典二〇三五三引元和姓纂

## 昔

案昔姓應在二十二昔之首

風俗通周大夫封昔因氏焉漢昔登爲烏傷令開元昔安仁生豐大理評事汝州人

**易**

遥華韻癸集六引云齊大夫易牙齊桓公時知味能辨淄澠二水味

左傳齊大夫易牙之後魏雍州刺史易愷魏郡人晉舂陵令易雄長沙人前涼將軍易挺

類稿五十二典籍下有遂字　播遷作播于　疑當作播遷于

**籍**

晉文侯仇弟陽叔生伯黶司晉典籍爲籍氏元孫籍談代爲晉大夫晉爲趙魏所滅籍氏播遷宋漢有倖臣籍孺又諫議大夫籍褈石趙侍中籍羆唐太常博士籍知微云其後也

**射**

晉大夫虢射之後見左傳漢大鴻臚射咸吳中書侍郎射慈善禮喪服又音社類稿五十二作楚大夫觀射父後餘同　案辨證三十九亦云虢射之後未知孰是

奭

召公奭之後以王父字爲氏類稿五十二無第二句而有避漢元帝諱改姓盛氏二句宋本辯證亦引云漢元帝時避諱改爲盛有羅輯

赤

風俗通帝俈帝赤松子之後見神仙傳

夕

後漢巴中渠帥夕氏蜀志尙書令夕斌

適

見姓苑

釋

内典云悉達太子成道姓釋氏

辟閭

支孫辯證三十九引作曾孫無漢書以下云云而有晉有寧州刺史辟閭彬宋高祖時燕辟閭蔚生幽州刺史辟閭渾渾生辟閭道秀皆其後也等句

衞文公支孫以居楚邱營辟閭里因爲辟閭氏漢書儒林傳

太子少傅辟閭曾孫失名爲昌邑王太傅

石駘

駘仲之後亦作石駘氏

石之

左傳齊有石之紛如

石伯

左傳伯名伯奐之後案左傳有召伯奐此疑誤

赤張

史記赤張徒父赤張開赤張哆並孔子弟子案莊子有赤張滿稽若孔子弟子史記家語俱無赤張氏惟漆雕徒父漆雕哆三人名同開漆雕疑因此誤

赤章

韓子赤章蔓枝智伯臣也

二十三錫

激

左傳齊有太史激 漢書淮南王傳有激章 類稿五十二

元和姓纂卷十

二十三錫

錫

吴志漢末交趾太守錫光仙人錫壽之後梁錫休儒爲益州刺史 類稿五十二仙人上有古字壽下有子字

狄

周成王封少子於狄城因氏焉魯大夫狄虒彌古賢人狄儀仲尼弟子狄黑衛人裔孫漢博士狄山

天水 狄山子孫代居天水姚秦錄狄伯文官至中書令樂平侯將軍狄廣狄建義狄柴狄雄齊伯文裔孫又居太原曾孫孝緒唐尚書左丞右常侍臨潁男生知遜夔州刺史案知遜官越州刺史此作夔不合生仁傑納言內史令梁國公文惠公生光嗣光遠景昭光嗣戶部郎中孫博通博濟博通生元範光遠袁州

司馬景昭職方員外

酈

黃帝之後支孫食采于酈因氏焉漢有廣野君酈食其沛人弟商爲賈後爲丞相生寄一名況其子疥封高梁侯傳封三代孫魏酈道元字善長注水經官至御史中尉

戚

衛大夫食采於戚因氏焉先賢戚子著書漢高祖戚夫人生趙王如意功臣表臨堅侯戚鰓傳封八代類稿五十二引先賢作古賢人新書七同

休

古溺字見纂要

糴

左傳晉大夫糴茷

○敕　二十四職

後燕合浦公敕勃東夷人類稿五十二

析

左傳齊大夫析歸父衛大夫析朱鉏公子黑其後也後漢析像通京氏易廣漢雒縣人析國爲鬱林太守生像入後漢方術傳案後漢書析像乃折字从手此訛爲析未詳

析成

齊大夫析成鮒

二十四職

職

周禮職方氏因官爲姓山陽令職洪因官居焉開元有職南金蔡州人民史記民史記三字不可解類稿人民作入明入爲人字之誤明史記者謂其能通史記也

稷

稷氏后稷之後子孫氏焉見姓苑漢稷嗣君叔孫通支孫亦

二十四

〇敦

後燕合

〔稷氏〕

稷后氏之後子孫焉見姓苑漢稷嗣君叔孫通支孫亦爲稷氏魯郡今兖州有稷氏又漢御史大夫稷不疑封寒封侯永樂大典卷二萬四百二十五稷字韻第十四葉下引元和姓纂

爲稷氏

魯郡　今兖州有稷氏

力

黄帝臣力牧之後

魯郡　漢有魯郡相力題因居焉　類稿五十二作魯相

棘

衞大夫棘子成之後見論語文士傳曰棗祗本姓棘避仇改爲棗潁州長社人

息

息嬀姓侯國爲楚所滅子孫以國爲氏今新息縣即其故地也

襄陽　今襄州　案此下似有脱文

植
南越有此姓氏族略

翼
見姓苑
河東　今蒲州有翼氏晉翼侯居翼城因以氏焉
東海下邳　漢諫議大夫翼奉

弋
今蒲州有弋氏望出河南氏族略
氏族畧作河東

食
見姓苑
河南　風俗通漢有博士食子公
遼東　後燕合浦公食勃東夷人

特

左傳晋大夫特宫類稿五十二

二十五德

啬

風俗通云古啬夫子孫因氏焉

即

風俗通漢單父令即費其先食采即墨因以命氏

即利

韓子宋戴公時大夫即利渠彌

稷邱

英賢傳曰漢稷邱子得仙

弋門

姓苑云漁陽人

國

二十五德

左傳齊卿族國氏代爲上卿國共伯元孫歸父生綽綽生夏夏生聿及書並其族又鄭穆公子發字子國生輒字子耳生僑字子產以王父字爲氏生參類稿五十二引爲氏下有亦爲國氏焉

樂安　漢魏郡太守國泉字子尼晉鎮南將軍王歆騎督國滿討張昌於隋郡案晉書新野王歆遣騎督靳滿討張昌非國氏也國滿未詳

墨

孤竹君之後本墨台氏後改爲墨氏望出梁郡戰國時宋人墨翟著書號墨子氏族略

塞

姓苑云人姓或天竺胡人之釋後卽釋種也

勒類稿五十二云晉鎮南將軍王歆騎督勒滿討張昌於隋郡誤

南越有此姓

北人

英賢傳古有劉河北人因氏焉莊子吳大夫有北人子高 案通志引英賢傳古有劉河者處于北海其後以爲氏又云周有吳大夫北海子高此云莊子誤北人又誤

大典三〇〇七人字韻引有下有告字

北宮

衞公族頃子生去疾孫括生遺遺生貞子喜喜生結及肱左傳有北宮奢漢書有北宮伯子晉有西河太守北宮協前涼有護軍北宮萌

北鄉

左傳齊大夫北鄉啟北鄉子車說苑齊人有北鄉騶與晏子爲友 案左傳北郭啟北郭子車齊人北郭騶與晏子爲友此俱誤

北郭

莊子舜友北郭亡擇晏子云古有北郭無擇淸身潔已疾世

之濁自投淸泠之淵也案莊子有北人無擇此條當採入北人之下又誤爲北郭

北唐

英賢傳曰晉有高人越者隱於北唐因氏焉漢有北唐子眞治京氏易者

北門

左傳有北門駟尸子有北門子莊子有北門成

北髮

漢書燕遣北髮長賂遺公主

北殷

世本云子姓也辨證四十引云史記湯後羅輯本有

北野

見姓苑

二十六緝

○隰　左傳齊大夫隰朋史記齊有隰靈田成子時人類稿五十三

万俟

後魏獻帝季弟之後爲十姓官氏志稱万俟氏中間失譜

河南　後魏夏州刺史樂寧公万俟禮生雅周安城公孫元道唐秦府車騎將軍靈公生肅殿中監虢州刺史靈公生齊莊庭玉肅曾孫著元元生遜造案北史有万俟普子洛字受洛干普封河西郡公洛太師大司馬太尉錄尚書尒朱時有万俟醜奴

黑齒

百濟西郡人也唐右衛大將軍燕國公黑齒常之郡類稿五十九引作部

黑肱

楚申公黑肱之後

二十六緝

習

風俗通云習國名也漢習響爲陳相

襄陽 晉衡陽太守習鑿齒著漢晉春秋五十四卷左傳齊大夫習明史記齊習虛田成子時人

汲

風俗通衛宣公太子伋之後居汲因爲氏焉

濮陽 漢淮昜太守汲黯其先七代爲衛卿大夫弟汲仁亦至九卿偃諸侯相

邑裘

衛大夫柳莊卒公與之邑裘氏與縣潘氏故衛有邑裘氏見禮記

二十七合

合

二十七合

○沓 官氏志沓盧氏改爲沓氏 類稿五十三

○郃 官氏志大莫干氏改爲郃氏 同上

二十九葉

左傳晉大夫涉佗神仙傳有涉正 類稿五十三

涉

左傳宋大夫合左師之後向戌也

二十八盍

蓋

漢蓋公又司隸校尉蓋寬饒後漢二十八將左馮翊安平侯蓋延 漢下類稿五十三有三字

漁陽 蓋延代居漁陽唐國子博士蓋文懿宋州人云其後也秦府學士諫議大夫蓋文達冀州人

洛陽 後漢蓋勳

河南 官氏志云蓋樓氏改爲蓋氏

二十九葉

葉

風俗通楚沈尹戌生諸梁字子高食采于葉因氏焉吳志有

都郡葉雄據祕笈新書增 郡類稿五十三引作尉

聶

衛大夫食采于聶因氏焉史記軹人聶政殺韓相俠累漢潁川太守聶良護羌校尉聶尚又有聶壹吳志將軍聶友石趙梁閔中書舍人聶熊清河人 類稿五十三引史記下有刺客二字 漢下有：字 梁閔作錄有

淳熙新安志一引因氏焉作因以為氏

輒

風俗通衛出公輒之後以王父字爲氏漢有輒終古

錢塘 史記錢塘輒終古封樂兒侯 案史記作轅終古

捷

漢書藝文志有捷子三篇云齊人 案漢書藝文志作二卷 風俗通云鄭公子捷菑之後以王父字爲氏 類稿五十三三篇作二篇

接

三十帖

○俠
韓侯累之後急就章有俠却敵 類稿五十三

牒
後魏牒云氏改為牒氏 宋本辯證引羅輯本有

三輔決錄接子昕著書十篇

葉陽
秦太后弟葉陽君子孫氏焉漢有諫議大夫葉陽通 案史記秦太后弟華陽君通志亦有華陽通此俱誤

接輿
論語楚狂接輿隱者也其後爲氏

䟫跌
開元左威衛大將軍赤水軍副使武威公䟫跌舒

三十帖

莢 類稿五十三云藝文志有莢氏春秋
音夾韓相俠累之後急就章莢却敵 案急就章作俠却敵若莢氏見世本晉有大夫莢成 此俠字注誤入莢下
信子

（三）案魏書官氏志牒云氏後改爲牒氏廣韻引同

（三）案北齊書慕容儼傳北史張保洛傳俱云牒舍樂武威開府儀同三司營州刺史封漢中郡公此山令乃郡公之譌又世云氏自魏孝文改牒之後遂因之故單氏牒而以舍樂爲名同時有范舍樂

補

三十三葉

鄴

風俗通漢有梁令鄴風 類稿五十三據辨證四十風作鄴廣韻實作風

牒云

北齊營州刺史漢中山令（三）郡公牒云樂

三十二狎

甲

風俗通太甲之後一云鄭大夫石甲父之後以王父字爲氏

甲父

古諸侯以國爲姓周甲父氏見釋例漢有侍御史甲父沮

三十四乏

法

本嬀姓田氏之裔齊襄王子法章支孫以名爲姓 類稿五十三引裔作胄

扶風郿縣　後漢南郡太守法雄雄子眞順帝四徵不起號元德先生眞生衍司徒掾衍生正字孝直蜀尚書令郡太守

生遯漢陽太守

凡補佚文四百三十一條

壬午三月二十三日晴和無風竟日無客食櫻桃醉甜校此兩卷訖此書錯誤不勝抉擿偶據所知者略正之而已下午肝气作痛遂輟校越縵老人李慈銘記

次日早起晴爽未盥靧坐綠陰南窗下再校補數字悉伯再記

元和姓纂卷十